축구 전술 노트
108

TETTEI-ZUKAI! DARE DEMO YOKU WAKARU SUCCOR SENJYUTSU, FORMATION JITEN
supervised by Satoshi Tsunami
Copyright ⓒ Satoshi Tsunami 2013 All rights reserved.
Orginal Japanese editions published by Jitsugyo no Nihon Sha, Ltd.
This Korean edition is published by arrangement with Jitsugyo no Nihon Sha, Ltd., Tokyo, Japan
through Tuttle-Mori Agency, Inc., Tokyo, Japan in association with Botong Agency, Seoul, Korea.

이 책의 한국어판 저작권은 보통에이전시를 통한 저작권자와의 독점 계약으로 삼호미디어가 소유합니다.
신 저작권법에 의하여 한국 내에서 보호를 받는 저작물이므로 무단전재와 무단복제를 금합니다.

전술의 기본과 변형, 골을 향한 필승 전략까지

축구 전술 노트 108

감수의 말

축구 전술에 목마른
모든 이들을 위한 길잡이

　축구는 분명 지구촌에서 가장 보편적인 스포츠이고, 이에 걸맞게 규칙의 기본적 골격 또한 단순 명료하다. '골'이라는 명료한 목표 속에 펼쳐지는 22인의 쟁투는 곧잘 전 세계 남녀노소의 감동과 환희, 눈물을 자아내곤 하며, 이는 심지어 광기의 수준으로 불타오르기도 한다.

　그러나 다른 전문 분야들과 매한가지로, 축구도 외관상의 대중적 이미지와 실제의 디테일이 정확하게 일치하지는 않는다. 19세기부터의 오랜 역사 속에서 축구의 실제는 결코 단순하지 않은 전술과 아이디어의 변화를 겪으며 발전해왔다. 적어도 필자가 보기에, 축구라는 스포츠는 깊게 들어가면 들어갈수록 난해함이 도사리고 있는 분야다.

　대표적으로 '포메이션' 한 가지를 고려해도 그렇다. 일각에서는 "포메이션은 숫자 놀음에 불과하다."라는 간단한 문장을 들어 포메이션에 대한 '별 것 아닌' 이미지를 형성해왔지만, 이는 사실상 다양한 포메이션들에 내재된 논리와 의미에 대한 무지로부터 비롯한다 하겠다. 만약 포메이션이 중요하지 않다면, 이순신 장군이나 제갈공명의 진법 또한 큰 의미가 없을 것이다. 상황에 따른 적절한 진법은 같은 병력, 같은 장수들을 가지고도 다른 양상의 전투를 진행시킬 수 있으며, 바로 축구에서의 포메이션도 마찬가지다.

《축구 전술 노트 108》은 축구 전술의 기반인 '포메이션'을 비롯해 현대 축구의 전술적 화두인 '압박', '점유', '역습' 등은 물론, '사이드 체인지', '포스트 플레이', '세트 플레이'와 같은 전술적 상황들을 디테일하게 다루고 있다. 이 책의 가장 큰 덕목은 크고 작은 전술들에 관한 개념적 설명과 분석에 그치지 않고, 이것들을 실전에서 구현하는 요령 및 적절한 훈련 방법까지를 망라하고 있다는 점이다. 따라서 이 책은 축구팬과 축구인, 지도자와 선수, 마니아와 초심자를 가리지 않고 축구 전술에 목마른 모든 이들을 위한 흥미로운 길잡이로 기능하리라 확신한다.

KBS 축구해설위원 · 아주대학교 겸임교수 한준희

들어가는 말

기술과 전술은 배우되
창의적 발상은 잃지 말아야

　축구에는 승패가 있다. 경기에서 이기려면 골을 넣고 실점을 하지 않아야 한다. 그러나 이것은 상대 팀도 마찬가지다. 그렇기에 경기의 승패는 두 팀의 전술 싸움에 달려 있다고 해도 과언이 아니다.
　이 책은 팀 전술의 기본 개념을 정의하는 것을 시작으로 다양하게 활용하고 응용할 수 있는 전술 패턴을 담았다. 뿐만 아니라 넓은 범위의 팀 전술 내에서 보다 세밀한 전략이 필요한 그룹 전술과 개인 전술 및 그 훈련 방법을 함께 소개하고 있다. 그리고 필자가 현역 시절 뛰었던 사이드백의 기술과 전술에 대해서도 마지막 장에서 자세히 다루었다.
　축구 선수라면 반드시 알아야 할 기술과 전술의 기본이 분명 있다. 그러나 지나치게 전술에만 얽매이다 보면 자칫 창의적 발상을 잃을 수 있음을 간과해서는 안 된다. 중요한 것은 '승리를 위해서 어떤 플레이를 하는가'이다. 이 사실을 항상 염두에 두면서 이 책을 읽어나간다면, 축구 전술에 대한 명료한 의식을 가지는 데 많은 도움이 될 것이라 기대한다.

　　　　　　　　　　　　　　　　　　　　　　　　　　츠나미 사토시

CONTENTS

감수의 말 …… 4
들어가는 말 …… 6

PART 1 팀 전술의 기본 개념

001 축구 전술이란 무엇인가? …… 14
002 대인 방어의 개요와 기본 …… 16
003 대인 방어의 장점과 단점 …… 18
004 대인 방어의 훈련 방법 ① …… 20
005 대인 방어의 훈련 방법 ② …… 22
006 대인 방어에 적합한 포메이션 …… 24
007 지역 방어의 개요와 기본 …… 26
008 지역 방어의 장점과 단점 …… 28
009 지역 방어의 훈련 방법 ① …… 30
010 지역 방어의 훈련 방법 ② …… 32
011 지역 방어의 훈련 방법 ③ …… 34
012 지역 방어에 적합한 포메이션 …… 36
013 대인 방어와 지역 방어의 혼합 수비 전술 …… 38
014 대인 방어와 지역 방어보다 더 중요한 기본 원칙 …… 40

축구 코칭 칼럼 1 어린 선수에게는 쉬운 말로 전하는 것이 중요하다 …… 42

PART 2
포메이션 유형별 팀 전술 집중 해부

- **015** 축구에서 포메이션이 필요한 이유 …… 44
- **016** 4-4-2 미드필드 플랫 포메이션 …… 46
- 017 4-4-2 미드필드 플랫의 각 포지션 역할 …… 50
- 018 4-4-2 미드필드 플랫과 다른 포메이션과의 상성 …… 52
- **019** 4-4-2 미드필드 박스 포메이션 …… 54
- 020 4-4-2 미드필드 박스의 각 포지션 역할 …… 58
- 021 4-4-2 미드필드 박스와 다른 포메이션과의 상성 …… 60
- **022** 4-4-2 미드필드 다이아몬드 포메이션 …… 62
- 023 4-4-2 미드필드 다이아몬드의 각 포지션 역할 …… 66
- 024 4-4-2 미드필드 다이아몬드와 다른 포메이션과의 상성 …… 68
- **025** 4-2-3-1 포메이션 …… 70
- 026 4-2-3-1의 각 포지션 역할 …… 74
- 027 4-2-3-1과 다른 포메이션과의 상성 …… 76
- **028** 4-3-3 포메이션 …… 78
- 029 4-3-3의 각 포지션 역할 …… 82
- 030 4-3-3과 다른 포메이션과의 상성 …… 84
- **031** 3-4-3 포메이션 …… 86
- 032 3-4-3의 각 포지션 역할 …… 90
- 033 3-4-3 와 다른 포메이션과의 상성 …… 92
- **034** 4-1-4-1 포메이션 …… 94
- 035 4-1-4-1의 각 포지션 역할 …… 98
- 036 4-1-4-1과 다른 포메이션과의 상성 …… 100

037 **3-5-2 포메이션** …… 102
038 3-5-2의 각 포지션 역할 …… 106
039 3-5-2와 다른 포메이션과의 상성 …… 108

축구 코칭 칼럼 2 우수한 선수로 키우려면 지속적인 관심이 중요하다 …… 110

PART 3
팀 전술 실전 활용과 훈련 프로그램

040 **압박** …… 112
041 압박의 기능 포인트 …… 114
042 압박의 예 ① …… 116
043 압박의 예 ② …… 118
044 압박의 훈련 방법 ① …… 120
045 압박의 훈련 방법 ② …… 122
046 압박의 훈련 방법 ③ …… 124

047 **역습** …… 126
048 역습의 기능 포인트 …… 128
049 역습의 예 ① …… 130
050 역습의 예 ② …… 132
051 역습의 훈련 방법 ① …… 134
052 역습의 훈련 방법 ② …… 136
053 역습의 훈련 방법 ③ …… 138

054 **쇼트 카운터** …… 140

055 쇼트 카운터의 기능 포인트 …… 142
056 쇼트 카운터의 예 ① …… 144
057 쇼트 카운터의 예 ② …… 146
058 쇼트 카운터의 훈련 방법 ① …… 148
059 쇼트 카운터의 훈련 방법 ② …… 150
060 쇼트 카운터의 훈련 방법 ③ …… 152

061 측면 공격 …… 154
062 측면 공격의 기능 포인트 …… 156
063 측면 공격의 예 ① …… 158
064 측면 공격의 예 ② …… 160
065 측면 공격의 훈련 방법 ① …… 162
066 측면 공격의 훈련 방법 ② …… 164

067 사이드 체인지 …… 166
068 사이드 체인지의 기능 포인트 …… 168
069 사이드 체인지의 예 ① …… 170
070 사이드 체인지의 예 ② …… 172
071 사이드 체인지의 훈련 방법 ① …… 174
072 사이드 체인지의 훈련 방법 ② …… 176

073 포스트 플레이 …… 178
074 포스트 플레이의 기능 포인트 …… 180
075 포스트 플레이의 예 ① …… 182
076 포스트 플레이의 예 ② …… 184
077 포스트 플레이의 훈련 방법 ① …… 186
078 포스트 플레이의 훈련 방법 ② …… 188

079 점유 …… 190
080 점유의 기능 포인트 …… 192
081 점유의 예 ① …… 194
082 점유의 예 ② …… 196
083 점유의 훈련 방법 ① …… 198
084 점유의 훈련 방법 ② …… 200

085 라인 컨트롤 …… 202
086 라인 컨트롤의 기능 포인트 …… 204

087 라인 컨트롤의 예 …… 206
088 라인 컨트롤의 훈련 방법 ① …… 208
089 라인 컨트롤의 훈련 방법 ② …… 210

축구 코칭 칼럼 3 선수의 개성에 맞추어 알맞게 지도한다 …… 212

PART 4
세트피스 전술의 이해와 활용

090 코너킥 수비의 기본 ① 대인 방어 …… 214
091 코너킥 수비의 기본 ② 지역 방어 …… 216
092 코너킥 공격의 기본 …… 218
093 코너킥의 공격 패턴 ① …… 220
094 코너킥의 공격 패턴 ② …… 222
095 코너킥의 공격 패턴 ③ …… 224
096 직접프리킥의 수비 …… 226
097 직접프리킥의 공격 …… 228
098 간접프리킥의 공격 패턴 ① …… 230
099 간접프리킥의 공격 패턴 ② …… 232
100 스로인의 패턴 ① …… 234
101 스로인의 패턴 ② …… 236

축구 코칭 칼럼 4
청소년 선수에게는 수준 높은 시범을 보여주는 것이 중요하다 …… 238

PART 5
사이드백의 기본 기술과 응용 플레이

102 사이드백의 역할과 기본 기술 …… 240
103 사이드백의 수비 ① 1대 1 …… 242
104 사이드백의 수비 ② 포지셔닝 …… 244
105 사이드백의 수비 ③ 커버링 …… 246
106 사이드백의 수비 ④ 크로스 볼 …… 248
107 오버래핑의 타이밍 …… 250
108 오버래핑의 패턴 …… 252

마치는 말 …… 254

※ 책에 기술된 포지션의 약칭

- **GK**(Goal Keeper) : 골키퍼
- **CB**(Center Back) : 센터백
- **MF**(mid-fielder) : 미드필더
- **SM**(Side Mid-fielder) : 사이드미드필더
- **FW**(Forward) : 포워드
- **DF**(Defender) : 수비수
- **SB**(Side Back) : 사이드백
- **CM**(Central Mid-fielder) : 센트럴미드필더
- **CF**(Center Forward) : 센터포워드

PART 1
팀 전술의 기본 개념

001 | 축구 전술이란 무엇인가?

경기에서 승리하기 위해서는 먼저 팀의 방향성을 잡고 이를 팀 전술에 반영하는 것이 중요하다. 그리고 한 선수에 의한 개인 전술과 여러 선수들에 의한 그룹 전술을 토대로 팀 전술을 확립해나가야 한다.

선수들이 공통된 생각을 가지고 움직여야 이길 수 있다

축구는 경기에서의 볼 점유율, 패스 횟수, 슈팅 수를 가지고 경합을 벌이는 운동이 아니다. 선수들은 오로지 승리하기 위해 경기를 뛴다. 경기에서 이기려면 공을 빼앗고, 상대 팀에게 골을 허용하지 않아야 한다. 이건 상대도 마찬가지다. 필드 위에는 반드시 이긴다는 각오로 경기를 뛰는 선수들이 11명씩 두 팀, 모두 22명이 있다.

그런데 만약 이 선수들이 각자 자기 멋대로 움직인다면, 전체가 혼란스러워져 수습할 수 없게 될 것이다. 선수들이 모두 공통된 생각을 가지고 경기를 뛰어야 득점하기 쉽고 승리할 확률이 높아진다.

팀 콘셉트를 팀 전술에 반영한다

감독을 비롯한 코치들은 우선 선수들에게 '우리의 목표는 이러이러한 방향성을 가지고 경기에서 승리하는 것'과 같은 식의 주제, 이른바 팀 콘셉트를 제시해야 한다. 예를 들면 최종 수비라인에서 공격을 만들어가는 점유율 축구를 추구한다거나 높은 위치에서 압박을 가해 쇼트 카운터를 노린다는 식이다. 감독은 선발 11명을 비롯해 대기 선수들의 특징까지도 면밀히 파악해 팀 콘셉트를 결정한다. 그리고 이를 실행하기 위해 수비 방법(대인 방어, 지역 방어 등)과 공격 스타일에 맞는 팀 전술을 짜야 한다.

팀 전술에 반드시 필요한 개인 전술과 그룹 전술

팀 콘셉트를 결정하고 나면 이를 세분화한다. 예를 들어 공격 시 2~3명이 전담해 측면을 무너뜨리는 방법을 철저하게 연습해 그룹 전술로 완성시킨다. 이와 같이 치밀하게 고안해낸 그룹 전술들이 모여서 팀 전술이 된다.

또한 축구에서는 1대 1 경합을 해야 하는 상황이 많이 벌어지는데, 그때마다 선수는 상

축구에서의 『전술』이란?

팀 콘셉트
어떻게 해야 승리할 수 있을까? 감독은 선수들의 특징을 파악해 점유율 축구로 갈 것인지 아니면 압박 축구로 갈 것인지와 같은 팀의 방향성, 즉 '팀 콘셉트'를 결정한다. 이때 선수들의 능력에 맞게 콘셉트를 짜는 것이 중요하다. 이를 고려하지 않고 감독이 원하는 방향만을 선수들에게 강요해서는 안 된다.

팀 전술
콘셉트가 결정되면, 예를 들어 수비 중심으로 간다면 어떤 포메이션이 좋을지, 이를 실행하기 위해서는 어떤 전술이 필요한지 등의 '팀 전술'을 짜야 한다. 여기서도 선수들의 특징을 잘 살펴서 그들의 능력을 최대한 끌어낼 수 있는 포메이션을 찾아내야 한다. 또한 수비 방법(지역 방어 혹은 대인 방어), 볼을 뺏는 타이밍과 그 후의 움직임 등 구체적인 팀 전술을 만들어나간다. 선수들이 모두 공통된 생각을 가지고 움직여야 원활한 팀플레이가 가능해진다.

그룹 전술
높은 위치에서 압박을 가해 공을 뺏으려면 선수들 간의 협력이 필요하다. 상대를 측면으로 몰고 진로를 한정시켜 상대의 패스를 차단하는 등 여러 선수들이 연동해 플레이하는 것이 바로 그룹 전술이다.

개인 전술
수비수를 예로 들면, 볼을 가지고 있거나 패스를 기다리는 상대방의 자세를 보면서 볼이 어디로 갈 것인지 예측해 인터셉트하는 것도 개인 전술의 하나다. 이러한 개인 전술이 합쳐져 그룹 전술, 나아가 팀 전술이 된다.

대방과 맞붙어야 한다. 이때 속임수 동작을 하거나 상대방을 현혹시키는 오프 더 볼 무브먼트(Off the ball movement, 공을 소유하지 않은 상태에서의 움직임)와 같은 개인 전술이 중요해진다. 1대 1 경합에서 이기려면 이 같은 선수 개개인의 우수한 개인 전술 능력 또한 필수적이다. 정리하자면 개인 전술이 합쳐져 그룹 전술이 되고 이것이 나아가 팀 전술로 발전하는데, 팀 콘셉트는 그 근간이 된다고 할 수 있다.

002 | 대인 방어의 개요와 기본

선수 각자가 자신이 맡은 상대 선수를 책임지고 철저하게 마크하는 수비 전략이 바로 대인 방어다. 여기서 주의해야 할 점이 있는데, 마크에만 너무 집중하다 보면 실점을 당할 위험성이 있다는 것이다. 이 점을 잊지 말아야 한다.

책임지고 철저하게 한 선수를 집중 마크한다

대인 방어(맨투맨디펜스, Man to man defence)는 볼보다는 사람을 중심으로 수비하는 방법이다. 선수 1명이 상대 팀 선수 1명을 책임지고 철저하게 마크한다. 상대방이 전후좌우로 움직이면 볼 위치와 상관없이 상대방을 쫓아가는 수비 방식이다.

팀 전술에 따라 여러 종류의 대인 방어가 있을 수 있는데 최종 수비라인에서 전방에 이르기까지 모든 위치에서 대인 방어를 하는 경우는 거의 없다. 예를 들어 상대 팀 투톱이 강할 때는 스리백을 채택해 좌우 CB(센터백)가 일대일로 마크하거나, 세트피스를 할 때에만 대인 방어를 취하는 식이다. 자신이 맡는 상대 선수가 정해져 있기 때문에 복잡하지 않고 이해하기 쉬우나 마크에 실패할 경우 선수 책임이 커진다.

실점하면 안 된다는 대전제를 반드시 기억할 것

이 수비의 기본 원칙은 절대 실점해서는 안 된다는 것이다. 그런데 이 사실을 까맣게 잊은 채 대인 방어로 상대의 볼을 뺏는 데만 급급하다가 골문 앞에 구멍이 생기는 안타까운 상황이 벌어지기도 한다.

상대 팀 공격이 대부분 그 팀의 키맨 역할을 하는 선수를 통해 이루어질 경우, 그 키맨 혹은 스트라이커를 대인 방어로 집중 마크하면 큰 효과를 거둘 수 있다.

대인 방어에서는 수비의 기본 원칙을 지킬 것

CB가 상대 팀 투톱을 대인 방어로 마크하고 있다. 다음 순간, 상대 팀 투톱이 교차하며 움직이면서 좌우로 벌어짐과 동시에 상대가 문전으로 패스를 한다. 이때 마크한다고 절대 상대 투톱을 따라가서는 안 되고 반드시 볼 쪽으로 다가가야 한다. 실점하지 않는 것을 우선으로 플레이해야 한다.

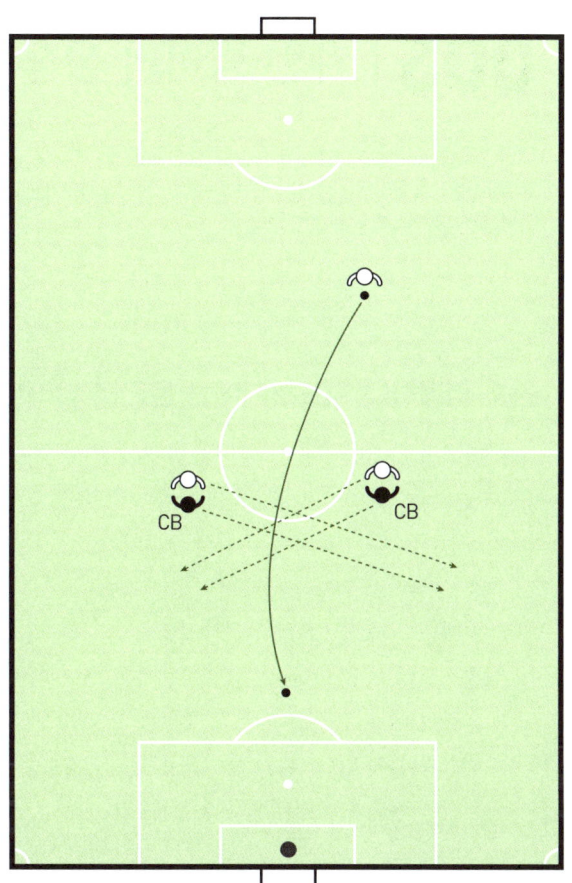

POINT

수비의 기본은 볼을 뺏는 것이다. 볼을 뺏을 수 있는 상황이면 과감하게 마크를 멈추고 볼을 향하여 움직일 것.

✓ 코칭 어드바이스

전술에만 너무 얽매이면 실점할 수 있다

프로 선수라도 전술에만 너무 치중하다 보면 '실점을 막는 게 가장 중요하다'라는 수비의 대전제를 잊기 쉽다. 현역 시절 필자가 대인 방어로 수비를 하고 있을 때의 일이다. 마크하고 있던 FW(포워드)가 미드필드까지 내려왔을 때 CB가 너무 깊게 따라붙었다가 골문 앞에 빈 공간이 생겨버렸다. 이때 들어온 볼을 상대 팀 선수가 뛰어들면서 골로 연결시켜 점수를 내준 적이 있다. 이 CB는 대인 방어라는 전술에는 충실했지만, 이처럼 실점해버리면 아무런 의미가 없다. 꼭 기억해두자.

003 | 대인 방어의 장점과 단점

대인 방어는 이론적으로는 매우 심플한 전술인 듯 보인다. 그러나 실제 현장에서 지도하다 보면 선수 개개인의 높은 판단 능력이 요구되는 의외로 난해한 전술이기도 하다. 실전에서는 선수들의 임기응변적인 유연한 대처가 중요하다.

단순 명쾌하나 지도하기에는 은근히 까다로운 전술

대인 방어를 전술로 사용할 때는 스리백이 유리하다. 왜냐하면 좌우 CB가 상대 팀 투톱을 마크하기만 하면 되기 때문이다. 이 점만 놓고 보면 대인 방어는 마크를 인계해야 하는 지역 방어보다 수비하기 수월한 전술이라고 할 수 있다.

그런데 또 의외로 지도하기에 까다로운 전술이 바로 이 대인 방어다. 선수는 자신이 마크할 상대를 정하고, CB는 무리하게 따라붙지 말고, 필요에 따라 마크 선수를 인계하는 등 이론적으로 대인 방어를 설명하는 것은 그리 어렵지 않다. 그런데 드리블로 돌파당하면 혼란에 빠질 가능성이 있고 한 측면으로만 선수들이 몰리면 다른 측면에 넓은 공간이 생길 위험이 있다. 대인 방어는 상황에 맞게 경기를 풀어나갈 수 있는 선수들이 팀에 존재해야 전술로서 제대로 기능할 수 있다.

마크에만 너무 집중하지 말고 유연하게 대처해야 한다

예전 일본 프로축구 J리그의 베르디 가와사키(현 도쿄 베르디)는 나고야 그램퍼스 8과 경기할 때 드라간 스토이코비치(그램퍼스)의 전담 마크로 항상 나카무라 타다시(베르디) 선수를 붙였다. 이에 스토이코비치는 나카무라가 자신을 끈질기게 밀착 마크해올 것을 미리 알아차리고 측면이나 미드필드의 낮은 위치로 피하는 경우가 많았다. 그런데 그럴 때마다 나카무라는 절대 그를 쫓아가지 않고 "부탁해!"라는 말로써 주변 선수에게 마크를 넘기며 유연하게 대처했다. 이처럼 대인 방어라 해도 상황에 따른 판단력이 필수다. 상대 선수를 끈질기게 마크만 하면 되는 전술이 결코 아닌 것이다.

4-4-2에 대한 각 포지션의 마크

대인 방어를 할 때는 3-4-3, 3-5-2와 같은 스리백을 쓰는 것이 유리하다. 상대가 4-4-2 미드필드 플랫이면 최종 수비라인에 1명을 남길 수 있기 때문이다. 문제는 상대 팀이 돌파를 시도할 때 생기는데, 주변 동료가 커버링을 위해 이동을 하면 마크가 밀리게 된다. 이런 사태에 대비해 반드시 1명은 여유로 남겨두는 것이 좋다.

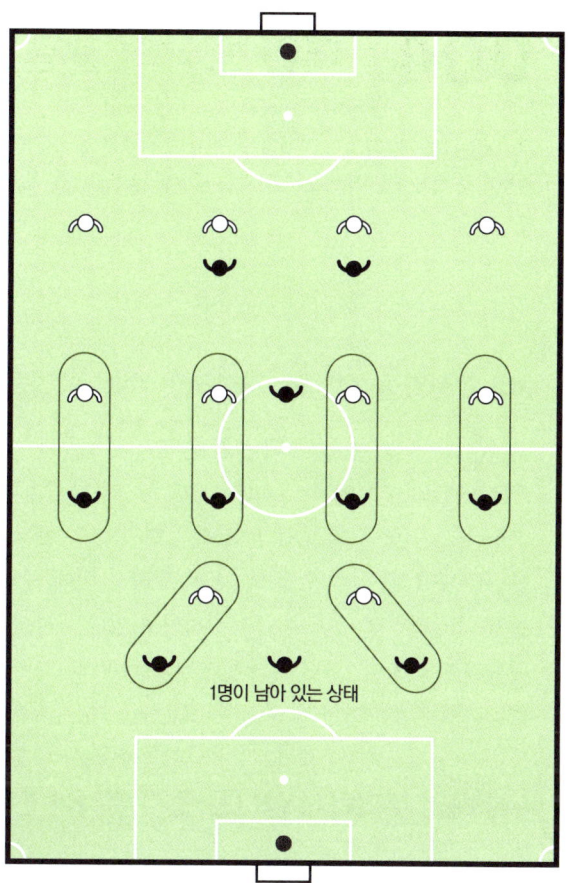

1명이 남아 있는 상태

POINT

상대 선수의 움직임은 변화무쌍하다. CB가 판단하기에 지금은 떨어져도 괜찮을 것 같으면 과감하게 따라붙지 말아야 한다.

✓ 코칭 어드바이스

수비로 전환하면 철저하게 마크하라

상대 팀이 원톱이면 포백으로 대인 방어를 하기는 어렵다. 상대 FW의 움직임에 맞춰 CB 1명이 움직이면 문전에 불규칙한 공간이 생기게 된다. 이를 메우기 위해 SB(사이드백, 측면 수비수)가 중앙 쪽으로 움직이면 또 다른 CB 1명까지 합쳐 결국에는 스리백이 된다.

FW 1명을 CB 2명이 마크할 때는 말을 주고받으며 마크를 인계하는 것이 좋다. 공격할 때는 비교적 자유롭게 움직이되, 수비로 전환되면 두 CB 중 1명이 상대 FW와 거리를 좁혀서 철저하게 마크한다. 상황이 안전하거나 위험해짐에 따라 바로바로 공수 전환을 하면 된다.

004 | 대인 방어의 훈련 방법 ①

여기서는 대인 방어의 이미지를 익히는 기본 훈련 방법으로 2대 2 훈련을 소개한다. 핵심은 둘이서 수비하고 있음을 인식하고, 이미지를 공유하면서 골문을 지키는 것이다.

2대 2 상황을 설정해 기본적인 수비 방법을 배운다

훈련은 항상 실전을 가정해 실시해야 한다. 대인 방어를 위한 기본 훈련은 패스를 넣어 주는 역할을 코치가 맡고 2대 2부터 시작한다. 두 DF(수비수) 중 1명이라도 게으름을 피우면 쉽게 무너질 수 있다. 실점을 막고 볼을 뺏는다는 수비의 대전제를 염두에 두고 연습을 반복해, 상대편 움직임을 예측하고 이에 대한 수비 방법을 몸에 익힌다. DF가 먼저 의식해야 할 것은 둘이서 수비하고 있다는 사실이다. DF 1명이 높은 위치로 FW를 쫓아가 버리면 다른 DF와 거리가 생겨 뒤편에 공간이 생긴다. 이때 코치가 패스해 다른 1명의 FW가 뛰어 들어오면 남은 DF는 불리한 상태에서 대응해야 하는 상황이 돼버린다.

위험하면 무리하게 상대를 쫓지 말아야 한다

FW가 골대 멀리서 패스를 받을 때, 만약 자기가 비운 공간에 위험이 생길 것 같으면 무리하게 쫓아가지 말아야 한다. 일정하게 거리를 유지하면서 위험 지역에 들어오면 그때 대응한다. 대인 방어이지만 CB는 지역 방어처럼 서로 거리감을 고려하면서 플레이해야 한다. 또한 골대로 향하는 드리블이나 패스를 차단하면서 단순히 실점을 막는 수비만 하는 것이 아니라 볼 뺏기에도 적극적으로 나서야 한다. 코치나 FW의 상황을 면밀히 주시하면서 패스가 나가는 순간 인터셉트가 가능할 것 같으면 대담하게 앞으로 뛰어 나간다. 볼 뺏기에 성공하면 멈추지 말고 그대로 코치 뒤쪽의 골문을 노린다.

질 높은 훈련이 되려면 질 높은 공격이 필요

대인 방어를 위한 훈련이므로 어느 일정 라인까지는 오프사이드를 적용하지 않아도 된다. 이는 뒷공간을 찔렸을 때를 대비한 연습이 된다. 다양하게 조건을 설정해 변화를 주는 것이 좋다.

대인 방어의 훈련 방법 ①

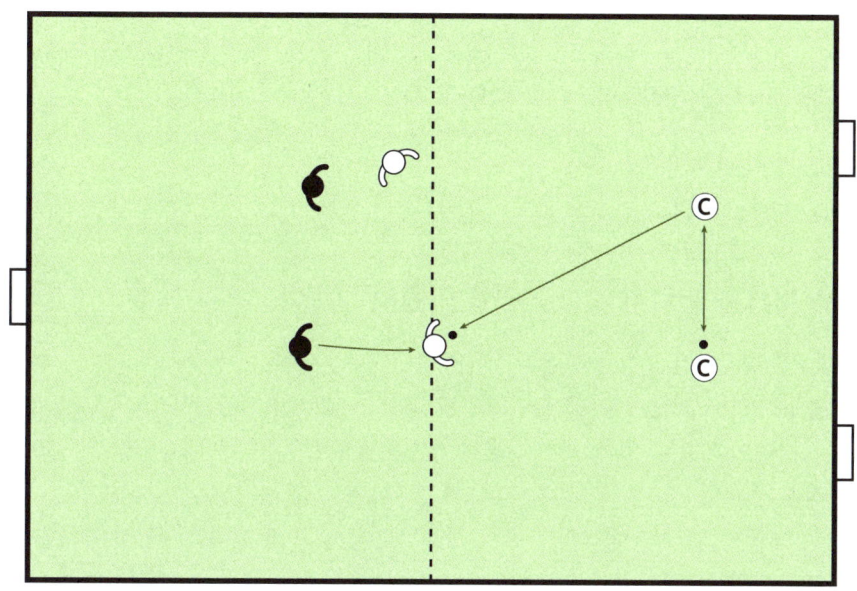

코치가 볼을 돌리는 동안 FW는 패스를 받기 위해 전후좌우로 움직인다. DF는 이를 대인 마크하는데, 기본적으로 실점만 막으면 된다. FW는 드리블이나 패스로 연계해 골대로 향한다. 수비 팀은 이 훈련을 통해 대인 방어의 기본 이미지를 익힐 수 있다. 단, 볼을 뺏으면 2개의 골대 중 하나로 향한다.

POINT

DF는 볼을 뺏으면 재빨리 코치 뒤편에 있는 2개의 골대 중 하나로 향한다. 이 연습으로 종(세로) 패스의 정확도를 높일 수 있다.

DF를 위한 양질의 훈련이 되려면 그만큼 수준 높은 공격이 필요하다. FW는 발끝에서 패스를 받기만 하지 말고, DF의 뒤를 찌르는 움직임과 교차하는 움직임을 시도해본다. DF의 수비력이 너무 높아 훈련이 잘 이루어지지 않을 때는 FW에게 유리하게끔 조건을 설정한다.

005 | 대인 방어의 훈련 방법 ②

대인 방어를 위한 2대 2 훈련이 끝나면 다음 단계로 4대 4 훈련을 한다. 여기서는 공격진 선수들의 상태를 주시하면서 자신이 어떤 방법으로 마크할 것인지 선택할 수 있도록 한다.

FW 마크를 놓치지 않고 공간을 만들지 않는다

2대 2를 발전시킨 훈련법으로, 패스하는 선수 2명을 공격 팀에 추가하고 수비 팀에도 이를 마크하는 2명을 추가해 훈련하는 방법이다. 2대 2를 기본편이라고 한다면 4대 4는 응용편이라 할 수 있다. 보다 실전에 가까운 형태로 만들기 위해 GK(골키퍼)도 참가시킨다.
DF는 마크하는 FW의 움직임은 물론, 볼을 가진 선수와 그 선수를 마크하는 선수의 움직임까지 관찰하면서 플레이해야 한다. 왜냐하면 FW가 볼을 받기 위해 크게 움직여도 패스를 주는 선수가 심한 마크를 받고 있으면 패스할 수 없기 때문이다. 이때는 무리하게 FW를 따라붙을 필요는 없다. 중요한 것은 FW에게 볼이 왔을 때 바로 대응할 수 있도록 거리를 유지하는 것과 마크를 놓치지 않는 것, 그리고 서로 간에 공간을 만들지 않는 것이다.

수비진의 부담을 가중시키며 반복 훈련한다

2대 2 훈련과 마찬가지로 4대 4 훈련 또한 다양한 조건을 설정해 훈련한다. 특히 오프사이드 규칙은 느슨하게 적용해 가급적 수비진의 부담을 가중시키도록 한다. 어떤 상황에서 FW가 뒷공간을 치고 들어올지 머릿속으로 그리면서 마크하고, 공격진이 패스해 오면 같은 진영끼리 어떻게 연계해서 볼을 뺏을 것인지 생각하면서 반복적으로 훈련한다. 이러한 반복 훈련이 실전에서 몸을 자동적으로 반응할 수 있게 한다.

적극적인 공세로 수비의 난이도를 높인다

수비진에게 유익한 훈련이 되도록 공격진은 적극적으로 공격해야 한다. 만약 FW의 발 움직임이 줄어들어 패스 코스가 없어졌는데 공격진이 계속 볼만 붙잡고 있으면 대인

대인 방어의 훈련 방법 ②

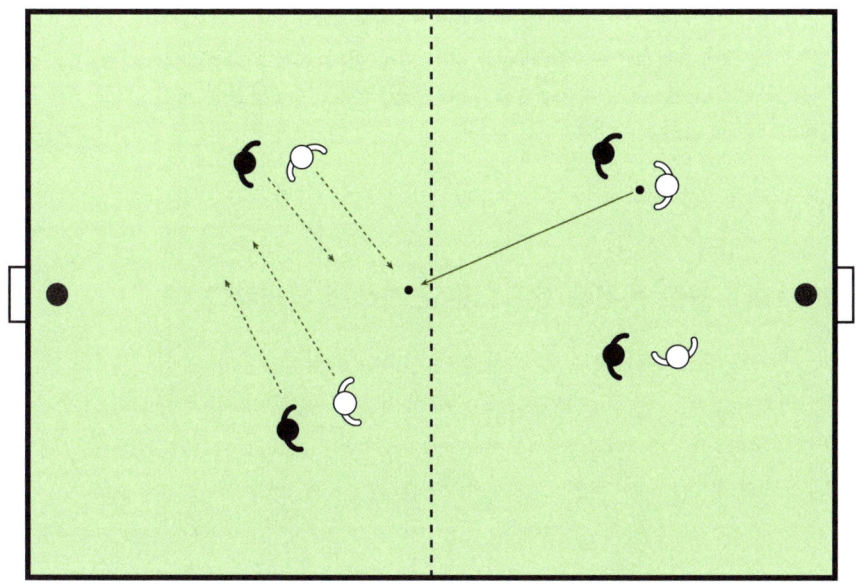

4대 4 공방에서 공격진은 MF(미드필더) 2명과 투톱, 수비진은 CB와 볼란테다. 양 측면에는 골대와 GK가 있다. 패스의 시작점을 볼란테가 맡고 CB는 투톱을 대인 방어로 막는다. 필드가 좁으면 수비진에게 유리하므로 57m×43m 정도의 필드가 적당하다.

CB를 흔들기 위해 FW는 적극적으로 움직일 것. CB는 마크를 놓치지 말고 서로 간에 공간을 만들지 말 것.

방어 훈련으로서의 의미가 사라진다. 이러한 사태를 막으려면 예를 들어 '공격진은 맨 처음 볼을 가지고 나서 7초 이내에 슈팅해야 한다'는 등의 여러 조건을 붙이는 것이 좋다. 그저 매뉴얼에 따라 시간을 때우는 무의미한 훈련이 되지 않도록 다양한 시도를 해보도록 한다.

- 볼란테(Volante) : 수비형 미드필더를 의미. '방향타'를 뜻하는 포르투갈어에서 유래되었다. 영어로는 '홀딩 미드필더(Holding mid-fielder)'라고 부른다.

006 | 대인 방어에 적합한 포메이션

지역 방어에 비해 수동적인 대인 방어에서는 수비하는 선수들에게 1대 1 상황에서의 보다 강한 경합 능력을 요구한다. 3-5-2의 스리백이 상대 투톱을 대인 방어로 수비하는 등 부분적으로 대인 방어를 도입하는 방식도 종종 볼 수 있다.

강한 1대 1 경합 능력이 요구되는 스리백이 유리하다

대인 방어는 마크를 전담하는 선수가 상대 선수의 움직임에 따라 움직여야 하므로 수비 균형이 흐트러지기 쉽다. 콤팩트한 상태를 유지하기 어려우며 상대 공격에 따라 대응해야 하는 수동적인 수비 방법이다. 그러므로 수비하는 데 있어서 조직력이 요구되는 포백보다는 수비진의 강한 1대 1 경합 능력이 요구되는 스리백이 더 유리하다.

상대 투톱이 막강할 때, 1대 1 경합에 강한 DF가 투톱을 각각 전담 마크하고 반드시 1명은 남긴다는 수비 원칙을 따르면 자연스럽게 수비는 스리백이 된다. 물론 이때 모든 선수가 대인 방어로 수비할 필요는 없다. 미드필드나 전방은 지역 방어라도 상관없으며 상대 팀의 키 플레이어만 대인 방어로 철저하게 막으면 된다.

키 플레이어를 막은 바이에른 뮌헨의 작전 승리

실제로 2012-13 UEFA 챔피언스리그에서 우승한 독일 바이에른 뮌헨은 8강에서 이탈리아의 유벤투스 FC와 대결할 때 상대 팀의 공격형 미드필더 클라우디오 마르키시오와 아르투로 비달을 볼란테 루이스 구스타보와 바스티안 슈바인슈타이거가 전담 마크하도록 했다. 즉 미드필드에서만 부분적으로 대인 방어를 쓴 것이다. 상대 팀에 막강한 스타 플레이어가 있을 때 그 선수만 대인 방어해도 된다. 상대 팀 입장에서는 끈질기게 마크 당하는 것이 결코 반가운 일은 아니다.

대인 방어에 적합한 포메이션의 예 : 3-5-2

각 포지션에 있는 선수들이 풀코트로 대인 방어하는 것은 현실적으로 어렵다. 그래서 대다수의 팀들이 부분적인 대인 방어를 병용하고 있다. 그 중에서도 가장 효율적인 것이 상대 투톱을 스리백으로 막는 패턴이다. 좌우 SB(사이드백)가 투톱을 마크하면 중앙의 CB가 여유로 남기 때문이다. 또한 상대 미드필드에 키맨이 있을 때는 볼란테 중 1명이 대응하면 된다.

007 | 지역 방어의 개요와 기본

선수 각자가 맡은 지역 안으로 들어오는 상대 선수를 막는 수비 전략이 바로 지역 방어다. 상대 선수나 볼의 움직임에 현혹되지 않고, 주변 동료 선수들과 원활하게 연계하는 것이 중요하다.

선수 각자가 맡은 지역을 책임지고 수비한다

선수 각자가 자신이 맡은 지역을 지키고 그 지역으로 들어오는 상대편 선수를 막는 수비 방법이 바로 지역 방어(존디펜스, Zone defence)이다. 기본적으로 필드를 등분해서 수비한다. 볼을 뺏는 지역을 미리 정해 놓으면 선수들이 해당 지역에서 볼을 뺏는다는 공통된 의식을 가지고 플레이할 수 있다.

지역을 들어갔다 나갔다 하는 상대 선수에 대한 마크는 옆에 있는 동료 선수와 연계해 마크를 인수인계한다. 각 선수가 자신이 맡은 지역을 제대로 지키면 공간을 내줄 일이 없다. 중요한 것은 자신의 지역뿐만 아니라 동료의 지역까지도 확실하게 커버하는 것이다. CB가 오른쪽 측면으로 끌려 나가면 옆의 CB가 지역을 하나 이동하고 동시에 왼쪽 SB도 지역을 하나 이동하며 중앙을 커버한다.

동료 선수와의 연계와 전체 수비조직이 중요

또 상황에 따라서는 왼쪽 SB가 비운 공간으로 미드필드의 SM(사이드미드필더, 측면 미드필더)이나 볼란테가 들어가 커버해야 한다. 이때 한 명이라도 움직임이 늦어지면 공간이 생겨 위험할 수 있다. 상대의 실력이 높을 때는 이러한 사소한 틈이 바로 실점으로 이어질 가능성이 있다.

지역 방어는 팀 전체가 수비망을 쳐서 상대 선수로부터 볼을 뺏는 수비 방법이기 때문에 동료 선수와의 연계나 팀의 수비조직력이 확보되어 있지 않으면 제대로 기능하지 않는다는 맹점이 있다.

지역 방어의 기본 개념

4-4-2인 경우 필드를 세로로 4등분 해서 각 선수가 자신이 맡은 지역으로 들어오는 상대 선수를 막는다. 그 밖에 4명이 지역을 5등분하는 방법도 있으며 지도자에 따라서도 다양한 방법이 있다. 자기 지역 밖으로 나가는 상대 선수는 그대로 다른 동료에게 인계한다. 선수들끼리 적절한 거리를 잘 유지해 플레이하면 공간을 허용할 일이 없다.

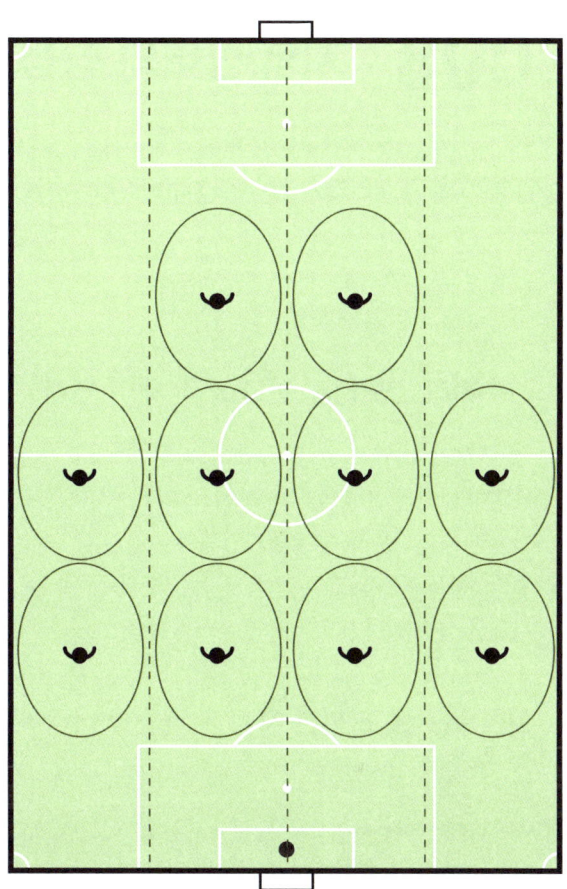

POINT
실점할 위험이 있을 때는 자신의 지역에서 벗어나 플레이해도 된다. 실점을 막는 것이 가장 중요하다.

✓ 코칭 어드바이스

지역을 초월해 커버하는 것도 중요하다

상대가 측면에서 중앙으로 드리블 돌파를 시도한다고 가정해보자. 첫 번째로 이를 마크하는 것은 SB이다. 그러다 볼을 가지고 있는 상대는 어느 시점에서 CB가 수비하는 지역으로 돌입하게 되는데 이때 SB에서 CB로 마크가 인수인계되는 것이 기본이다. 그러나 이러한 경우에는 CB 지역에 이미 상대 FW가 있을 때가 많다. 이렇게 한 지역에 상대 선수 2명이 있을 때는 CB에게 인계하지 말고 SB가 볼을 가진 상대를 그대로 쫓아가도 무방하다. 상황에 따라 지역과 관계없이 동료끼리 서로 커버해주는 일도 필요하다.

008 | 지역 방어의 장점과 단점

지역 방어는 조직적인 수비에 유리하다는 것이 장점이다. 반면에 약점은 지역과 지역의 경계에 상대가 들어왔을 때, 또는 한 지역에 여러 명의 상대가 들어왔을 때 취약해진다는 것이다.

선수끼리 양보하지 말고 소리 내며 연계할 것

공격하는 입장에서 볼 때 지역 방어를 무너뜨릴 수 있는 급소는 매우 명확하다. 바로 최종 수비라인과 볼란테 사이 또는 SB와 CB 사이와 같은 '지역의 경계'다. 여기에 볼이 들어오면 수비진은 절대 우왕좌왕해서는 안 된다. 서로 양보하다 조금이라도 대처가 늦어지면 바로 속공당할 수 있다. 신속한 판단과 플레이가 요구되는 현대 축구에서는 이런 사소한 실수가 치명적인 결과로 이어진다.

실점 위기를 느끼면 자기 지역을 벗어나 대응할 것

한 지역에 여러 명의 상대 선수가 들어올 때도 주의해야 한다. 이때는 주변 동료 선수들이 지원을 해서 수적으로 불리해지지 않게 한다. 경기는 늘 유동적으로 변하기 때문에 각 선수가 맡은 지역 또한 절대적인 것은 아니다. 가장 중요한 것은 실점하지 않는 것이다. 실점 위기라고 판단되면 바로 자기 지역을 벗어나 대응해야 한다.

지역 방어는 전방에서 조직적인 수비가 가능해 볼 뺏을 기회를 쉽게 만들 수 있다. 각 선수가 연동해 미리 정해 놓은 지역으로 상대 선수를 몰고, 선수가 들어오면 과감하게 볼 뺏기를 시도한다. 이것이 가능하면 최종 수비라인까지 공격당하는 일 없이 지역 방어의 취약점을 커버할 수 있다.

지역 방어의 취약점

각 지역의 중간점이나 지역 경계에서 상대가 볼을 잡으면 대응하기가 어렵다. 예를 들어 CB, SB, 볼란테, SM의 사이에서 상대가 볼을 가질 경우, CB는 섣불리 나가지 말고 볼란테나 SM이 들어가서 대응하는 것이 좋다. 또한 SB도 중앙을 커버하는 것을 잊지 말아야 한다. 기본적으로 CB는 가급적 자기 지역을 벗어나지 말고 SB나 볼란테, SM이 커버한다.

각 지역 중간 지점에 상대가 들어올 경우

한 지역 안에 2명의 상대가 들어올 경우

POINT

지역의 경계에서는 서로 양보하거나 움직임이 겹치지 않도록 소리를 내면서 연계한다.

✔ 코칭 어드바이스

패스 코스를 차단하면 볼이 들어올 수 없다

한 지역에 2명의 공격진이 들어오거나 패스가 들어올 때는 수비진 또한 2명이 대응하면 된다. 선수 각자가 맡은 지역에 인원 제한은 없기 때문이다. 변화무쌍한 경기를 치루는 동안 한 선수가 처음부터 끝까지 한 지역을 수비하는 경우는 전무하다.

볼을 가진 상대를 주시해 패스 코스를 차단하는 방법도 있다. 지역에 상대가 둘이나 셋이 들어와도 패스 코스만 잘 차단한다면 볼이 들어올 수 없다. 어느 경우이든 볼을 가진 상대에게 접근을 시도해야 한다.

009 | 지역 방어의 훈련 방법 ①

지역 방어의 이미지를 익히기 위한 기본 훈련 방법을 소개한다. 처음에 4명이 라인을 만들고 같은 폭으로 필드에 선을 그은 다음, 자신이 맡을 지역을 정해서 지역 방어 훈련을 한다.

포백으로 반복 연습을 함으로써 인수인계의 감을 익힌다

선수마다 개별적인 움직임을 마스터하는 것도 중요하지만 지역 방어에서는 마크를 인수인계해야 하기 때문에 동료 선수 간의 연계 동작도 익혀야 한다. 따라서 훈련은 일반적인 포백으로 설정해 4대 4부터 시작하는 것이 좋다.

처음에는 각 선수가 맡은 지역을 알아볼 수 있도록 마커 등을 설치해 실시한다. 공격진은 사선으로 움직이며 각 지역을 드나들고, 수비진은 이에 현혹되지 말고 지역을 드나드는 상대를 옆의 동료 선수와 연계해 마크한다. 훈련 초기 단계에서 중요한 것은 상대 선수를 너무 끝까지 따라붙지 말고 선수가 자기 지역에서 나가면 동료 선수에게 바로 인계하는 흐름을 몸에 익히는 것이다. 인계할 때는 "부탁해.", "알았어."처럼 반드시 서로 말을 주고받아야 한다. 지역 방어는 각 선수가 서로 협력할 때 비로소 막강한 수비조직력을 발휘한다.

뛰어 들어오는 선수와 볼을 가진 선수를 주시한다

지역으로 뛰어 들어오는 상대뿐만 아니라 볼을 가진 선수의 움직임도 예의 주시해야 한다. 볼을 가진 상대 선수에게도 전담 마크가 있어서 패스 코스가 제대로 차단되어 있으면 패스는 절대 나오지 않는다. 이처럼 상대의 패스 코스를 제대로 차단하고 있어서 상대가 절대로 패스하지 못할 때는 라인을 올리는 것이 좋다. 그리고 상대가 드리블로 돌진해올 때는 자기 지역을 벗어나 신속하게 커버해야 한다.

지역 방어의 훈련 방법 ①

하프코트를 페널티 에어리어만큼의 폭으로 4등분해 그 안에서 4대 4 라인 돌파 게임을 실시한다(오프사이드 적용). 양 측면의 공간은 사용하지 않고 전원 DF로 게임하면서 지역 방어의 이미지를 공유한다. 수비진은 4등분된 지역을 1명씩 맡아서 수비하고, 공격진은 횡(가로) 패스로 연결하면서 공격 찬스를 기다린다. 드리블해도 좋고 뒷공간을 노려도 좋다. 단시간에 효율성을 높이기 위해 '공격진은 15초 이내의 공격 시도로 라인을 돌파한다'와 같은 조건을 설정한다.

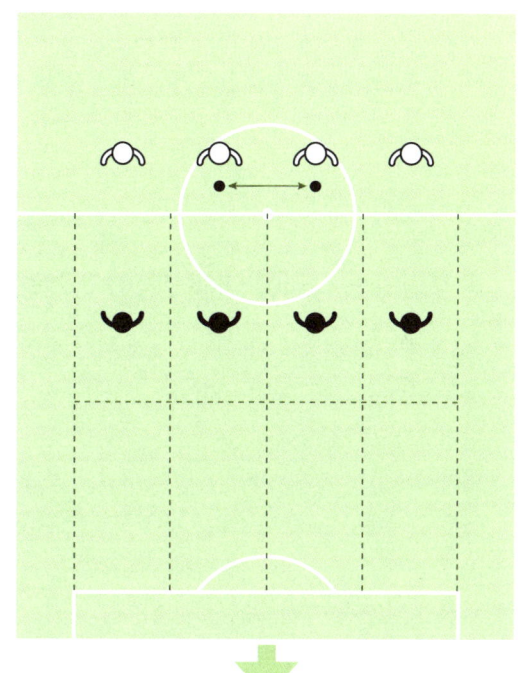

공격진 중 1명이 대각선으로 들어올 때의 대응 방법. 왼쪽 측면 2명이 패스 코스를 차단한다. 오른쪽 측면 2명 중 바깥쪽 선수는 들어온 상대 선수가 자기 지역에 있는 동안에는 철저하게 마크하고 옆 지역으로 이동하면 마크를 인계한다. 이때 상대가 라인 후방으로 나가면 오른쪽 측면 2명은 너무 끝까지 따라붙지 말고 라인을 원래 높이로 복구한다. 볼을 가진 상대의 상태를 확인하고 패스를 할 것 같으면 따라붙는다.

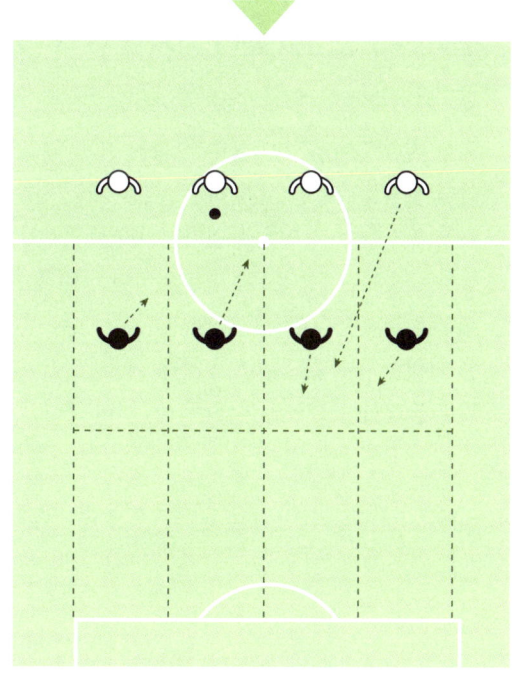

 POINT

패스가 라인 뒤편으로 안 오면 수비진은 다시 제자리로 돌아간다. 4명이 연계하면서 항상 라인을 유지하는 것이 관건이다.

010 지역 방어의 훈련 방법 ②

지역 방어의 이미지를 익혔으면, 다음으로는 1명이 보다 넓은 지역을 커버하는 2대 2 훈련을 한다. 여기서 중요한 것은 두 사람 간의 거리감이다. 상대의 복잡한 움직임에 현혹되지 않도록 주의한다.

공격진의 움직임에 대해 2명이 연계해 대응한다

2대 2 상황을 설정해 난이도를 높여 마크의 인수인계와 라인 컨트롤을 연습한다. 이때 사용하는 필드는 4대 4의 넓이와 같다. 수비진은 커버해야 할 지역이 늘어나기 때문에 난이도가 높아진다.

여기서 중요한 것은 수비진 2명 사이의 간격을 의식하는 것이다. 가급적 떨어지지 말고 높은 위치에서 볼을 가로채는 것을 목표로 한다. 공격진은 전후좌우로 움직이면서 코치가 주는 패스를 받는다. 공격진이 좌우로 벌어지거나 교차하면서 뒤를 공략해올 때 수비진의 대응이 중요한 포인트가 된다.

공격진이 벌어질 때와 교차할 때의 대처법

공격진이 좌우로 벌어질 때 수비진이 끝까지 따라붙을 필요는 없다. 골문에서 멀리 떨어진 지점에서 공격진 선수가 볼을 잡고 있으면 그렇게 위협적이지는 않기 때문이다. 상대에게 일단 볼을 갖게 하고 차분하게 대처하면 된다.

가장 좋지 않은 상황은 무리하게 뛰어들었다가 중앙에 빈 공간을 만들어 상대에게 침투 당하는 것이다. 상대 FW가 교차하면서 뒤를 노리고 올 때는 각 선수가 마크를 인수인계하는 경계까지 따라붙고 상대가 교차하는 순간에 서로의 마크를 인수인계한다. '중앙을 커버링 → 원래 위치로 벌어짐'과 같은 이미지로 움직이면 되는데, 이는 지역 방어의 기본 움직임이므로 잘 기억해두는 것이 좋다.

지역 방어의 훈련 방법 ②

공격, 수비 모두 움직일 수 있는 범위를 페널티 에어리어의 폭으로 설정. 이를 이등분하고 GK를 세워 2대 2를 실시한다. 이때 수비진은 4대 4일 때보다 1명이 커버해야 하는 지역이 늘어난다. 서로가 좌우로 벌어지게 되면 중앙에 빈 공간이 생겨 위험할 수 있다. 따라서 가급적 중앙으로 모여 적당하게 거리를 유지하는 것이 좋다. 처음 패스를 주는 코치 2명이 패스를 돌리는 사이 공격진 2명은 볼을 받기 위해 다양한 움직임을 시도해본다.

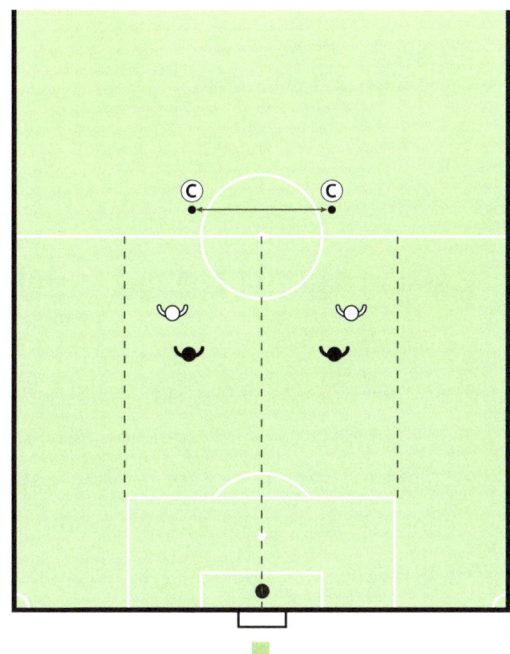

공격진 2명이 교차하며 뒷공간을 노린다. 수비진 2명은 지역 경계에서 마크를 인수인계한다. 빠져나가는 상대와 들어오는 상대의 속도에 뒤처지지 말고, 인계하는 순간에 몸을 반전시켜 밖으로 빠져나가는 상대를 대응한다. 이때 코치는 패스를 해도 되고 안 해도 된다. 패스가 안 오면 공격진은 다시 움직인다. 오프사이드를 도입할 때와 하지 않을 때로 각각 연습해본다. 오프사이드를 도입할 때 수비진 2명은 라인 컨트롤도 실시한다.

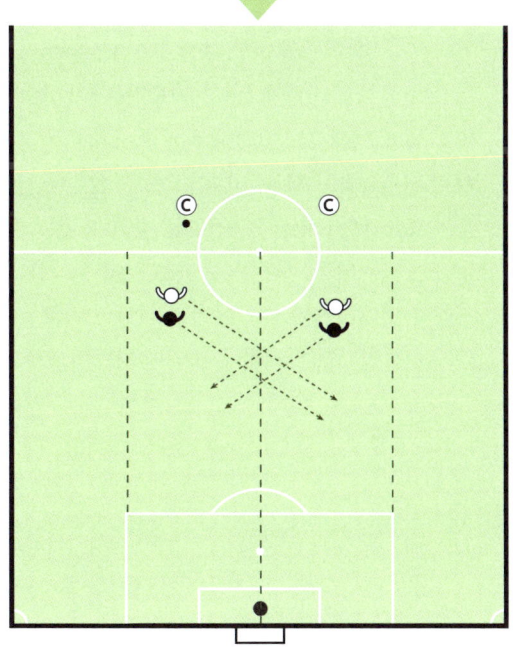

POINT

수비진은 좌우로 너무 벌어지거나 전후에 공간이 발생하지 않도록 주의해야 한다. 간격을 유지하며 플레이한다.

011 | 지역 방어의 훈련 방법 ③

지역 방어 훈련의 응용으로, 하프코트를 사용해 4명이 연대하여 수비하는 훈련을 한다. 공격 인원을 차차 늘리면서 훈련 난이도를 높인다.

원활한 연계를 위해 서로 말을 주고받는다

좁은 필드에서의 반복 훈련으로 지역 방어의 기본 동작을 어느 정도 숙지하고 나면 이번에는 하프코트에서 연습해본다. 수비진은 포백으로, 공격진은 2, 3, 4명으로 차차 인원을 늘려 난이도를 높인다. 수비진이 기본 동작에 익숙해지면, 연계할 때 점차 서로 말을 주고받기 시작한다. 지역 방어는 대인 방어와는 달리 상대를 철벽 마크만 하면 되는 것이 아니다. 지역 방어가 제대로 기능하려면 선수 간의 연계가 필수적이므로 마크를 인수인계할 때는 반드시 서로 간에 소통을 해야 한다.

선수 간 거리와 라인이 흐트러지면 바로 수정한다

이러한 훈련을 통해서 리더십이나 지시대로 정확히 움직일 수 있는 능력 등 선수들의 특징이 점차 드러나게 된다. 지도자는 각 선수가 지닌 이러한 개성과 함께 선수들 간의 상성 등에 대해서도 파악해두는 것이 좋다.

이 훈련은 4명이 좌우로 벌어지거나 전후로 길어질 때 얼마나 빠르게 원래 상태로 돌아올 수 있느냐가 핵심 포인트다. 경기 중에는 어쩔 수 없이 빈 공간이나 거리가 생기는 순간이 있는데 그 시간을 줄이는 것이 실점을 줄이는 것과 직결된다. 따라서 서로 간의 거리가 벌어지거나 라인이 흐트러지면 바로 수정에 들어간다. 4명의 의사소통이 원활하게 이루어지고 이러한 움직임이 자동적으로 나오는 것이 이상적이다.

지역 방어의 훈련 방법 ③

하프코트를 이용해 포백의 연계를 강화시킨다. 공격진은 2명으로 시작해 점차 3, 4명으로 늘려나간다. 패스를 주는 코치가 하프라인 부근에서 횡 패스로 연결한다. 공격진은 전후좌우로 움직이고 볼을 유인하는 동작을 취하면서 지역 경계선인 SB와 CB 사이로 돌진한다. 포백은 서로 연계하면서 자기 지역으로 상대 선수가 들어오면 마크하고, 나가면 바로 인계한다. 이와 동시에 가능한 한 벌어지지 않도록 적절한 거리를 유지하며 대응한다.

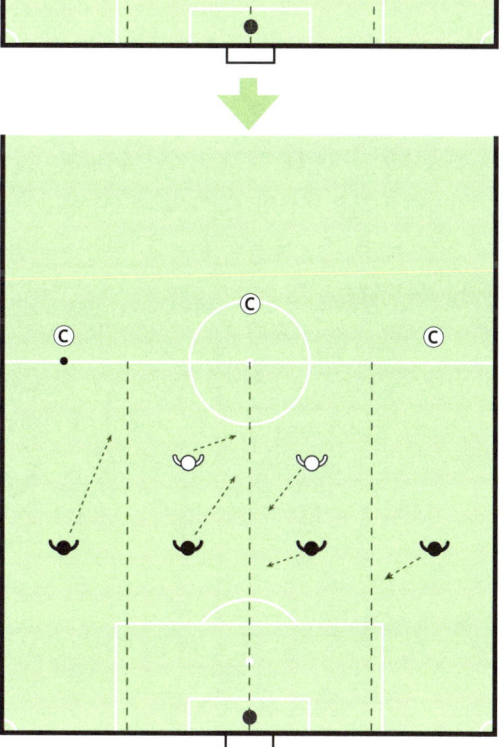

포백 움직임의 일례를 들면 다음과 같다. 코치가 볼을 가지고 있고, 공격진 1명이 미드필드까지 내려와 패스를 받기 위해 기다리고 있으며, 다른 1명이 뒷공간으로 침투하려는 상황이다. 미드필드까지 내려온 1명을 따라붙기 위해 같은 지역에 있는 CB가 올라감에 따라 후방에 공간이 생겼다. 그러나 왼쪽 SB가 패스 코스를 차단하고, 오른쪽 SB도 커버하기 위해 라인을 내려 중앙으로 왔다. 이런 상황에서는 상대가 패스할 수 없다. 실제로 패스하지 않으면 포백은 원래 포지션으로 돌아간다.

POINT ⚽

수비진은 항상 지역을 의식하면서 실제로 볼이 나올 때 바로 움직인다는 이미지를 가질 것. 상대를 예의 주시하면서 너무 앞서 움직이지 않도록 한다.

012 | 지역 방어에 적합한 포메이션

일반적으로 지역 방어에 적합한 포메이션은 4-2-3-1 또는 4-4-2이다. 물론 포메이션에 상관없이 기능하는 것이 중요하지만, 처음에는 기초부터 시작해보자.

안정적이고 균형을 잡기 쉬운 포백

지역 방어의 장점 중 하나는 볼 뺏는 기회를 쉽게 만들 수 있다는 것이다. 최대한 높은 위치에서 볼을 뺏는 것이 이상적이며 이를 위해서는 전방에서의 수비가 필요하다. 또한 최종 수비라인이 스리백이면 1명이 담당해야 하는 지역이 늘어나므로 필연적으로 각 선수들에게 높은 개인 능력이 요구된다. 이런 사실들로 볼 때 일반적으로 지역 방어는 4-2-3-1 또는 4-4-2일 때 가장 효율적으로 기능한다고 할 수 있다.

상대에 맞추어 팀 규칙을 이행한다

중요한 것은 볼을 뺏을 지역을 팀 차원에서 미리 정해 선수들이 공통된 의식을 가지고 플레이하는 것이다. 자기 지역만 수비하는 것이 아니라, 예를 들어 '전방이 이렇게 움직이면 공격형 미드필더가 이렇게 반응하고, 이에 맞춰서 볼란테는 이렇게 움직인다'와 같은 식으로 사전에 논의해 어느 정도 팀 차원에서 정한 규칙에 따라 선수들이 움직이는 것이 좋다.

또한 상대가 있다는 사실을 잊지 말아야 한다. 상황에 따른 각 선수의 움직임도 중요하지만, 목표한 대로 일이 진행되면 바로 각 선수가 자동적으로 연동하면서 한 집단으로 움직여 상대의 볼을 뺏는 것, 이것이 바로 지역 방어다. 이러한 조직적 축구에는 좌우 폭과 전후 깊이가 있는 포메이션이 더 유리하다. 나머지는 볼을 뺏는 지역을 어디로 설정하느냐에 달렸다. 이에 대해서는 뒤에서 다시 설명하겠다.

지역 방어에 적합한 포메이션 예 : 4-2-3-1

지역 방어에서 수비 균형을 잡기 좋은 포메이션은 4-2-3-1, 4-4-2와 같은 포백이다. 4-2-3-1은 원톱과 2선의 3명이 연계해 상대를 측면으로 몰고 가기가 용이하다. 4-4-2도 마찬가지로, 투톱이 높은 위치에서 상대를 쫓아가면 패스 코스를 쉽게 제한할 수 있다. 두 경우 모두 볼을 뺏는 기회를 쉽게 만들 수 있다는 장점이 있다. 또한 최종 수비라인 4명 간의 간격이 적당하며 선수의 담당 지역을 결정하기가 수월하다.

013 | 대인 방어와 지역 방어의 혼합 수비 전술

대인 방어와 지역 방어를 혼합한 수비 전술을 사용하는 팀들이 많다. 기본적으로는 지역 방어를 쓰지만 부분적으로 대인 방어를 사용하는 방식이다. 여기서 중요한 것은 너무 전술에 얽매이지 않는 것이다.

대인 방어와 지역 방어의 장점만 도입

현실적으로 생각할 때 전방에서 최종 수비라인까지 모두 대인 방어로 수비하는 것은 효율적이지 않다. 대인 방어는 수비 형태가 너무나 수동적이어서 상대 움직임에 쉽게 좌우된다. 그리고 지역 방어라고 하더라도 국지적으로는 1대 1 경합을 면할 수 없다. 측면으로부터 크로스 패스(Cross pass)가 들어올 때 문전으로 뛰어 들어가는 상대 2~3명을 일일이 인수인계할 여유는 없다. 따라서 많은 팀들이 실전에서 대인 방어와 지역 방어를 혼합한 수비 전술을 쓰고 있다.

2선에서 상대가 나오면 대인 방어로 대처한다

특히 종적인 움직임, 2선에서 전방으로 나오는 움직임에 대해서는 대인 방어로 대응하는 경우가 많다. CB나 SB의 지역으로 상대 선수가 뛰어 들어오면서 한 지역에 여러 명의 상대 선수가 있는 상황이거나, CB나 SB가 자기 지역을 벗어나서 생긴 공간에 상대 선수가 뛰어 들어가는 상황일 때는 볼란테가 마크를 풀지 말고 따라붙어야 한다.

일본 J리그의 우라와 레드 다이아몬즈나 산프레체 히로시마는 CB가 적극적으로 공격에 가담한다. 이때 어느 정도 전방 선수가 따라붙는 것이 좋다. 상대 볼란테의 공격 가담에 있어서도 마찬가지다. 물론 종적인 관계로 마크를 인수인계하는 것이 좋지만 그럴 경우 최종 수비라인에서 수적으로 불리해지는 경우가 많다. 그러므로 종적인 움직임에는 역시 전방 선수가 대응하는 것이 수비가 안정된다.

대인 방어와 지역 방어의 혼합

전방에서 투톱과 SM이 압박을 가하며 측면으로 몰고 있다. SB도 높은 위치까지 올라와서 지원하고 있다. 이때 상대 공격형 미드필더가 SB의 뒷공간으로 뛰어 들어오면 볼란테가 마크한다. 기본 수비는 지역 방어라도 이러한 종적인 움직임에 대해서는 대인 방어로 대응하는 팀이 많다.

2012-13 UEFA 챔피언스리그 8강 바이에른 뮌헨 VS 유벤투스 FC

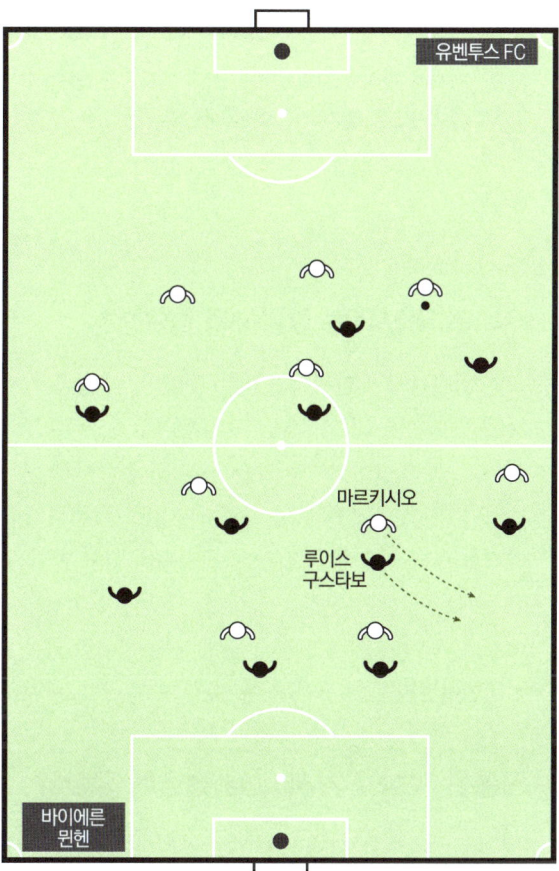

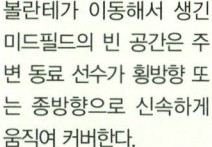

POINT

볼란테가 이동해서 생긴 미드필드의 빈 공간은 주변 동료 선수가 횡방향 또는 종방향으로 신속하게 움직여 커버한다.

코칭 어드바이스

일정한 움직임에 대해서는 대인 방어로 수비

24~25쪽에서도 잠시 언급했듯이 2012-13 UEFA 챔피언스리그 8강의 바이에른 뮌헨 대 유벤투스 FC 경기에서 바이에른 뮌헨은 대인 방어와 지역 방어를 적절하게 혼합해 유벤투스의 공격을 효율적으로 막아냈다.

유벤투스의 공격형 미드필더 클라우디오 마르키시오는 막강한 체력을 갖추고 있고 측면 빈 공간으로의 침투가 주특기다. 바이에른은 이에 대한 대응책으로 지역 방어를 기본으로 수비하면서 볼란테 루이스 구스타보에게 마르키시오를 전담 마크시켜 대인 방어를 부분적으로 사용했다.

014 | 대인 방어와 지역 방어보다 더 중요한 기본 원칙

지금까지 대인 방어와 지역 방어의 기본 원칙을 소개했는데 이러한 전술은 최종 목표가 아니라 어디까지나 수단에 불과하다. 실점하지 않으려면 콤팩트한 상태를 유지하는 것이 기본이다.

수비의 대전제는 실점하지 않는 것

수비의 대전제는 실점하지 않는 것이다. 높은 위치에서 압박을 가하고, 상대 공격을 한 방향으로 제한시키고, 패스 코스를 차단하고, 수적으로 유리한 상황을 만들고, 대인 방어 또는 지역 방어로 수비하는 등 수비에 있어서 신경 써야 할 것들은 무수히 많다.

그러나 이 모든 것은 결국 실점하지 않고 득점하기 위한 수단에 불과하다. 또한 상황에 따라서는 팀 전술이나 그룹 전술이 전혀 힘을 발휘하지 못할 때도 있다. 가장 중요한 것은 상대에게 패하지 않는 것이다. 그런데 실점하면 패할 확률이 조금이라도 커지는 것이므로, 팀 전술이나 그룹 전술보다도 '절대로 골을 허용하지 않겠다'는 강한 의지가 우선되어야 한다.

공통된 의식을 가지고 팀 전술에 임한다

선수 개인에게 '상대에게 절대로 골을 허용하지 않겠다'는 강한 의지가 있어야 하고, 이것이 팀 전체의 공통 의식이 되어야 한다. 이는 팀이 반드시 가져야 할 매우 기본적인 의식이다. 팀 전체가 절대 골을 허용하지 않겠다는 공통 의식을 가진 다음에야 비로소 팀 전술과 그룹 전술을 논할 수 있다.

문제점이 개선되면 실점은 확실히 줄어든다

일본 J리그에서 활약하고 있는 어느 GK의 일화다. 어느 날 그는 "2선에서 튀어나오는 선수에게 속수무책으로 당하고 있다. 대비책을 세우는 게 좋겠다."라고 코치진에게 제안했다. 그 팀은 프로팀이어서 그나마 절대로 골을 허용하지 않겠다는 의식은 팀 전체에 침투해 있었다. 그러나 세밀한 그룹 전술이 부족했던 상황이었다.

GK의 제안에 따라 팀은 상대 2선의 돌파에 대한 대비책을 마련했고, 그 결과 실점을

수비가 촘촘한 '바위' 상태

측면을 돌파당해도 골문까지는 거리가 있기 때문에 대응할 시간적 여유가 있다. 그러나 중앙을 돌파당하면 바로 골문이므로 실점으로 이어질 가능성이 크다. 그러므로 팀 전체를 콤팩트하게 배열시켜 중앙에 공간이 생기지 않도록 한다. 이 태세를 유지하며 한 덩어리가 되어 골문을 지키는 단단한 '바위'와 같은 이미지다.

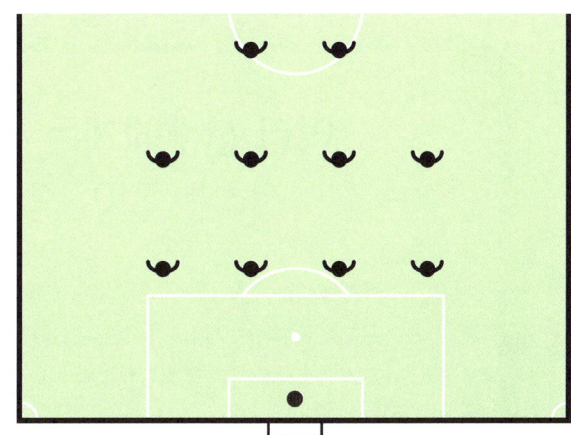

수비가 느슨한 '보자기' 상태

3선뿐만 아니라 SB와 CB, SM과 볼란테 등 각 선수 간에도 커다란 공간이 있다. 필드 전체가 모두 위험한 상태다. '상대가 패스 → 당황하며 대응 → 대응이 늦어지고 상대가 다음 플레이 → 당황하며 대응'과 같은 식으로 상대에게 휘둘리게 된다. '보자기' 상태가 되면 바로 '바위' 상태로 돌아갈 것을 의식하고 플레이하는 것이 좋다.

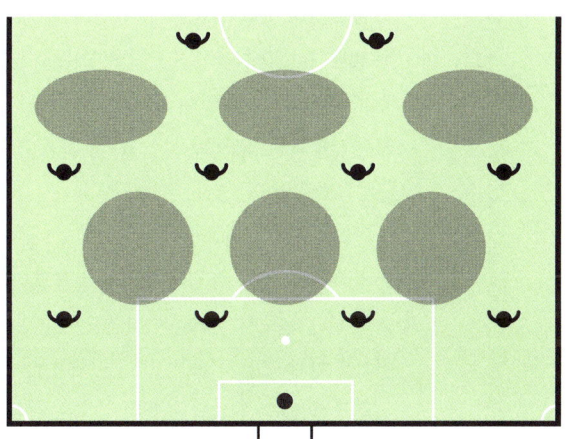

눈에 띄게 줄일 수 있었다. 이렇게 팀 전술이나 그룹 전술은 기본적인 공통 의식을 바탕으로 전개되어야 비로소 힘을 발휘할 수 있다.

위의 그림은 수비할 때 반드시 기억해야 할 이미지로, 수비의 기본 원칙이라 할 수 있다. 절대로 골을 허용하지 않겠다는 확고한 의지와 함께 이러한 기본 원칙을 염두에 두면서 다양한 팀 전술과 그룹 전술을 시도해보자.

축구 코칭 칼럼 1

어린 선수에게는 쉬운 말로 전하는 것이 중요하다

어린 선수들을 지도할 때 처음부터 전술을 가르치는 것이 옳을까? 이 문제에 대해서는 여러 가지 찬반 논란이 있어 왔지만, 필자의 대답은 'Yes'다. 그러나 이때 가장 중요한 것은 쉬운 말로 이해하기 쉽게 전하는 것이다.

예를 들어 공격적인 포지셔닝(위치 선정)이나 수비적인 포지셔닝이라는 말을 "볼보다 높은 쪽으로 가자."라든지 "낮은 쪽으로 가자."처럼 머릿속에 떠올리기 쉬운 말로 표현하는 것이 좋다. 수비 시 포지셔닝을 수정하고 싶을 때는 "우리 팀 선수 등번호가 보이는 데까지 후퇴하자."와 같이 구체적으로 말하는 것도 효과가 있다.

이렇게 말을 쉽게 바꾸는 것만으로도 어린 선수들에게는 충분히 훌륭한 전술 지도가 될 수 있다. 어려운 말을 늘어나 봤자 아이들은 어리둥절할 뿐이다. 지도자는 어떻게 하면 어린 선수들이 필드 위에서 활기차게 경기를 뛸 수 있을지 끊임없이 고민해야 한다. 승리로 얻는 자신감과 친구들과 협력하는 단결의 소중함, 어려운 상황을 극복하게 하는 기술 등을 아이들이 경기하면서 몸소 체험할 수 있도록 노력해야 한다. 절대 지도자의 자기 만족에 그치지 말고, 팀에 필요한 선수를 양성한다는 신념을 가지고 팀을 만들어나가야 한다.

PART 2
포메이션 유형별 팀 전술 집중 해부

015 | 축구에서 포메이션이 필요한 이유

개인의 능력을 팀의 능력으로 승화시키는 데 반드시 필요한 것이 바로 포메이션이다. 포메이션은 적재적소에 배치된 선수들이 주어진 역할이나 전술을 수행하며 자신의 주특기를 발휘할 수 있게 한다.

선수 개인의 고유한 특징을 파악해 적재적소에 배치

경기에서 이기려면 득점을 하고 실점을 막아야 한다. 이건 상대 팀도 마찬가지다. 그런 상황 속에서 선수 개개인의 능력을 최대한 발휘할 수 있도록 구체적인 작전을 세워 상대를 제압해야 한다. 만약 경기에서 아무런 전략 없이 선수들이 각자 선호하는 포지션에서 자기 마음대로 플레이한다면 어떤 일이 벌어질까? 아마도 여기저기 공간이 생기면서 대량 실점하게 될 것이다.

선수는 개인마다 성격이나 기술에 있어서 고유한 특징을 가지고 있다. 그리고 그 능력이 최대로 발휘되는 포지션이 반드시 있다. 감독은 선수들을 적재적소에 배치해 크고 작은 역할을 분담시켜야 한다. 각자가 알맞은 포지션에서 뛸 때 비로소 개인의 능력이 하나의 탄탄한 그룹을 이루고 강력한 팀으로 기능하게 된다.

포메이션마다 특징이 있다

포메이션은 세월에 따라 변화해 왔다. 여기에서 다루는 포메이션은 4-4-2, 4-2-3-1, 4-3-3, 3-4-3, 4-1-4-1, 3-5-2 이렇게 여섯 가지이며, 각각을 더욱 세분화해 소개한다. 예를 들면 4-4-2에는 중원의 형태에 따라 플랫형, 박스형, 다이아몬드형 등이 있다. 각 포메이션에는 각기 다른 특징이 있으며 포지션에 주어지는 역할 또한 포메이션에 따라 달라진다.

명확한 의도를 가지고 경기에서 이기는 것이 중요하다

이 장에서는 각 포메이션의 기본 개념과 특징, 각 포지션에 요구되는 역할 등을 설명할 것이다. 그런데 여기서 하나 짚고 넘어가야 할 것이 있다. '포메이션과의 상성'은 어디까지나 예로 든 것이므로 실전에서 제대로 대응만 하면 반대의 결과도 나올 수 있다는 백팀은 4-2-3-1 포메이션으로 최종 수비라인에서 전방까지 균형 있게 선수들이 배치되어 있다. 이에 비해 흑팀은 무질서한 포지션으로 중앙에 큰 공간이 생겨 실점이 불가피한 상태다. 포메이션과 전술이 없으면 팀으로서 제 기능을 발휘할 수 없다.

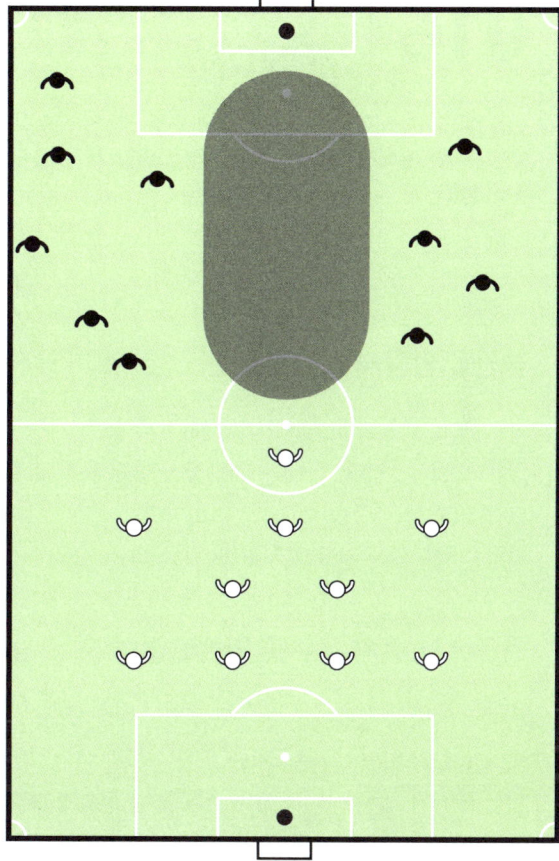

POINT ⚽

11대 11이라도 두 팀에는 명백한 차이가 있다. 이 상황에서 백팀이 공격하면 흑팀은 골을 막기가 매우 어렵다.

점이다. 똑같은 포메이션이라도 전혀 다른 방법으로 활용할 수 있다는 사실도 이해해야 한다.

무엇보다 중요한 것은 경기에서 이기는 것이다. 팀이 명확한 의도를 가지고 어떻게 상대 포메이션을 무너뜨리느냐, 이것이 관건이다. 이를 늘 염두에 두기 바란다.

016 | 4-4-2 미드필드 플랫 포메이션

최종 수비라인, 미드필드, 전방의 세 라인을 만들어 서로 일정한 거리를 유지하면서 콤팩트한 진형으로 싸우는 포메이션이다. 중원을 일렬로 배열시키는 플랫형 4-4-2는 상대에게 공격할 공간을 허용하지 않는다.

공간을 만들지 못하도록 단단한 수비조직을 구축

각 선수를 균등하게 배치함으로써 서로 간의 거리와 수비 균형을 수월하게 유지할 수 있는 포메이션이다. 상대는 공간을 만들기 위해 공격해오는데 이 포메이션은 효율적으로 상대 공간을 좁힐 수 있다. 견고하면서 실점할 위험이 적다는 특징이 있어 수비를 중시하는 감독들이 선호하는 포메이션이다.

측면에서 수적 우위를 만들고 압박도 가능하다

축구는 측면을 기점으로 공격을 풀어나가는 경우가 많은데 4-4-2 미드필드 플랫은 측면에 공간이 없다. SB와 SM은 물론, SM과 볼란테의 거리 또한 짧다. 측면에서 수적 우위를 만들기 쉽고 상대에게 공격할 공간을 허용하지 않는다. 전방에서 볼을 쫓아 상대를 측면으로 몰면서 진로를 차단해 볼을 뺏는, 이른바 압박 축구가 용이하다는 측면도 있다.
또한 볼을 차지하는 순간 그대로 측면에서 수적인 우위를 점하게 되므로 재빠른 공격으로의 전환이 가능하다. 이때 돌파력이 좋은 윙이 있으면 효율적으로 골을 노릴 수 있다.

제대로 기능하려면 지역 방어를 해야 한다

선수 간의 거리 유지가 관건이므로 지역 방어가 적합하다. 전방 압박을 하기 위해서는 상대 CB가 볼을 가지고 있을 때 FW가 측면으로 몰면서 압박을 가하고 실제로 볼이 측면으로 나오면 SM과 볼란테 또는 SM과 SB가 빠르게 패스 코스를 제한하면 된다.
패스를 차단하는 방법은 주로 종적 차단과 횡적 차단의 두 패턴이 있다. 각 선수가 절묘하게 거리를 유지하면서 주어진 역할을 충실히 수행해낼 때 효율적인 볼 탈취가 가능하다. 반대로 각 선수끼리 연동하지 않으면 제대로 기능하지 않는다. FW는 열심히 볼을

4-4-2 미드필드 플랫의 특징

DF, MF, FW가 3개의 라인을 만들어 서로 적당한 거리를 유지하며 플레이해야 하므로 지역 방어로 수비하는 것이 기본이다. 최종 수비라인과 미드필드 사이에 공간이 없기 때문에 수비에 유리한 포메이션이다. 또 선수들 간의 거리가 짧아 서로 지원하기도 수월하며, 측면에서 수적 우위를 점할 수 있다는 장점도 있다. 공격할 때는 전방의 두 측면 공간을 잘 활용하는 것이 포인트다.

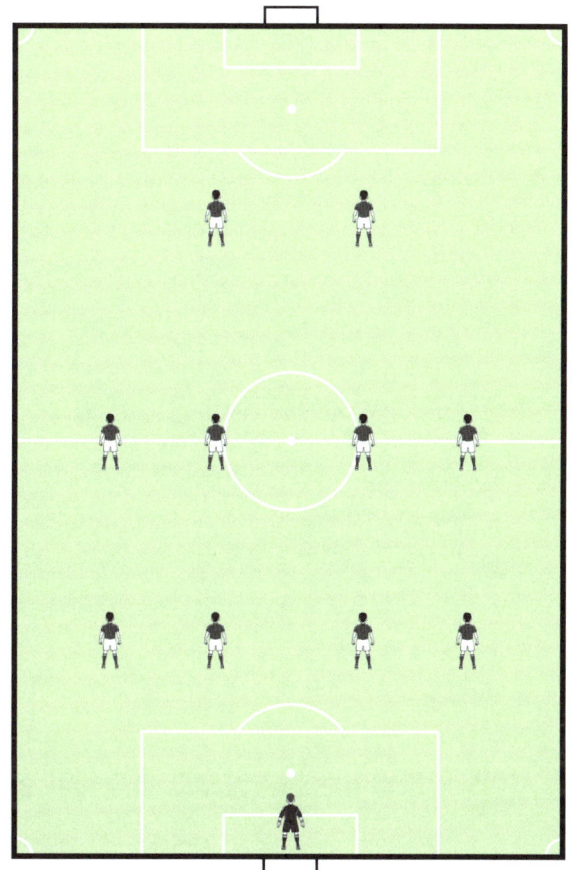

POINT

각 선수가 자기 지역에서 절대 지지 않겠다는 의식과 언제든지 주변 동료를 지원한다는 의식을 가져야 한다.

쫓아가고 있는데 미드필드나 최종 수비라인 선수들이 방심해 거리가 벌어진다면 상대의 패스 코스를 제한할 수 없게 된다.

측면에서 수적 우위를 만들 수 있고 압박에도 유리하다

전세를 보면서 전방 압박을 할지 여부를 판단하는 것이 중요하다. 이 역할은 볼란테가 맡는 것이 좋은데, 그 이유는 볼란테가 넓은 시야를 확보할 수 있기 때문이다. 팀 전체를 넓게 바라보면서 지금 압박을 가하면 볼을 가로챌 수 있겠다는 판단이 서면, 전방 선수에게 지시를 내리고 그 지시에 각 선수가 빠르게 반응해 팀 전체가 공통 의식을 가지고 압박을 가한다. 선수들이 늘 주변 동료와의 거리를 의식해야 하는 조직적인 포메이션이다.

투톱은 공격력 외에도 수비 공헌이 필요

수비에 중점을 둔 포메이션이기 때문에 각 포지션의 선수들에게 높은 수비 능력이 요구된다. FW도 예외가 아니며 투톱 중 1명이 상대 볼란테를 맡아야 한다. 만약 FW가 아닌 볼란테가 앞으로 나와 대응하면 미드필드의 깊은 위치에 공간이 생긴다. 이를 커버하기 위해 SM이 중앙으로 이동하면 이번에는 측면에 공간이 생기면서 점점 도미노식으로 밀리게 된다. 때문에 투톱 중 1명이 상대 볼란테를 맡는 것이 좋다. 그런 의미에서 수비할 때는 FW 2명이 종적 관계인 포지션을 취해 4-4-1-1이 되는 경향이 강하다.

사이드미드필더는 종방향으로 돌파해야 한다

뛰어난 SM도 필수적이다. 수비 시에는 SB와 연계해 측면을 맡고, 공격 시에는 종방향으로 돌파하는 드리블과 정교한 크로스를 해야 한다. 또한 상황에 따라서 문전에서의 공격에 가담하고 마무리 슈팅까지 해내는 적극성도 필요하다. 반대로 SM에게 공격력이 없으면 전방이 고립되어 버린다. 공수 양면에 능한 SM이 있어야 성공할 수 있는 포메이션이다.

4-4-2 수비① 종적 차단

볼을 가진 상대 CB에 대해 FW가 바깥으로 몰면서 압박한다. 상대 SB에게 볼이 패스되면 SM은 종방향의 패스 코스를 차단하고, 따라붙은 FW는 상대 CB로의 리턴 패스를 차단한다. 유일한 패스 코스인 대각선 전방으로 볼이 나오는 순간에 SM, 볼란테, FW 등이 재빨리 에워싼다. 이는 측면에서 중앙으로 볼이 나올 때 볼을 뺏는 방식이다.

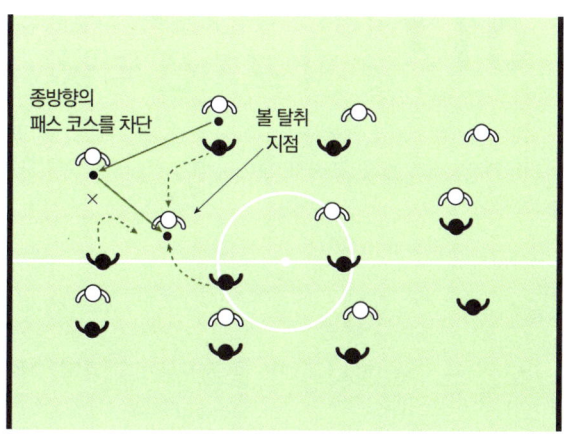

4-4-2 수비② 횡적 차단

상대 SB에게 볼이 패스되면 SM은 종방향의 패스 코스가 아닌 대각선 전방의 패스 코스를 차단한다. 쫓아온 FW가 상대 CB로의 리턴 패스를 막고 있기 때문에 패스 코스는 종방향뿐이다. 여기에 볼이 들어오는 순간을 노리는 방식이다. 종적 차단, 횡적 차단 모두 리턴 패스를 막는 것이 중요하다.

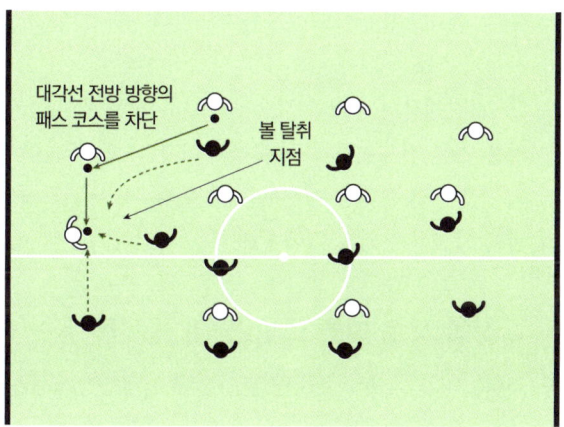

✓ 코칭 어드바이스

중앙 돌파를 막고 싶을 땐 횡적 차단

중앙에서 볼을 가로채는 종적 차단은 실패할 경우 골문과의 거리가 짧아 실점할 위험이 크다. 중앙에 있는 선수들은 발재간이 있는 경우가 많으므로 더욱 그렇다. 그럼에도 종적 차단을 쓰는 팀이 있는데, 바로 독일의 보루시아 도르트문트와 일본 여자 국가대표팀이다(2013년 기준). 두 팀 모두 높은 위치에서 종적 차단을 시도하고 볼을 뺏으면 빠르게 골을 노리는 축구를 지향하고 있다.

한편 남미에는 횡적 차단을 쓰는 팀이 많다. 축구는 중앙 돌파가 가장 위협적이기 때문이다. 득점을 노리는 공격보다 수비 중심으로 실점을 막고 싶다면 먼저 중앙으로의 패스 코스를 차단하는 것이 좋다.

017 | 4-4-2 미드필드 플랫의 각 포지션 역할

미드필드를 일렬로 배열하는 4-4-2는 DF, MF, FW의 세 라인을 확실하게 유지하며 플레이하는 것이 전제되어야 한다. 특히 이 포메이션에서 매우 중요한 포지션인 SM은 종방향으로의 돌파력이 필수다.

모든 포지션에서 주변 동료와의 거리감이 중요하다

DF, MF, FW가 일렬로 세 라인을 유지하는 것이 기본이다. 서로의 거리감이 매우 중요하다. 특히 CB나 CM(센트럴미드필더, 중앙 미드필더)은 전후좌우를 주시하면서 공수 균형과 좌우 균형에 주의를 기울여야 한다.

단, 경기에서의 승리가 가장 큰 목표이므로 수비진은 실점하지 않고 공격진은 득점하는 것을 기본 전제이자 목표로 플레이한다. 예를 들어 CB는 최종 문지기이므로 문전에서의 공방에서 절대로 패해서는 안 된다. 라인 컨트롤이나 커버링과 같은 수비 전술도 결국은 실점하지 않기 위해 존재하는 것이다.

특징이 서로 다른 FW 2명과 돌파력 있는 SM이 유효

여기서 CM은 전후좌우로 폭넓게 움직이는 운동량과 팀 균형을 고려해 적절하게 포지션을 잡을 수 있는 뛰어난 판단력이 필요하다. 이 포메이션에서 가장 중요한 역할을 담당하는 포지션은 SM이다. 전방에 크게 뚫린 공간을 효과적으로 활용하기 위해서는 종방향으로의 돌파력을 지닌 SM을 기용하는 것이 좋다.

투톱은 볼 키핑력이 있는 포스트 플레이어와 상대 DF 라인의 뒤편으로 민첩하게 파고들 수 있는 스트라이커처럼 서로 특징이 다른 2명을 기용하는 것이 효과적이다.

경우에 따라서는 미드필드의 지원을 기다리기보다는 재빠르게 골을 노리는 것이 유리할 때도 있다. 이때 2명이 연계해 상대를 현혹시킬 수 있으면 짧은 시간에 적은 인원으로 골을 노릴 수 있다.

4-4-2 미드필드 플랫의 각 포지션 역할

포워드(FW, 투톱)

수비 시에는 1명이 볼을 가진 상대 DF를 측면으로 몰고 간다. 만약 상대가 측면으로 패스를 하면 다른 1명의 FW는 상대가 절대로 리턴 패스를 하지 못하는 포지션으로 위치를 잡는다. 공격 시에는 2명이 연계해 적극적으로 공격을 시도하면서 빠른 시간에 골을 노린다. 골 결정력, 소유력, 패싱력이 필요하다.

사이드미드필더(SM)

우선 높은 수비력이 있어야 한다. 공격을 의식한 나머지 지나치게 포지션을 높게 잡으면 오히려 측면에서 수적으로 불리해지지만, 적극적이면서도 효과적인 공격 가담도 필요하다. 스스로 종방향으로 돌파하고 정확하게 크로스를 올린다. 공수 양면에 있어서 승패를 좌우하는 중요한 포지션이다.

센트럴미드필더(CM)

넓은 시야와 풍부한 운동량이 있어야 가능한 포지션이다. 수비 시 정확한 상황 판단으로 지시를 내린다. 선수 간 거리가 멀어지면 전방에서 아무리 열심히 볼을 쫓아도 압박을 가할 수 없다. 팀 전체의 균형을 파악할 줄 알아야 하며 고도의 기술과 판단력, 결단력이 요구된다.

센터백(CB)

수비진에게 있어서 가장 중요한 것은 실점하지 않는 것이다. 주변 동료와 라인을 맞추느라 상대 FW를 제대로 막지 못한다면 주객이 전도되었다고 할 수 있다. 상대가 슈팅할 것 같으면 신속하게 몸을 날려야 한다. 절묘한 라인 컨트롤로 상대 선수를 골문에서 멀리 떨어뜨려놓는 것도 중요하다.

사이드백(SB)

공격 가담도 중요하지만 우선은 수비에서 절대 밀리지 않아야 한다. 예를 들어 마주 보는 상대가 크로스를 절대 올리지 못하게 하거나 드리블을 못하게 하는 것 등이다. 공격 가담 시에는 SM과 연계해 때로는 상대 진영 깊은 곳까지 돌파할 수 있다. 정확한 크로스 능력 또한 필수적이다.

018 | 4-4-2 미드필드 플랫과 다른 포메이션과의 상성

미드필드가 일렬로 배열된 4-4-2는 4-2-3-1 등과는 상성이 좋으나(해당 포메이션을 쓰는 팀과 대결할 때 우위를 점할 수 있다는 뜻), 다이아몬드형인 4-4-2처럼 볼란테와 공격형 미드필더를 마크하기 어려운 포메이션과는 상성이 그리 좋지 않다.

포메이션에만 얽매이지 말고 유연하게 대처한다

우리 팀에게 포메이션이 있듯이 상대에게도 마찬가지로 포메이션이 있다. 선수는 각 팀의 전술에 따라 플레이하게 된다. 그러나 똑같은 포메이션과 전술을 가진 두 팀이 대결하는 경우는 없다. 필드 위에서는 다양한 형태의 공방이 펼쳐진다.

처음에 소개했듯이 포메이션에는 4-4-2 미드필드 플랫 외에도 다양한 포메이션이 있으며, 같은 4-4-2 미드필드 플랫에도 여러 형태가 존재한다. 또한 경기 전 선수들에게 일러준 전술이 실전에서 잘 기능하지 않아서 경기 도중에 전술을 바꾸는 경우도 허다하다. 이렇듯 감독이나 선수들은 필드에서 일어나는 여러 가지 돌발 상황에 대해 항상 유연하게 대처할 필요가 있다.

경기 전에 상대를 분석하고 대책을 세운다

경기 전에 서로의 포메이션과 전술을 분석하면 경기 도중에 어떤 상황이 발생할지 어느 정도 예측할 수 있다. 4-4-2 미드필드 플랫은 수비함에 있어서 균형이 좋고 특히 측면에서 수적 우위를 만들기가 쉽다. 예를 들어 상대가 4-2-3-1이면 측면의 공수 인원이 같아서 대책을 세우기가 용이해 싸우기 쉽다는 장점이 있다. 반대로 미드필드가 다이아몬드형인 4-4-2의 경우 상대 볼란테와 공격형 미드필더를 막을 때 인수인계가 매끄럽지 못하면 마크에 문제가 생길 수 있다. 미드필드 중앙에서 수적으로 열세가 되는 상황은 피하는 것이 좋다.

상성이 좋은 포메이션 : 4-2-3-1

어느 포메이션이든지 수비 시 주의해야 할 것은 볼을 가진 상대에게 누가 일차 수비수로 나서야 할지 망설이지 말아야 한다는 것이다. 상황별로 최적의 포지션에 있는 선수가 빨리 상대를 측면으로 몰아서 패스 코스를 차단해 볼을 가로채야 한다. 상대가 4-2-3-1이면, 투톱 중 1명이 볼을 가진 상대를 측면으로 몰았을 때 가까운 동료가 지원하는 것이 수적 우위를 만들기 쉽다. 단, 상대 볼란테가 공격 가담해올 때는 주의해야 한다.

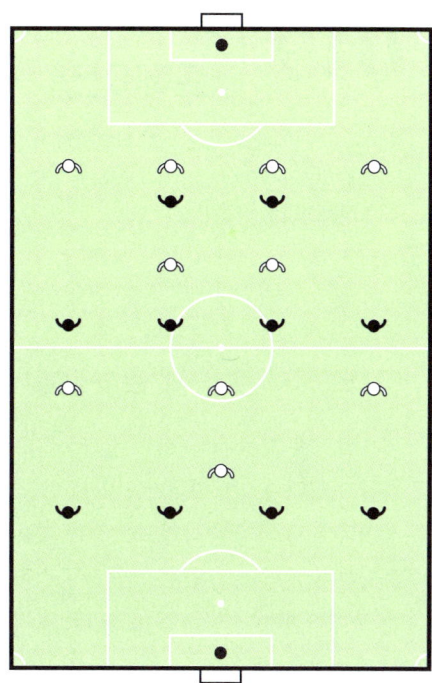

> **POINT**
> 균형 잡힌 수비와 함께 공격 시에는 변화를 시도해야 한다. 다양한 움직임으로 상대를 현혹시키는 등 공격에 변화를 주는 것이 필요하다.

상성이 나쁜 포메이션 : 4-4-2 미드필드 다이아몬드

4-4-2 미드필드 플랫은 세 라인의 균형을 유지하는 것이 기본인데 상대가 다이아몬드형이면 미드필드에 공간이 생겨버린다. 따라서 상대 볼란테와 공격형 미드필더의 움직임에는 각별히 주의해야 한다. 지역 방어일 경우에는 각 선수가 연계해 매끄럽게 마크를 인수인계해야 한다. 또한 상대 미드필드의 양 측면 선수가 중앙으로 모일 때 SM이 이를 쫓아가면 측면에 공간이 생겨 상대 SB의 공격 가담을 허용할 수 있으므로 조심해야 한다.

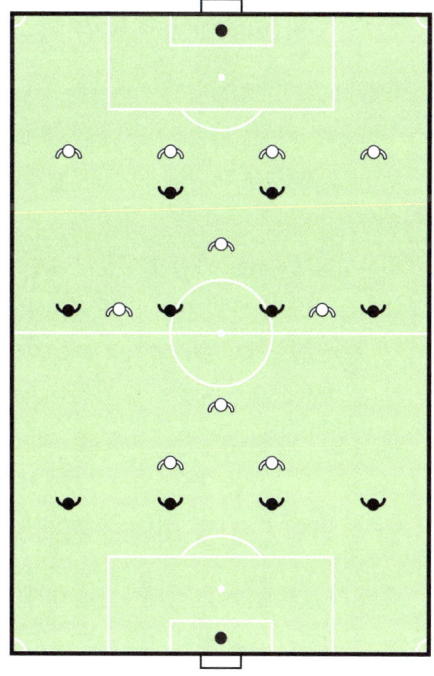

> **POINT**
> 상대는 중앙이 두껍고 미드필드 양 측면에 큰 공간이 있다. 이 지역에서 자칫 잘못 대응하면 수적인 열세를 피할 수 없게 되므로 주의한다.

019 | 4-4-2 미드필드 박스 포메이션

미드필드가 박스형인 4-4-2로, 브라질 국가대표팀에서 전통적으로 사용하는 전술이다. 공격형 미드필더에 기량이 뛰어난 선수를 기용하는 것이 기본이다. 최대 장점은 공격력이지만 수비할 때 측면 공격에 취약하다는 약점이 있다.

공격력에서 큰 장점, 브라질에서 전통적으로 사용

미드필드가 2개의 라인을 이루므로 전체적으로는 4개의 라인이 형성된다. 수비 시에는 투톱과 공격형 미드필더가 압박을 가함으로써 높은 위치에서 볼을 뺏을 수 있는 포메이션이다. 또한 4개의 라인으로 필드 가운데에 선수들이 모여 있기 때문에 상대가 중앙을 돌파하기 어렵다는 장점도 있다. 공격력을 극대화할 수 있어 예로부터 브라질이 선호하는 포메이션이다. 공격형 미드필더에 기량이 뛰어난 선수를 배치하고 그곳에 볼을 집중시켜 골을 노린다.

선수의 특징과 전술에 따라 박스를 변형한다

1982년 스페인 월드컵에서 브라질은 공격형 MF로 지코와 소크라테스를, 수비형 MF로 팔카웅과 토니뉴 세레조를 기용해 세계 관중들을 매료시키는 경기를 선보였다. 이 환상의 미드필더 4명은 '황금 4중주'라 불리며 지금까지도 축구 팬들의 기억 속에 자리 잡고 있다.
일본 J리그에서는 가시마 앤틀러스가 오랫동안 이 포메이션을 채택했었으며, 2013년 넬시뉴 감독이 이끌었던 가시와 레이솔도 이 포메이션을 기본 전술로 사용한 바 있다. 단, 레이솔의 경우 공격형 MF를 좌우 비대칭으로 배치했는데 레안드로 도밍게즈가 높게 포지션을 잡고 조르제 와그너가 낮게 포지션을 잡는 경향이 있었다. 이처럼 선수들의 특징과 팀 전술에 따라 미드필드 박스의 형태를 유연하게 변화시킬 필요가 있다.

양 측면의 공간을 어떻게 활용하느냐가 관건이다

수비 시 디폴트(표준) 상태에서 상대를 측면으로 몰고 가기 쉽기 때문에 높은 위치에서의 볼 탈취가 가능하다. 미드필드와 전방이 가운데로 몰려 있어서 측면에 공간이 있다.

4-4-2 미드필드 박스의 특징

중앙에 비해 양 측면이 두껍지 않다. 이 공간을 어떻게 활용하느냐가 관건이다. 미드필드를 장악하고 주도권을 잡으면 SB가 높은 위치에서 플레이할 수 있다. 이렇게 되면 공격 인원이 많아지면서 측면 공격, 중앙 돌파 등 다양한 공격을 시도할 수 있다. 여기서 키맨은 공격형 MF다. 이 포지션의 선수는 볼 키핑 능력과 패스 감각이 뛰어나야 한다.

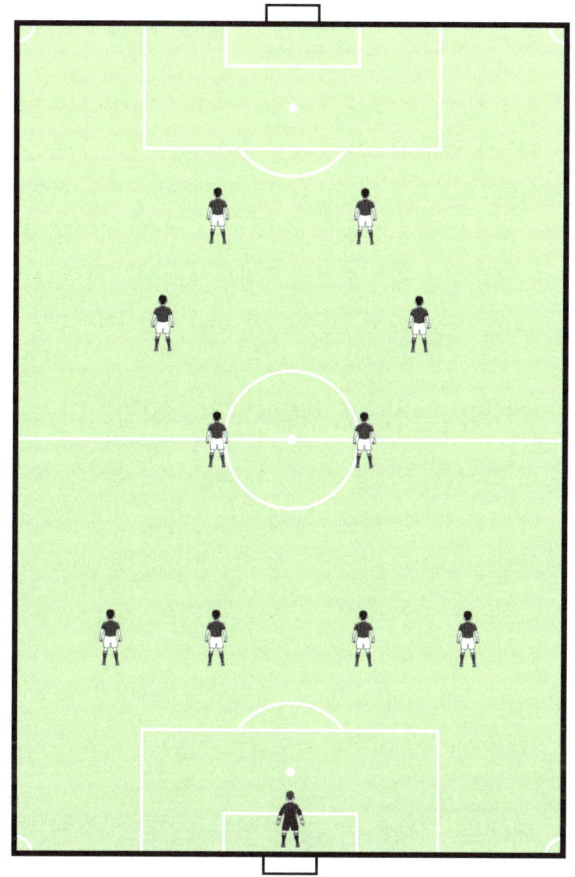

POINT
경기 주도권을 잡더라도 볼란테는 항상 수비를 의식해야 한다. SB가 공격 가담한 뒤편 등, 상황에 따라서는 최종 수비라인까지 내려간다.

여기로 투톱과 공격형 MF가 상대를 몰고 가서 볼란테와 SB가 연계해 볼을 뺏는다. 주의해야 할 것은 SB가 어디까지 높게 포지션을 잡느냐다. 전방에 공간이 있다고 높게 포지션을 잡으면 배후 공간을 상대에게 내줄 가능성이 있다. 마찬가지로 측면 공간으로 공격형 MF나 볼란테가 포지션을 잡으면 이번에는 중앙에 공간이 생겨버린다. 측면 공간을 얼마나 절묘하게 줄이느냐가 수비의 관건이다.

공격 패턴은 리듬감 있는 패스 워크

공격 시에는 필드 중앙에 있는 선수들이 고도의 테크닉으로 적당하게 거리를 유지하며 리듬감 있게 패스를 돌려야 한다. 그 사이 투톱은 서로 움직임을 주시하고 연계하면서 상대 DF의 뒤편을 노린다. 그리고 이때다 하는 타이밍에 문전으로 파고들어 간다. 미드필더들은 이 움직임을 놓치지 말고 정확하게 최종 패스해 득점 기회를 노린다. 이렇게 리듬감 있는 패스 워크로 득점을 노리는 것이 하나의 공격 패턴이다. 이것이 성공하려면 선수 간의 거리감과 연계가 매우 중요하다.

수비형이 아닌 공격형 축구에 적합하다

이 포메이션은 일반적으로 수비를 중점으로 하는 축구에서는 잘 사용하지 않는다. 측면에 공간이 생겨 적합하지 않기 때문이다. 높은 위치에서 압박을 가해 볼을 뺏을 수 있는 상황이면 문제가 없지만, 상대의 볼 점유가 예상되는 상황에서는 쓰지 않는 것이 좋다. 공격의 핵심 포지션인 공격형 MF에 볼 키핑 능력과 패스 감각, 드리블 능력이 뛰어난 사령탑 유형의 선수를 기용하면 효과가 커진다. 그러나 이럴 경우 미드필드에서의 수비력은 어쩔 수 없이 떨어지게 된다. 그러므로 1982년 스페인 월드컵에서의 브라질처럼 테크닉이 뛰어난 선수들이 볼을 키핑하고 점유할 수 있을 때에만 선택해야 한다.

제대로 기능하면 상대 팀을 압도할 수 있다

미드필드를 장악해 경기의 주도권을 잡으면 SB도 안심하고 높은 위치에서 플레이할 수 있다. 그러면 미드필드에 인원이 많아지면서 미드필드가 두꺼워진다. 이렇게 기본적으로는 박스형이지만 각 선수가 유동적으로 움직이면 상대가 변화를 예측하기 어려워져 상대 DF를 현혹시킬 수 있다. 테크닉이 뛰어난 선수들이 볼을 지배하면 SB 또한 안심하고 공격에 가담하므로 상대 팀을 압도할 수 있는 것이다. 제대로 기능하면 팬들도 흥미진진하게 관전할 수 있는 매력적인 포메이션이라 할 수 있다.

4-4-2 미드필드 박스의 약점

각 선수들의 테크닉이 뛰어나고 어떤 상대와 대결해도 주도권 장악이 가능한 브라질 대표팀이 예전에 선호하던 포메이션이다. 그런데 브라질의 공격형 MF는 수비에 소극적이었다. SB 또한 보다 공격적으로 싸우기 위해 포지션을 높게 잡았다. 이로 인해 최종 수비라인의 양 측면에 큰 공간이 생겨 상대는 이 부분을 집중적으로 공략했다.

✓ 코칭 어드바이스

브라질 선수라고 자유로운 것은 아니다

4-4-2 미드필드 박스는 브라질 대표팀이 과거에 자주 사용하던 포메이션이다. 그런데 미드필더의 수비력이 떨어지고 SB의 공격 가담 시 생기는 뒷공간을 공략당하는 경우가 많아 최근에는 공수 균형에 강점이 있는 4-2-3-1을 쓰고 있다. 4-2-3-1에서는 2선의 3명에게 수비를 요구한다. 네이마르, 헐크, 오스카와 같은 유명한 선수들도 높은 위치에서 볼을 쫓아 수비에 참여한다. 브라질 선수라고 해서 절대 자기 마음대로 플레이할 수 있는 것은 아니다.

020 | 4-4-2 미드필드 박스의 각 포지션 역할

미드필드를 박스형으로 배치하는 4-4-2에서는 공격형 MF 2명의 능력과 SB의 공격력이 관건이 된다. 이와 동시에 더블 볼란테에게는 넓은 시야와 전개력, 그리고 높은 수비 의식이 필요하다.

공격형 미드필더는 전개력과 경기를 만드는 능력이 중요

공격을 중시하는 포메이션으로, 볼이 집중되는 공격형 MF에 능력이 뛰어난 선수를 기용하는 경우가 많다. 공격형 MF는 볼 키핑 능력, 전개력, 폭넓은 시야 등 경기를 만들어가는 능력이 필수적이다. 이와 함께 자신이 마무리 슈팅하는 적극성도 있으면 더욱 좋다. 물론 수비력까지 있으면 금상첨화이지만 이 포메이션에서 공격형 MF는 수비력보다 공격력이 필요하다. 상대 볼란테를 마크하고 측면을 수비해야 하지만, 그렇게 많은 운동량이 필요한 포지션은 아니다.

볼란테는 높은 수비 의식, SB는 적극적인 공격 가담이 필요하다

4-4-2 미드필드 플랫과 마찬가지로 투톱은 서로 다른 유형의 선수들로 기용하는 것이 좋다. 예를 들어 1명이 포스트 플레이를 특기로 한다면 다른 1명은 DF 라인의 뒤로 빠지는 능력이 뛰어난 선수를 기용하는 식이다. 뛰어난 공격형 MF와 호흡을 맞추며 적극적으로 뒤편을 공략한다.

볼란테는 폭넓은 시야, 전개력 등과 함께 높은 수비 의식을 가져야 한다. 마이볼일 때도 항상 미드필드나 최종 수비라인이 어떤 상황인지를 파악하고 있어야 한다. 그래야만 만약 볼을 뺏기더라도 신속하게 위험한 지역을 커버할 수 있다.

미드필드, 전방에 있는 공간을 활용하기 위해서는 SB의 공격 가담이 필요하다. 단순히 돌파해 크로스를 올리는 것이 아니라 패스를 이어서 공격을 만들어가는 능력이 있으면 더욱 좋다.

PART 2 포메이션 유형별 팀 전술 집중 해부

4-4-2 미드필드 박스의 각 포지션 역할

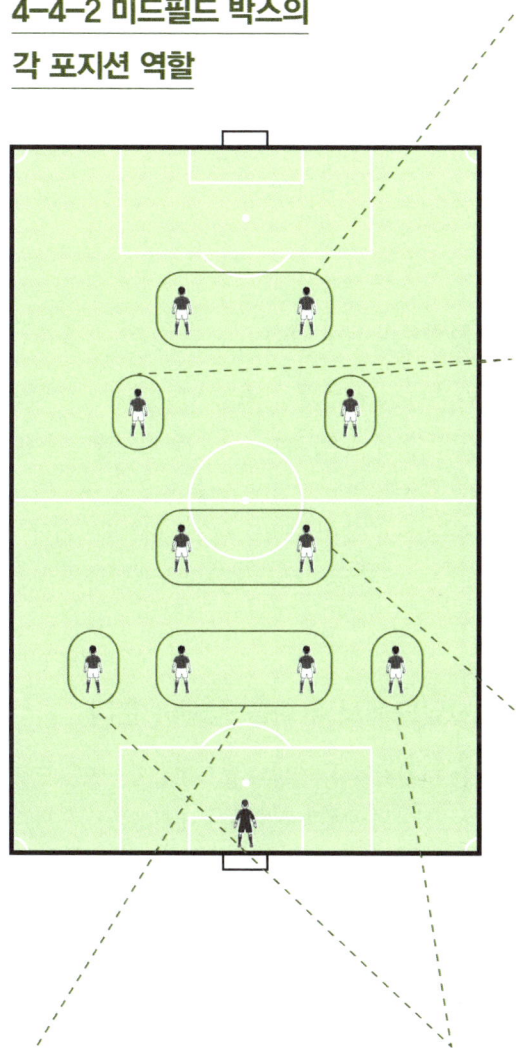

포워드(투톱)

다른 1명의 FW나 공격형 MF와 적당히 거리를 유지하고, 원터치 등의 적은 볼터치로 문전을 돌파해 마무리 슈팅한다. 또한 미드필드까지 내려가 상대 볼란테를 마크하거나 측면 공간을 커버하는 동작으로 공격형 MF의 수비 부담을 덜어준다.

공격형 미드필더

공격의 키맨으로, 득점으로 연결시키는 중요한 임무를 수행한다. 적극적인 드리블로 돌파하고 중거리 슛을 날리는 등 적극적으로 골을 노리는 시도를 해야 한다. 자신이 골을 넣어서 팀을 승리로 이끌겠다는 투지를 가지고 플레이해야 한다.

볼란테

공격형 MF와 연계해 공격을 만들어가는 능력이 필요하다. 이와 동시에 높은 수비력도 필요한데, 볼을 뺏기면 빠르게 공수 전환하고 상황에 따라서는 일차 수비수로서 볼을 가진 상대를 압박해야 한다. 미드필드의 측면 공간, SB가 공격 가담한 뒷공간 등의 위험 지역도 커버한다.

센터백

주의해야 할 것은 SB가 공격 가담할 때의 커버링이다. 최종 수비라인의 사이드에 생긴 공간으로 CB가 튀어나가면 이번에는 중앙에 공간이 생기므로 가급적 측면으로 유인되지 않도록 한다. 팀 차원에서 반드시 사전에 측면 공간을 어떻게 커버할 것인지 정해 놓는 것이 좋다.

사이드백

SB 전방에는 커다란 공간이 있다. 미드필드를 장악해야 하며, 상대를 제압하고 있는 상황이면 높게 포지션을 잡고 적극적으로 공격 가담한다. 종방향으로 돌파해서 크로스를 올리고, 중앙으로 치고 나가면서 마무리 슈팅한다. 이러한 기본적인 능력과 더불어 자잘한 패스를 정확하게 연결하는 능력도 필요하다.

021 | 4-4-2 미드필드 박스와 다른 포메이션과의 상성

미드필드가 박스형인 4-4-2에는 SM이 없으므로 대결 상대가 측면에 인원을 많이 배치하는 포메이션을 쓰는 경우 제압당할 위험이 있다. 따라서 사전에 대응책을 마련해 놓는 것이 좋다.

측면 인원이 많은 상대에게 고전할 가능성이 있다

필드 중앙은 두껍지만 측면에는 빈 공간이 있다. 따라서 측면에 인원을 배치하는 포메이션과 대결하면 제압당할 가능성이 있다. 3-4-3 투 섀도, 4-4-2 미드필드 플랫, 4-3-3 등과 대결할 때도 주의가 필요하다. 3-6-1과도 상성이 안 좋다. 3-6-1은 미드필드가 볼란테 2명에다 2선이 4명인 형태로, 4-4-2 미드필드 박스와 미드필드에서 2명이나 차이가 난다. 이 2명의 마크는 공격형 MF나 볼란테와 같은 미드필더들은 물론 투톱과 SB에게도 큰 부담이 된다.

중앙에 인원이 많은 상대와는 미드필드에서 우위를 점해야 한다

3-4-3 투 섀도를 쓰는 상대도 까다롭기는 마찬가지다. 전방에서 1~2명이 미드필드로 내려오면 미드필드 인원이 5~6명이 된다. 측면 관리에다 전방에서 내려오는 선수까지 마크하게 되면 균형 있게 수비하기가 어렵다. 이러한 포메이션을 쓰는 상대와 대결할 때는 공격적인 축구를 하기가 힘들다.

이와 반대로 똑같이 측면에 공간이 있는 포메이션을 쓰는 상대와는 대결하기가 수월하다. 중앙에서의 공방은 격렬해질 수 있으나 여기서 우위를 점하면 경기를 장악할 수 있다. 4-4-2 미드필드 박스 팀끼리 대결할 때는 공수 전환이 빠른 박진감 넘치는 경기가 펼쳐진다.

상성이 좋은 포메이션 :
4-4-2 미드필드 박스

같은 포메이션인 팀끼리 대결할 때는 주도권 싸움이 관건이 된다. 자기 팀 페이스대로 먼저 경기 운영을 시작하는 팀이 승리할 가능성이 높다. 반대로 열세에 몰리게 된다면 대책을 세워야 한다. 특히 4-4-2 미드필드 박스는 공격 우위의 포메이션이기 때문에 한번 제압당하면 흐름을 바꾸기 어렵다. 그러므로 경기 초반 어느 팀이 주도권을 잡느냐가 매우 중요하다. 반대로 수비 중심의 팀 간 대결은 미드필드에서의 치열한 공방 대결이 되므로 득점 기회가 잘 생기지 않는다.

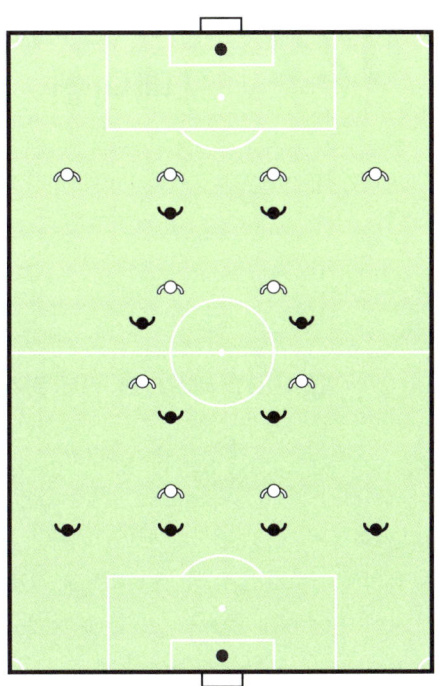

POINT
주도권을 잡기 위해서는 미드필드에서 수적 우위를 점하는 것이 중요하다. 이를 위해서는 SB의 공격 가담과 FW의 지원이 필요하다.

상성이 나쁜 포메이션 :
3-4-3 투 섀도

두 팀의 포메이션을 한 그림 위에 표시하면 미드필드 측면에서 프리한 선수들이 보일 것이다. 중앙은 수적으로 우세하지만 만약 측면을 통해서 상대가 공격을 개시하면 대응하기가 어렵다. 수비진을 어렵게 만드는 또 하나의 요인은 투 섀도의 존재다. 상대 팀의 전방 3명의 움직임은 유동적이며 때로는 미드필드까지 내려오기도 한다. 이때 볼란테나 SB가 어떻게 연계해서 마크할 것인지에 대해 팀 차원에서 사전에 논의할 필요가 있다.

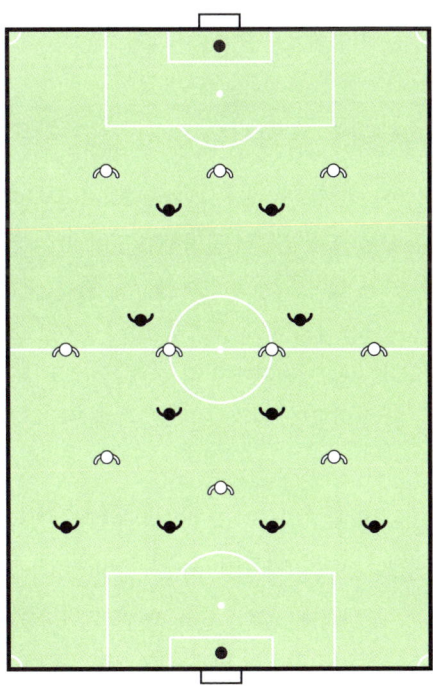

POINT
약점을 커버하는 것도 중요하지만 팀의 장점을 살리면서 경기하는 것이 더욱 중요하다. 꼭 상대의 포메이션에 맞춰서 싸울 필요는 없다.

022 | 4-4-2 미드필드 다이아몬드 포메이션

미드필드에 공격형 MF 1명과 수비형 MF 3명을 다이아몬드형으로 배치하는 4-4-2는 수비를 탄탄하게 하고 적은 인원으로 공격한다는 특징이 있다. 전방 압박으로 수비하는 전술에는 적합하지 않다.

SM은 돌파하면서 SB의 커버링까지 수행한다

SM 2명의 역할이 중요한 포메이션으로 다양한 스타일이 있다. 대표적으로 과거 아르헨티나가 썼던 트리플 볼란테의 4-3-1-2 형태가 있다. 공수 양면에서 능력이 뛰어난 SM과 볼란테, 개인기가 뛰어난 투톱, 그리고 정확한 패스로 공격 기점이 되는 사령탑 유형의 선수가 있을 때 효과적으로 기능할 수 있는 포메이션이다. 그중에서도 가장 중요한 것이 바로 SM이다. 공간을 노리고 종방향으로 뛰어나갈 수 있는 능력이 있어야 하고, SB가 공격 가담할 수 있도록 시간적 여유를 벌면서 동시에 후방 공간을 커버하는 수비력도 필요하다. 사령탑이 너무 눈에 띄면 마크당하기 쉬우므로 현대 축구에서는 삼각형의 포지션 체인지가 필요하다.

사이드 체인지를 하지 않고 같은 측면을 끝까지 공격

아르헨티나를 예로 들면 공격 시에는 같은 측면을 무너뜨리는 것이 기본이다. 즉 오른쪽 측면을 통해서 공격하고 있을 때는 왼쪽 측면 선수는 공격 가담을 신중히 한다. 왜냐하면 사이드 체인지를 했는데 볼을 뺏기면 실점할 가능성이 높아지기 때문이다. 그럴 바에는 심플하게 끝까지 같은 측면을 공격하자는 것이다. 주의해야 할 것은 이 포메이션은 높은 위치에서 볼을 뺏는 압박 축구에는 적합하지 않다는 점이다. 상대 볼란테를 막아 미드필드에서 전방으로 패스를 주지 못하게 막는 수비에 적합하다.

견고한 수비를 위해 항상 6명이 남는다

투톱과 공격형 MF, 이렇게 3명만이 높은 위치에 있으므로 전방에서 볼을 뺏는 축구에는 적합하지 않다. 볼을 뺏는 지점은 상대의 측면 선수 또는 볼란테. 측면에서 상대가 볼을 가지면 FW 1명과 SM 1명, SB 1명이 반원으로 에워싸며 수비한다. 또한 볼란테가

4-4-2 미드필드 다이아몬드의 특징

상대의 최종 수비라인에 압박을 가하기 어려운 포메이션이다. 패스받는 선수를 마크해서 종방향으로 자유롭게 패스하지 못하도록 막는다. 특히 공수를 연결하는 볼란테를 철저하게 마크한다. 수비에 있어 상대 볼란테가 볼을 주고받지 못하도록 막는 것이 중요하다. 상대 볼란테는 SM이 공격하러 가게 되는데 2명이 동시에 가지 않도록 한다.

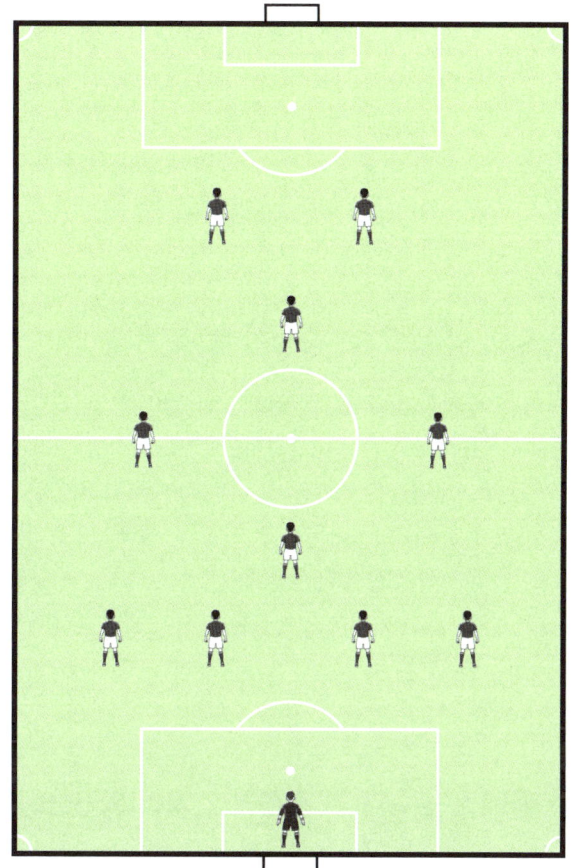

POINT

오른쪽 SB가 공격 가담하면 왼쪽 SB와 SM 2명은 올라가지 않는다. 항상 6인 체제를 유지하며 수비조직을 구축한다.

볼을 가질 때는 에워싸듯 압박을 가한다. 단, 양 측면의 MF가 동시에 상대 볼란테에게 붙으면 균형이 깨진다. 오른쪽 측면이 전방으로 나가면 왼쪽 측면은 내려간다. 최종 수비라인 4명, 볼란테, SM의 합 6명으로 수비조직을 구축해야 한다.

2006년 아르헨티나는 같은 측면만 공격

지도자에 따라 다르지만 아르헨티나의 축구 스타일은 같은 측면을 무너뜨리는 것을 목표로 하기 때문에 사이드 체인지를 잘 시도하지 않는다. 2006년 독일 월드컵에서 호세 페케르만 감독이 이끄는 아르헨티나 대표팀은 철저하게 같은 측면에서만 돌파했고 반대 측면으로의 전개는 거의 하지 않았다. 인상적이었던 것은 6대 0으로 승리한 세르비아 몬테네그로 전으로, 어떻게 저럴 수 있을까 싶을 정도로 반대 측면의 선수가 올라오지 않았다. 그런데 앞선 마르셀로 비엘사 감독 시절에는 4-3-3을 쓰면서 페케르만과는 전혀 다른 전술로 철저하게 전방 압박을 펼쳤었다. 이 전술은 매우 독특했으며 전통 아르헨티나 축구의 정수를 전술적 규율에 적용시킨 아르헨티나 축구 전술의 업그레이드 버전이라 할 수 있다.

팀의 약속보다는 승리가 중요

수비에 항상 6~7명을 투입하므로 수비는 안정된다. 이 포메이션이 실제로 기능하려면 SM, SB의 균형감이 중요하며, 위험을 감수한 공격 가담은 피해야 한다. 그런데 선수들 중에는 이 원칙을 지키는 데 너무 충실한 나머지 공격에 가담하면 찬스를 만들 수 있는 순간에서조차 망설이는 경우가 있다. 기본적으로 지도자의 지시는 따라야 하지만 가장 먼저 우선해야 할 것은 팀의 승리다. 승리하려면 골을 넣어야 한다. 지금 공격에 가담하면 골을 넣을 수 있을 것이라는 확신이 들면 독자적으로 판단해서 공격에 나서도 된다. 이때 평가받는 것은 오로지 결과물이다. 공격에 가담한 다음에 어떤 플레이를 했느냐가 중요해진다.

공격 인원수가 적고 전방 압박이 불가능하다

단점은 공격 인원수가 적어 수비일 때 전방에서 볼을 뺏으러 가기 어렵다는 점이다. 같은 이유로 공격 면에서는 적은 인원으로 마무리 슈팅까지 공격을 이어나가야 한다는 어려움이 있다.

공수 균형감과 강인한 체력을 지닌 SM, 수적 열세에도 볼을 뺏기지 않고 정확한 패스와 슈팅으로 골을 만들어내는 공격형 MF, 개인기로 돌파해 슈팅할 수 있는 FW. 이러한 능력을 갖춘 선수들이 있을 때 효과적으로 기능하는 포메이션이 바로 다이아몬드형이다.

아르헨티나식 수비 방법

아르헨티나 팀의 전통적 수비 방법. FW가 볼을 가진 상대를 쫓아가서 측면으로 패스하게 한다. 같은 측면에서 볼 탈취를 노리는 한편 미드필드와 최종 수비라인의 반대 측면 선수가 조금 높게 위치를 잡는 것이 특징이다. 이렇게 하면 전방으로 상대가 롱패스해도 상대 앞에서 볼을 뺏을 수 있다. 반달 모양으로 압박을 가하는 이미지다.

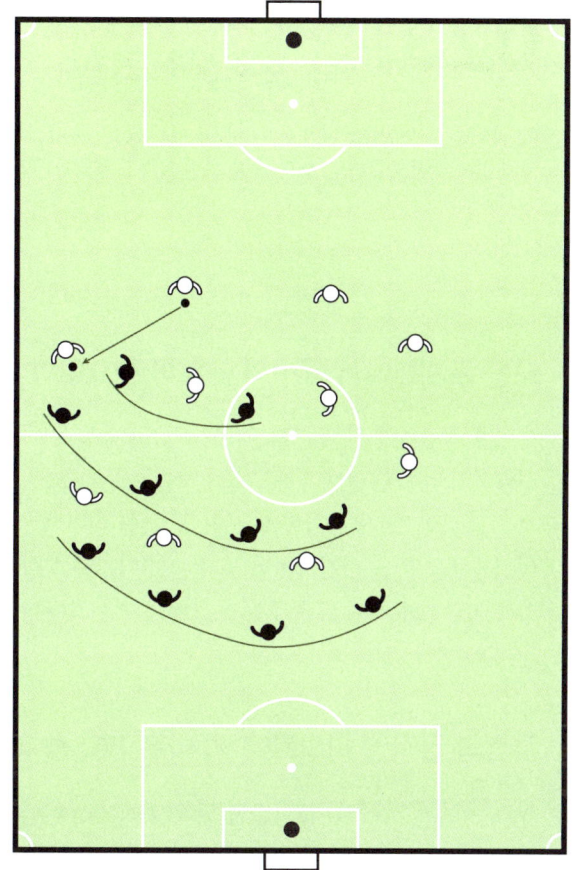

✓ 코칭 어드바이스

아르헨티나 전통의 메디아루나

지역 방어를 기본으로 하면서 볼을 중심으로 수비하는 방법이다. 위의 그림에서 왼쪽 측면에서 볼이 나오면 콤팩트한 상태를 유지하면서 그대로 왼쪽 측면으로 이동해 올라간 '반달(메디아루나, Media luna)' 진형을 만든다.
좌우 어느 쪽으로 볼이 흐르더라도 최종 수비라인 4명과 미드필드와 전방이 반달 모양으로 수비하는 것을 그림을 통해 알 수 있다. 반대 측면에 커다란 공간이 있지만, 여기로 상대가 볼을 보내더라도 바로 실점으로 이어지는 것은 아니다. 이때는 바로 팀 전체가 반대 측면으로 이동해 또다시 반달 진형을 만들어서 대응한다.

023 | 4-4-2 미드필드 다이아몬드의 각 포지션 역할

미드필드가 다이아몬드형인 4-4-2에서는 MF 3명이 수비 역할을 맡으므로 공격 시에도 수비 균형을 잃지 않는 것이 중요하다. 또한 공격 시 투톱과 공격형 MF가 신속하고 정확하게 공격해야 한다.

모든 포지션에서 공수의 균형이 필요하다

수비 안정성을 중시하고 기본적으로 공격에 많은 인원을 투입하지 않으므로 모든 포지션에서의 공수 균형감이 요구된다. 예를 들어 SM은 반대 측면을 통해 공격하는 경우나 같은 측면의 SB가 공격했을 경우 등 상황에 맞게 적절한 포지션을 취해야 한다. 이때 대전제는 '수비를 생각하며 머문다'는 것이지만 상황에 따라서는 공격에 가담해도 상관없다. 단, 이때는 팀 규율을 어기는 것이므로 최대한 좋은 결과를 남기며 플레이를 마치는 것이 좋다.

투톱과 공격형 미드필더 외 다른 1명, 총 4명으로 공격

공격 패턴 중에, 투톱 중 1명이 왼쪽이나 오른쪽으로 빠지고 SM이나 SB 또는 공격형 MF와의 연계를 통해 측면에 기점을 만드는 형태가 있다. 이때 공략할 지점은 상대 SB와 CB 사이, 지역 방어의 경계다. 공격형 MF가 정확하게 날린 스루 패스를 향해 바깥에서 침투하는 FW(측면에 빠져 있던 선수)나 공격에 가담한 SB가 뛰어 들어가고, 이를 문전에서 대기하는 다른 1명의 FW에게 최종 패스를 한다. 이처럼 전방 3명과 1명(SM이나 SB)이 신속하게 공격을 시도한다.

이때 수비진은 그냥 공격만 지켜보지 말고 상대의 역습에 대비해 전후좌우의 선수 간 거리를 확인하면서 콤팩트한 상태를 유지한다. 후방에 단순히 인원만 채워져 있으면 되는 것이 아니다. 상대가 갑자기 역습을 해오더라도 바로 대처할 수 있게 만반의 태세를 갖추어 놓는 것이 중요하다.

4-4-2 미드필드 다이아몬드의 각 포지션 역할

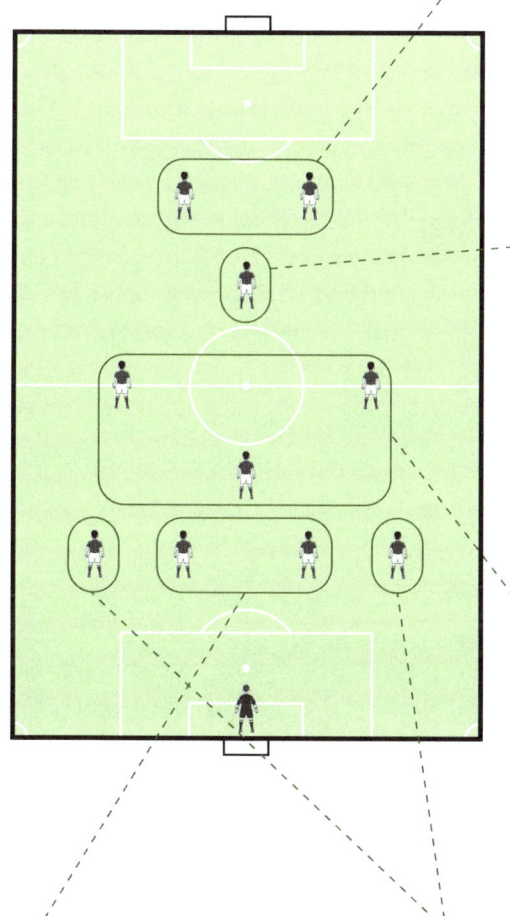

포워드(투톱)

감독의 생각이나 상대의 포메이션에 따라 다르지만, 수비 시 둘 중 1명이 상대 볼란테를 마크해야 할 경우가 있다. 공격 시에는 둘 중 1명이 왼쪽이나 오른쪽 공간으로 빠지면서 공격 기점을 만드는데, 이때 다른 1명은 문전에 포지션을 잡고 상대 DF를 압박하도록 한다.

공격형 미드필더

뛰어난 개인기와 넓은 시야, 전개력과 슈팅 능력이 있어야 한다. 사령탑 유형의 선수가 수행해야 하는 포지션으로, 득점으로 바로 연결하는 작업을 수행해야 한다. 항상 투톱의 포지션을 의식하고 득점 기회가 왔을 때는 원터치, 투터치로 최종 패스한다. 현대 축구에서 이 포지션은 뒤편으로 뛰어나가는 것을 의식하며 플레이하는 경우가 많다.

트리플 볼란테

4-3-1-2처럼 트리플 볼란테가 되는 것이 기본이며, SM 2명이 위치를 높게 잡는 4-1-3-2는 공수 균형이 좋지 않다. SM은 강한 수비 의식을 가져야 하며, 상황에 따라 같은 측면의 SB가 공격 가담하면 후방 공간을 커버한다.

센터백

지역 방어의 경계인 CB 사이, CB와 SB 사이가 위험하므로 여기로 돌진하는 상대를 인수인계할 때는 소리를 외치며 연계해야 한다. 전후좌우 주변 선수와의 거리가 지나치게 가까우면 누가 대처해야 할지 갈등하게 만드는 루스볼이 생길 수 있다. 이럴 때는 절대 서로 양보하지 말아야 한다.

사이드백

자기 측면을 통해서 공격할 때는 과감하게 공격 가담한다. 종방향으로의 돌파력과 정확한 크로스 능력이 요구된다. 측면으로 흘러들어오는 FW와 연계해 문전으로 돌진하는 경우도 있다. 수비력은 물론 장거리를 질주한 뒤에도 정확하게 최종 패스를 날리거나 마무리 슈팅까지 해내는 강인한 체력도 필요하다.

024 | 4-4-2 미드필드 다이아몬드와 다른 포메이션과의 상성

이 포메이션의 최대 약점은 측면에 공간이 있는 것이다. 따라서 상대 팀이 측면에 사람을 많이 배치하는 포메이션일 경우에는 수비조직을 얼마나 잘 유지하면서 지켜내느냐가 중요해진다.

측면에 인원이 적은 포메이션에 유리

4-4-2 미드필드 박스와의 대결에서는 두 포메이션 모두 미드필드 중앙에 선수들이 밀집되어 있다. 그리고 상대 팀의 키맨인 공격형 MF를 3명의 볼란테가 대응함으로써 수적으로 유리한 상황을 만들 수 있다. 중앙 구역에서의 공방에서 승리해 미드필드를 장악한다면 4-4-2 미드필드 박스의 약점인 측면 공간을 이용해 공격할 수 있다.

똑같은 4-4-2 미드필드 다이아몬드와도 대결이 용이하다. 감독의 생각에 따라 자잘한 차이는 있지만 공수 양면의 공략 포인트가 같기 때문에 나머지는 개별 경합에서 각 선수들이 얼마나 이기느냐가 승패를 가르는 요인이 된다.

측면의 수적 열세를 어떻게 극복하느냐가 관건이다

반대로 4-3-3이나, 4-4-2 미드필드 플랫처럼 측면에 선수가 배치되는 포메이션과는 대결하기가 까다롭다. 측면 선수들의 움직임을 쫓아가다가 SM이나 SB가 본래의 포지션을 벗어나게 되면 수비조직에 균열이 생긴다. 어떤 포메이션이든 각 선수가 적당한 거리를 유지해 콤팩트하게 팀 전체가 전후좌우로 움직이며 대응하는 것이 수비의 기본이다. 선수 간에 거리가 벌어지면 공간이 생겨버린다. '가위 바위 보'의 바위가 보처럼 벌어지면 위험하다. 이때는 신속하게 바위 상태로 돌아가야 한다.

상성이 좋은 포메이션 : 4-4-2 미드필드 박스

두 가지 포메이션 모두 미드필드의 측면에 커다란 공간이 있다. 선수들이 밀집된 중앙 구역의 공방에서 이겨 주도권을 장악하는 팀이 유리해진다. 4-4-2 미드필드 박스는 전방에 4명을 배치하는 공격형 포메이션이다. 특히 2명의 공격형 MF는 개인기가 뛰어난 경우가 많기 때문에, 여기에 기점을 만들지 못하도록 3명의 볼란테가 연계해 MF의 움직임을 봉쇄해야 한다. 공격은 투톱이 연계해 골을 노리는 것이 이상적이지만 상대 팀도 그 부분을 경계해오므로 공격형 MF나 SB, SM이 지원하는 것이 바람직하다.

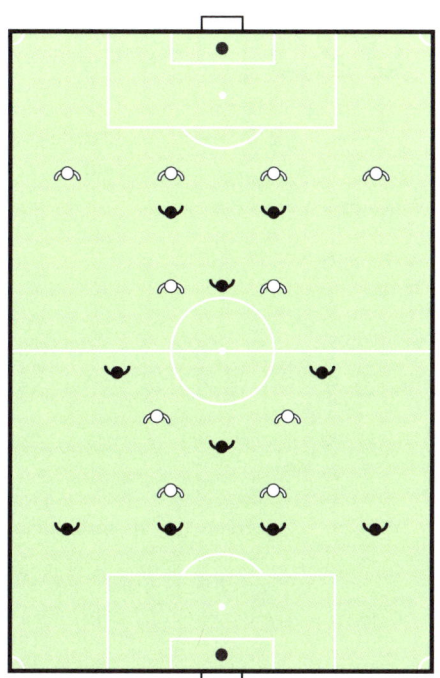

POINT
상대의 포지셔닝에 현혹되어 선수 간의 거리가 벌어지지 않도록 주의한다. 항상 콤팩트한 상태를 유지하며 플레이한다.

상성이 나쁜 포메이션 : 4-3-3

상대 SB, SM, 윙이 측면에서 종방향으로 배열했을 때의 대처가 관건이 된다. 수비의 원칙은 수적 우위를 만들어 대응하는 것이므로 4대 3이 되려면 SB, SM, 투톱 중의 1명, 그리고 또 다른 1명이 필요하다. 이럴 때 팀 전체를 콤팩트한 상태로 유지하려면 각 선수들이 대이동을 해야 하는데, 그렇게 되면 반대 측면에 커다란 공간이 생겨버린다. 이렇듯 4-4-2 미드필드 다이아몬드는 한쪽 측면에 선수들이 모인 상태에서 상대 팀이 사이드 체인지를 해오면 대응하는 데 시간이 오래 걸린다.

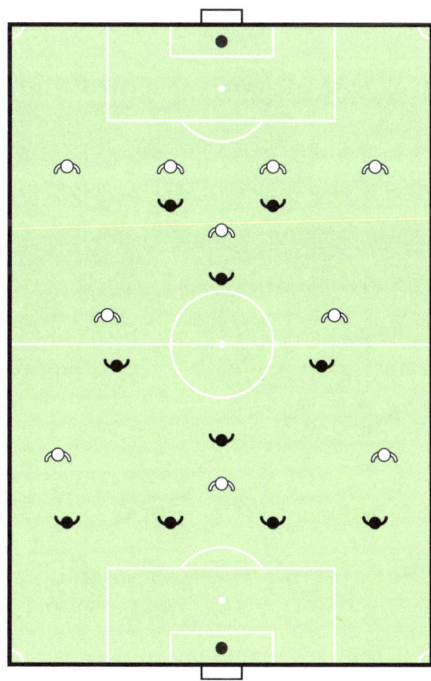

POINT
상대의 사이드 체인지에 취약할 수 있으므로 수비할 때 같은 측면에서 볼을 뺏는 것이 좋다.

025 | 4-2-3-1 포메이션

2014년까지 일본 국가대표팀을 맡았던 알베르토 자케로니 감독은 4-2-3-1을 기본 포메이션으로 사용했다. 공격과 수비에 있어서 균형을 잡기 쉬운 포메이션으로, 4-3-3이나 4-1-4-1로의 변환이 쉽다는 이점이 있다.

전방 수비가 용이하고 콤팩트한 상태를 유지하기 수월하다

높은 위치에 윙이 있어 상대 볼 소유자를 측면으로 몰기가 용이하고 여러 명이 에워쌀 수 있다. 안정된 수비를 바랄 수 있는 포메이션이라고 할 수 있다. 수비에서 중요한 일차 수비수를 누가 할 것인지 정하기가 쉽고 커버하기에도 용이하다.
전방의 원톱이 상대를 측면으로 몰고, 윙이 패스 코스를 제한한다. 이때 종적 차단 또는 횡적 차단의 선택도 가능해 수비의 선택폭이 매우 넓다. 상대가 궁여지책으로 볼을 패스하면, 이를 기다리고 있던 선수가 볼을 뺏는다. 라인을 높게 가지면서 콤팩트한 상태를 유지하기가 수월한 포메이션이다.

포지션 변경으로 포메이션 전환이 가능하다

목표한 대로 높은 위치에서 볼을 뺏으면 신속하게 공격으로 전환한다. 이때 상대 수비진은 넓게 퍼져 있을 것이다. 반대로 동료 선수들은 압박을 가하기 위해 가까이 모여 있으므로 상대가 수비조직을 갖추기 전에 빠르고 정확하게 패스를 연결해 최대한 빨리 마무리 슈팅하는 것이 좋다.
또한 2~3명의 포지션을 변경함으로써 공격적인 4-3-3이나 수비적인 4-1-4-1로의 변화도 가능하다. 이러한 포메이션의 변화에 잘 대응할 수 있는 선수가 있으면 좋은 효과를 낼 수 있다.

바이에른 뮌헨이 우승할 수 있었던 가장 큰 이유

2012-13 UEFA 챔피언스리그에서 우승한 바이에른 뮌헨은 4-2-3-1 포메이션을 사용했다. 각 포지션별로 우수한 선수들을 배치해 점유면 점유, 압박이면 압박이 모두 가능했던 최강의 팀이었다. 이처럼 바이에른이 강력한 팀으로 기능할 수 있었던 요인으로

4-2-3-1의 특징

어디에서나 삼각형 진형을 쉽게 만들 수 있어 수적 우위를 만들기가 용이하며, 수비 균형이 좋아 상대를 압박하기가 좋다. SB의 위치를 높게 잡음으로써 미드필드를 두껍게 하여 볼 점유를 다투는 점유율 축구가 가능하다. 볼을 뺏기면 바로 공수 전환하여 수적으로 우세한 상태로 높은 위치에서 볼 탈취에 나선다. 순간적인 볼 탈취에 성공하면 바로 기회가 된다.

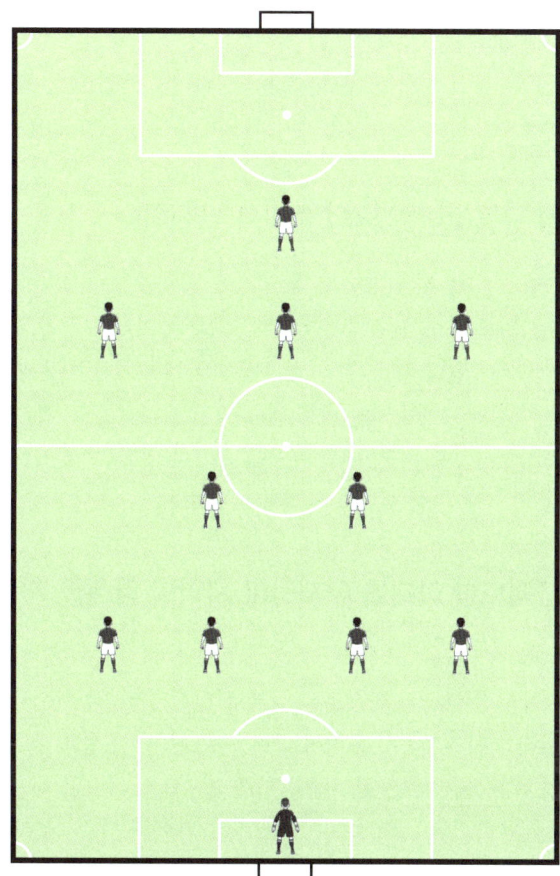

POINT

지역의 경계로 뛰어 들어오는 상대를 조심해야 한다. 최종 수비라인과 볼란테 사이에 절대 공간을 만들면 안 된다.

양 측면 윙의 두 선수 프랭크 리베리와 아르연 로번의 활약을 들 수 있다. 두 선수 모두 날카로운 스피드와 칼로 잰 듯한 드리블 돌파가 주특기로, 득점에 많은 공헌을 했다. 그런데 여기서 특별히 다루고 싶은 것은 수비에서의 공헌이다.

공수 양면에 걸친 두 윙어의 활약과 볼란테의 역할

4-2-3-1이 제대로 기능하려면 윙이 공수 양면 모두에서 활약해야 한다. 윙은 높은 위치에서 볼을 쫓아가고 패스 코스를 제한해 볼란테나 SB 등의 후방 선수들을 지원한다. 이와 동시에 거친 태클로 볼을 빼앗아 그대로 골로 연결하는 플레이도 해야 한다.

볼란테에게도 중요한 임무가 있다. 전방 선수들에게 "높은 위치에서 볼을 뺏으러 가자!"와 같이 지시를 내리는 것이 볼란테의 역할이다. 팀 전체를 두루 살피면서 균형이 무너지면 바로 복구한다. 수비조직이 갖춰져 있지 않으면 압박에 나서지 않는다.

팀 규율보다는 팀의 승리가 우선이다

4-2-3-1은 지역 방어일 때 각 선수가 담당하는 지역이 정리되어 있다는 이점이 있다. 미드필드의 낮은 위치에 공간이 있는데, 여기는 윙이 내려가거나 SB가 포지션을 높게 잡고 대응한다. 물론 다른 선수가 커버해도 상관없다. 혼동하지 말아야 할 것은 담당 지역이 정해져 있다 하더라도 이를 꼭 준수해야 하는 것은 아니라는 점이다. 중요한 것은 경기에서 이기는 것이다. 규율을 지키다가 실점하는 것보다는 규율을 어기더라도 실점을 막는 것이 팀 승리를 위해서 중요하다.

콤팩트한 상태를 유지하며 지역의 경계를 지킨다

수비 시 CB와 CB 사이, CB와 SB 사이 등 지역의 경계를 상대가 노리고 올 때 판단이 지체되면 상대가 자유로운 상태로 문전까지 침투해올 위험이 있다. 이를 막으려면 팀 전체가 콤팩트하게 움직여 수축을 반복하면서 상대가 공격할 공간을 허용하지 않는 것이 중요하다. 또한 볼란테가 상대 볼란테를 마크할 때 전방으로 너무 올라가지 않도록 조심한다. 왜냐하면 볼란테와 최종 수비라인 사이에 공간이 생기기 때문이다. 상대가 이 공간을 노리면 이번에는 CB가 유인되기 때문에 최종 수비라인 뒤편에 공간이 생겨 실점할 위험이 커진다.

4-2-3-1에서 4-3-3(공격형) 변화

볼란테 1명이 앵커(Anchor, 수비 라인 앞에서 닻을 내린 듯 플레이하는 수비형 미드필더)가 되고, 다른 1명은 전방으로 약간 올라가고, 공격형 미드필더는 포지션을 약간 내린다. 미드필드는 3명이다. SM 2명은 의식적으로 높은 위치에서 플레이한다. 동시에 윙 2명도 상대 진영의 깊은 위치에서 플레이하도록 한다. 앵커는 수비 중심으로 플레이해야 한다.

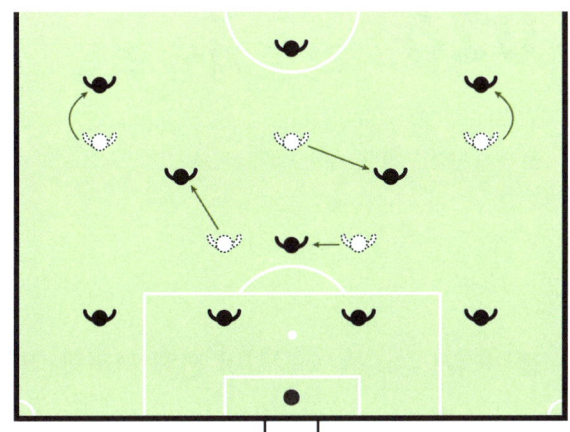

4-2-3-1에서 4-1-4-1(수비형)로 변화

볼란테 1명이 앵커가 되고, 다른 1명이 2선으로 올라간다. 측면과 중앙의 균형을 잡아 상대에게 공격할 공간을 허용하지 않는 것이 목표다. 앵커가 CB와 CB 사이까지 내려가면 파이브백(5 Back)으로 변형된다. 9명이 수비하는 형태로 견고한 수비를 기대할 수 있는 포메이션이다.

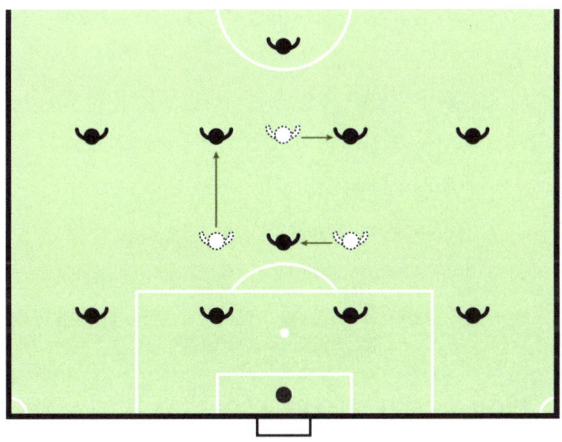

✓ 코칭 어드바이스

균형감과 발전성을 지닌 만능형 포메이션

위의 그림처럼 4-2-3-1은 공격형 4-3-3이나 수비형 4-1-4-1 등으로 변화를 주기 쉽다는 특징이 있다. 공격형 미드필더가 전방으로 바싹 붙으면 투톱 형태에 가까워지고, 두 SB가 미드필드로 올라가고 볼란테 1명이 최종 수비라인으로 내려가면 스리백이 되기도 한다. 이처럼 4-2-3-1은 공수 균형이 좋고 포메이션에 변화를 주기가 용이한 만능형 포메이션이라고 할 수 있다.

026 | 4-2-3-1의 각 포지션 역할

4-2-3-1의 배꼽 부분에 해당하는 2명의 볼란테는 전방 압박을 지시하는 등 팀 전체의 사령탑 역할을 맡게 된다. 또한 양 사이드백은 적극적으로 공격을 시도하는 플레이를 해야 한다.

볼란테가 수비를 지휘하며 전체 사령탑 역할을 맡는다

팀 전체의 균형에 신경을 쓰고 흐트러졌을 때는 수정한다. 폭넓은 시야로 필드 전체를 바라보고 정확한 지시로 수비조직을 가다듬는다. 볼란테의 역할이란 바로 이런 것들이다. 전방의 4명은 높은 위치에서 볼을 뺏어야 하므로 적극적으로 플레이하게 되는데, 의사소통이 원활하지 않으면 경기가 잘 풀리지 않는다. 모든 선수가 한 팀으로 움직이기 위해서는 볼란테의 통솔력이 반드시 필요하다.

조심해야 할 것은 자기 진영 깊숙이 종 패스가 들어와 상대 FW에게 공격 기점을 허용하는 것이다. 상대 FW에게 침투 패스가 들어오면 중앙으로 선수가 몰리기 때문에 측면에 공간이 생긴다. 이렇게 되면 수비진이 수비하기가 어려워진다. 볼란테는 이러한 종 패스, 즉 FW로의 침투 패스를 막는 역할까지 해야 한다.

뛰어난 SB가 있으면 전술 변화가 가능하다

한편 볼란테의 양 옆에 공간이 있기 때문에 SB가 적극적으로 공격에 가담해야 한다. 마이볼일 때는 최대한 윙 근처로 접근해서 서로 연계해 측면 붕괴를 노린다.

또한 이 포메이션은 다양하게 발전시킬 수 있다는 특징이 있다. 일본 국가대표팀의 경우처럼 상황에 따라 3-4-3으로 변형되기도 한다. 이 경우 SB는 보다 높은 위치에서 플레이를 하게 된다. 즉 공수 양면으로 기량이 뛰어난 SB가 있으면 다양한 포메이션으로의 변화가 가능하다. SB 외에도 각 선수들이 여러 포지션을 소화할 수 있으면 더욱 효과적이다.

4-2-3-1의 각 포지션 역할

원톱과 공격형 미드필더

원톱은 공격 시 가능한 한 전방에 있어야 한다. 미드필드로 내려오면 스트라이커가 없어지기 때문이다. 원톱은 물론 공격형 미드필더도 슛, 어시스트와 같이 골로 직결되는 임무를 수행해야 한다. 또한 이 2명은 서로 연계해 상대 수비조직을 무너뜨린다는 의식을 항상 공유하고 있어야 한다.

윙어

측면에서 1대 1 경합을 벌이고 혼자 돌파할 수 있는 능력이 필요하다. 정확한 크로스로 어시스트 또는 스스로 마무리 슈팅하는 등 골로 직결되는 임무를 수행해야 한다. 동시에 바이에른의 리베리나 로번처럼 수비도 해야 하는데, 측면으로 몰고 간 상대의 패스 코스를 제한한다.

볼란테

팀 전체로 압박을 가할 때 전방 선수에게 지시를 내린다. 최종 수비라인에 대한 지시도 잊지 말아야 한다. 전방과 최종 수비라인의 거리가 멀어지면 볼이 머리 위로 날아다니게 되므로 압박할 때는 최종 수비라인도 올린다. CB 2명 앞의 바이탈 에어리어(Vital area, 수비 전술상 위험 지역으로, CB와 중앙의 수비형 MF를 연결하는 사각형의 지역)로 상대가 패스하지 못하도록 막는 것도 중요하다.

센터백

전방과의 거리가 멀어지지 않도록 라인 컨트롤을 하고 볼란테와의 사이에 공간을 만들지 않는다. 여기서 상대가 볼을 잡으면 대응이 어려워진다. 가로챌 기회가 없을 것 같으면 볼을 쫓아가지 말고 상대의 플레이 템포를 늦추어 동료가 내려올 시간을 벌도록 한다.

사이드백

횡적 차단으로 압박할 때 윙이나 볼란테가 패스 코스를 제한하면 종방향으로 볼이 들어온다. 이때 상대의 앞에서 볼을 뺏을지 아니면 상대가 트래핑하는 순간을 노릴지를 바로 판단해야 한다. 상대에게 뒷공간을 허용해선 안 되며, 만약 상대에게 뒤편을 내주면 바로 따라붙어서 크로스를 올리지 못하도록 막는다.

027 | 4-2-3-1과 다른 포메이션과의 상성

4-2-3-1은 양 측면에 2명을 배치하는 포메이션이므로 상대 팀이 측면에 공간이 있는 포메이션을 쓸 경우 공격 면에서 유리하게 경기를 이끌 수 있다는 장점이 있다.

상대의 중앙이 두꺼우면 수적 우위를 만들기 어렵다

수비의 기본 원칙은 수적 우위를 만들어 대응하는 것이다. 축구는 선수들이 끊임없이 움직이는 운동이므로 포메이션 또한 상황에 따라 달라질 수 있다. 필드 위의 선수들은 팀 규율은 지키되, 시시각각 변하는 상황에 유연하게 대처해야 한다.

4-2-3-1은 공수 균형이 잡힌 만능형 포메이션이지만 4-1-4-1처럼 미드필드에서 수적으로 동일한 상대와 대결할 때는 신중한 대응이 필요하다. 가장 경계해야 할 것은 최종 수비라인과 볼란테 사이에서 상대 FW 또는 공격형 미드필더가 볼을 갖게 되는 상황이다. 볼란테는 이 지역으로의 종 패스나 침투 패스를 반드시 막아야 한다. 상대 볼란테를 볼란테가 마크하러 갈 때 이와 같은 상황에 빠지기 쉽다. 따라서 미드필드의 중앙이 두꺼운 4-3-3이나 3-4-3 투 섀도와 대결할 때는 경기 전에 마크에 대한 확인을 해놓는 것이 좋다.

CB와 SB 사이를 주의, SB는 중앙까지 케어할 것

상대는 반드시 지역의 경계를 노리고 올 것이다. 특히 CB와 SB 사이를 노릴 가능성이 크므로 주의가 필요하다. CB는 상대를 너무 따라붙다가 중앙에 공간을 만드는 일이 없도록 조심해야 한다. 또한 SB는 측면 지역만 고집하지 말고 상황에 따라서는 중앙의 빈 공간까지 커버하도록 한다.

상성이 좋은 포메이션 : 4-4-2 미드필드 다이아몬드

윙이나 SB가 미드필드의 측면 공간을 잘 활용하면 주도권을 잡을 수 있다. 상대 SM이 바깥으로 벌어지면 볼란테나 공격형 미드필더가 중앙에 생긴 공간을 노린다. 측면과 중앙 모두에서 수적 우위를 만들 수 있는 조합이다. 주의할 것은 상대의 투톱과 공격형 미드필더다. 이 3명을 CB와 볼란테가 마크하게 되는데 상대는 전후좌우로 움직이면서 흔들어올 것이다. 이 움직임을 너무 쫓아가다가는 라인이 흐트러지면서 공간을 허용할 수 있다. 마크하는 선수뿐만 아니라 패스를 주는 상대 선수의 움직임까지 예의 주시한다.

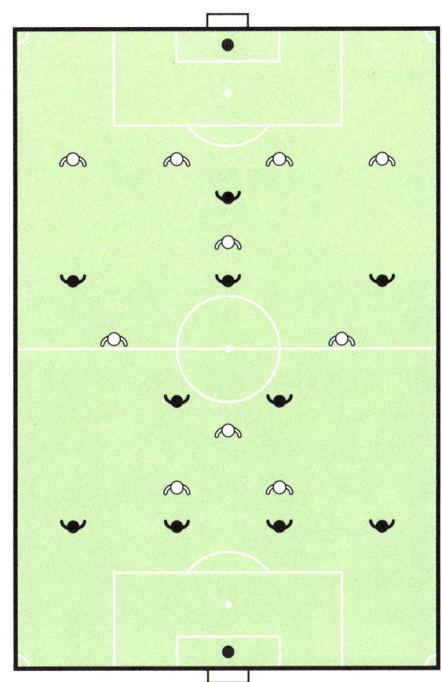

POINT
SB가 공격에 가담하면 양 측면의 볼란테는 올라가지 않는다. 1명이 올라가면 다른 1명은 내려가는 것이 수비의 기본이다.

상성이 나쁜 포메이션 : 4-1-4-1

상대 팀 앵커를 공격형 미드필더가 마크할 때 상대 팀의 2선 4명을 어떻게 막느냐가 관건이 된다. 윙이 내려가 SM을 마크하고 중앙의 2명은 볼란테가 마크하는데 이렇게 되면 수적으로 동등해진다. 이때 만약 어떤 지역에서 대응이 늦어지면 이를 지원하기 위해 각 선수의 포지션이 차례로 밀리게 되고, 그 결과 어딘가에 공간이 생겨버린다. 상대 원톱 또한 볼란테가 대응하는 것이 가장 좋지만 이렇게 되면 중앙의 2명을 누가 마크해야 할지 난감해진다. 이처럼 SB와 윙의 포지셔닝과 임무 분담을 미리 확실하게 정해 놓지 않으면 고전할 가능성이 커진다.

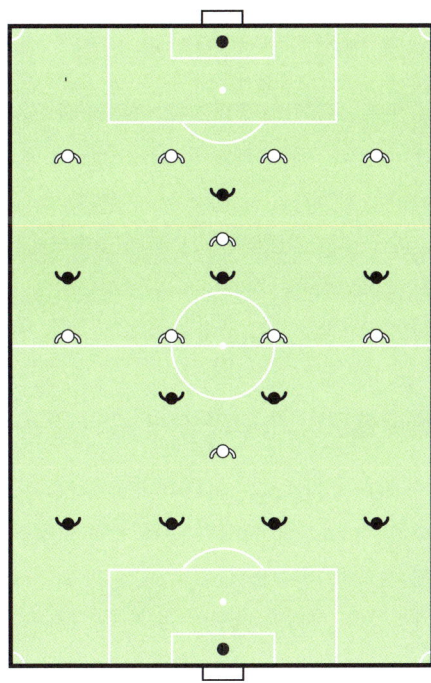

POINT
반드시 기억할 것은 상대 FW에게로 침투 패스를 주지 못하게 막는 것과 최종 수비라인과 볼란테 사이에서 상대가 패스받는 일이 없도록 하는 것이다.

028 | 4-3-3 포메이션

4-3-3은 필드 곳곳에 삼각형 진형을 만들 수 있기 때문에 점유율 축구를 지향하는 팀에게 적합한 포메이션이다. 단, 볼을 뺏기고 나서의 수비 전환에 유의해야 한다.

패스 코스가 많아 점유율 축구에 적합하다

공격 시 필드 위에서 삼각형 진형을 만들기가 용이하다. 다시 말해 패스 코스를 쉽게 만들 수 있는 포메이션이므로 볼을 소유해서 경기를 풀어나가는 점유율 축구를 지향하는 팀에게 적합하다.
필드의 좌우 폭과 전후 깊이를 활용하기에 좋고 각 선수들이 연동해 효율적으로 공간을 창출해낼 수 있다. 특히 측면에서의 종적인 균형감이 좋고 후방 선수가 볼을 소유한 선수를 추월해 공격에 가담하기가 수월하며 빈 공간으로 쉽게 침투할 수 있다.

서로 거리감을 의식하며 집합·분산을 반복한다

공간을 만들기 위해 폭과 깊이를 변형시키고 있는데 이때 볼을 뺏기면 바로 위기를 맞을 수 있다. 왜냐하면 선수끼리 떨어져 있어 상대에게 공격할 공간을 내주기 때문이다. 이를 방지하기 위해서는 모든 선수들이 항상 서로 거리를 의식하면서 플레이해야 한다. 또한 실수는 최대한 줄이도록 노력한다. 중요한 것은 팀 전체가 콤팩트하게 집합하거나 좌우전후로 넓어지는 속도와 타이밍이다. 집합-분산-집합-분산의 리듬감이 중요하며 이를 반복함으로써 상대 수비진을 혼란스럽게 만들 수 있다.

바르셀로나 축구가 4-3-3의 좋은 표본

이 포메이션을 쓰는 대표적인 팀은 FC 바르셀로나다. 인사이드미드필더 사비, 안드레스 이니에스타의 막강한 체력과 볼을 뺏겼을 때의 신속한 전환. 그리고 볼란테 세르히오 부스케츠의 절묘한 포지셔닝. 또한 다니엘 알베스, 조르디 알바와 같은 SB의 넓은 활동영역. 그리고 리오넬 메시, 페드로 로드리게스, 네이마르와 같은 전방 선수들의 움직임으로 공간을 창출해내는 능력(2013년 라인업 기준). 이러한 모든 것들이 4-3-3의

4-3-3의 특징

각 선수를 선으로 연결해보면 알 수 있듯이 필드 곳곳에 삼각형 진형이 쉽게 만들어진다. 인사이드미드필더가 높은 위치에 있기 때문에 윙과 연계한 여러 공격 형태가 가능해진다. 공략 지점은 상대의 SB와 CB 사이로, 윙이 바깥에서 대각선으로 돌진하거나 톱이 바깥으로 빠지면서 상대 수비진을 교란시킨다.

POINT

볼란테나 CB는 역습을 대비한 수비를 의식해야 한다. 폭과 깊이를 활용한 공격, 그리고 종 패스와 사이드 체인지의 균형을 의식할 것.

표본이지만 현실에서 이들 축구를 따라하는 것은 불가능에 가깝다. 그러나 바르셀로나가 어떤 축구를 하는지 분석하고 이해하는 것은 우리에게도 가능한 일이다. 그리고 각 포메이션의 특징을 알아두는 것 또한 많은 도움이 된다. 이러한 지식을 가지고 있으면 어느 팀과 대결하더라도 당황하지 않고 정확한 대책을 세울 수 있게 된다.

역습을 막으려면 신속한 공수 전환이 필요하다

이 포메이션을 제대로 활용하기 위해서는 공격에서 수비로의 전환이 빨라야 한다. 콤팩트하게 수비하는 상대 팀을 무너뜨리기 위해 공격 시에는 넓게 퍼지면서 공간을 만들 때가 많다. 그런데 이때 볼을 뺏겨서 빠른 역습을 받으면 수비조직이 갖추어지지 않은 상태에서 순식간에 위기를 맞게 된다.

4-3-3은 폭과 깊이를 쉽게 만들 수 있다는 장점이 있는 반면, 팀 전체가 넓게 퍼지면 콤팩트한 상태로 복구하기 어렵다는 단점이 있다. '가위 바위 보'의 보 상태에서 바위 상태로 바꾸기가 어렵다는 것이다. 이러한 약점을 극복하기 위해서는 볼을 뺏기지 말고 확실하게 슈팅으로 공격을 마무리하거나, 볼을 뺏기면 즉시 공수 전환을 해서 바로 볼을 되뺏어야 한다.

바르셀로나 역시 볼을 뺏기는 순간 압박을 가해서 5초 이내에 볼을 되빼앗아 파상 공격을 시도한다. 볼란테인 부스케츠를 필두로 하는 수비진의 좋은 포지셔닝과 패스 코스의 차단으로 역습을 막는다.

4-3-3은 뛰어난 패스 능력을 요구한다

좋은 흐름으로 동료들과 볼을 연결하고 있는데 이때 볼을 뺏기면 리듬을 놓치면서 즉각적인 대응이 어려워져 반격을 당하기 쉽다. 인사이드미드필더나 SB가 공격에 가담하고 있으면 후방 인원이 부족하므로 순식간에 문전까지 침투당할 수 있다. 이렇게 되지 않으려면 마이볼일 때 최대한 실수를 하지 않아야 한다. 즉 정확한 패스 연결이 안 되는 팀이라면 4-3-3은 쓰지 않는 것이 좋다.

인사이드미드필더 2명의 커버도 중요

주도권을 장악하고 있을 경우에는 문제가 없지만 만약 SB의 위치를 높게 잡는 상대 팀과 대결할 때는 전방 압박이 어려워진다. 이럴 경우 원톱의 수비 범위가 넓어지고 많은 운동량이 요구된다. 이를 커버하려면 오른쪽 아래 그림과 같은 인사이드미드필더의 움직임이 효과적이다.

4-3-3 원톱의 수비 문제

윙이 좌우로 넓게 퍼지고 인사이드 미드필더가 미드필드로 내려가면 원톱의 수비 범위가 넓어진다. 상대가 상대 최종 수비라인에서 볼을 돌리게 되면 이에 따라 원톱도 좌우로 움직여야 하므로 많은 체력이 소모된다. 설령 볼을 뺏는다 해도 적합한 포지션을 잡지 못할 가능성도 있다.

4-3-3 원톱의 수비 대처법

바르셀로나는 원톱의 부담을 덜기 위해 인사이드미드필더가 원톱을 지원한다. 원톱, 인사이드미드필더, 윙의 연계로 높은 위치에서 볼을 잡으면 골문이 가깝기 때문에 바로 골 기회로 이어진다. 단, 이것이 가능하려면 체력과 수비력이 뛰어난 인사이드미드필더가 있어야 한다.

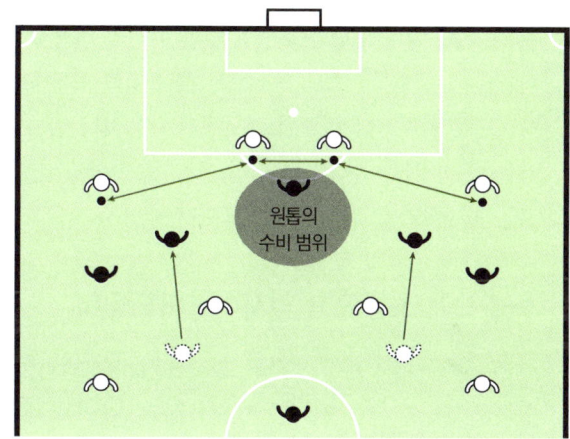

✓ 코칭 어드바이스

원톱이 고립되지 않도록 주의한다

원톱인 포메이션에서 주의해야 할 것은 전방에서 원톱이 고립되는 상황이다. 원톱과 미드필더의 거리가 벌어져 있으면 수비 시 전방에서 아무리 열심히 볼을 쫓아봤자 후방의 지원이 없으므로 소용이 없다. 4-3-3에서는 인사이드미드필더 1명이 높은 위치에서 지원한다. 공격할 때 윙 또한 너무 넓어지지 않도록 포지션을 적절하게 잡는다. 공격 시에는 폭과 깊이를 활용한 공간 만들기가 중요하지만, 볼을 뺏기면 신속하게 콤팩트한 수비로 전환해 대응해야 한다.

029 | 4-3-3의 각 포지션 역할

4-3-3에서 가장 중요한 임무를 수행하는 포지션은 2명의 인사이드미드필더다. 바르셀로나에서 이니에스타와 사비가 맡은 것(2013년)을 보면 알 수 있듯이, 인사이드미드필더는 공격 기점이 될 뿐만 아니라 수비에서도 매우 큰 비중을 차지하는 중요한 포지션이다.

원톱은 볼 키핑 능력과 골 결정력이 있어야 한다

원톱은 좁은 공간에서 끈질기게 마크되므로 여러 상대에게 에워싸여도 볼을 놓치지 않는 볼 키핑 능력이 필수적이다. 뿐만 아니라 밀착 수비를 뚫고 나가는 돌파력과 그대로 마무리 슈팅해 득점으로 연결하는 골 결정력 또한 필수적이다.
측면으로 빠지거나 미드필드로 내려가 윙이나 인사이드미드필더가 침투할 수 있는 공간을 만들어내는 것도 중요하다. 상대 수비진을 골문에서 멀어지도록 의도적으로 유인하는 지능적인 플레이 또한 필요하다.

4-3-3에서 중요한 인사이드미드필더

이 포메이션에서 가장 중요한 포지션은 바로 인사이드미드필더 2명이다. 빌드업할 때 실수를 범하지 않는 뛰어난 기량은 물론, 강인한 체력과 정확한 포지셔닝 능력도 필요하다.
2013년 바르셀로나의 사비, 이니에스타의 플레이를 보면 2~3명에게 에워싸여도 볼을 뺏기지 않고 정확하게 전방으로 최종 패스를 한다. 또한 드리블로 돌파를 시도하며 볼을 뺏기면 빠르게 공수 전환하고, 높은 위치에서 몸을 사리지 않는 수비를 한다. 두 선수의 체력은 본받을 만하다. 볼란테는 이러한 공격진의 움직임을 후방에서 지원한다. 동시에 상대 FW의 움직임을 늘 주시해야 한다. 역습에 대비해 마이볼일 때도 수비를 염두에 두면서 플레이한다.

4-3-3의
각 포지션 역할

포워드(스리톱)

지역의 경계인 CB와 SB 사이를 노리면서, 원톱이 중앙에서 바깥으로 빠지거나 윙이 바깥에서 중앙으로 침투하면 효과가 있다. 또한 원톱이 오른쪽 측면으로 빠짐으로써 중앙에 인사이드미드필더나 왼쪽 윙이 침투할 공간을 만들어낸다.

인사이드미드필더

공수 양면에서 열쇠를 쥐고 있는 매우 중요한 포지션이다. 공격할 때는 기회를 만들어냄과 동시에 전방에 만들어진 공간으로 침투하는 적극적인 플레이가 요구된다. 중앙에 공간이 없으면 측면으로 벌어져서 볼을 받는다. 상대가 싫어하는 플레이를 상황에 맞게 선택하고 스스로 게임의 중심 역할을 수행하며 공격을 빌드업한다.

볼란테

스리톱과 인사이드미드필더 2명, SB 1명이 공격에 가담하면 후방에는 볼란테, CB 2명, SB 1명 총 4명만이 남는다. 역습에 대비하기 위해서라도 특히 SB가 공격 가담했을 때는 커버링에 신경 써야 한다. CB 2명과의 거리감을 늘 의식하고 자신과 최종 수비라인 사이에 공간을 만들지 않는다.

센터백

공격 시에는 높은 위치를 유지한다. 이때 후방에 큰 공간이 있으므로 상대 FW를 절대로 놓치지 말고 역습에 대비한다. GK와의 연계도 중요하다. 어중간한 지점으로 롱 볼이 들어올 때는 GK와 서로 양보하지 말고 소리를 내면서 대응한다.

사이드백

공격 시에는 같은 측면의 전방에 있는 인사이드미드필더, 윙을 지원할 수 있도록 항상 높은 위치에서 플레이하는 것이 좋다. 틈이 생기면 그들을 추월해 정확한 크로스로 골로 연결시키는 것도 가능하다. 반대 측면의 SB가 공격 가담하고 있을 때는 역습에 대비한다. 상대 FW의 위치를 예의 주시한다.

030 | 4-3-3과 다른 포메이션과의 상성

4-3-3은 측면에 인원을 투입하는 포메이션을 쓰는 팀과의 대결에서 유리한 포메이션이다. 반대로 중앙에 인원을 투입하는 4-3-2-1과 같은 포메이션과는 상성이 좋지 않다.

주도권을 장악하면 자력으로 공간을 만들어낼 수 있다

경기의 주도권을 장악한다면 상대 수비가 아무리 견고하더라도 스리톱이나 인사이드미드필더가 상대의 지역 방어의 경계를 노리고 플레이함으로써 자력으로 공간을 만들어낼 수 있다. 그런 의미에서 보면 상대가 무슨 포메이션을 쓰느냐는 별 문제가 되지 않는다. 중요한 것은 빌드업할 때 실수를 범하지 않는 것이다. 그러므로 각 선수들은 의도한 플레이를 펼칠 수 있도록 개인기 향상에 늘 노력해야 한다.

상대의 중앙이 견고하면 고전할 가능성이 있다

3-4-3 팀과의 대결은 측면에 공격할 공간이 있기 때문에 보다 쉽게 공격이 이루어지는 경향이 있다. 상대 SM이 최종 수비라인까지 내려가 파이브백으로 수비한다고 해도 큰 문제가 되지 않는다. 왜냐하면 최종 수비라인 인원이 늘어나면 그만큼 미드필드 인원은 줄어들기 때문이다.
미드필드 인원이 줄어들면 미드필드 측면에 공간이 생기므로 이 공간을 활용해 공격한다. 무엇보다 상대가 파이브백으로 수비해도 상대 수비진의 틈을 노리는 전략으로 일관성 있게 공격하면 반드시 공간을 만들어낼 수 있다.
반대로 4-3-2-1처럼 미드필드 중앙에 선수가 집중되어 있으면 고전할 가능성이 있다. 미드필드에서 수적으로 불리해지므로 심한 압박을 받게 되기 때문이다. 이럴 경우에는 SB가 위치를 높게 선정해 미드필드를 지원하는 것이 좋다. 또한 SB가 올라가면 상대 미드필더를 측면으로 유인할 수 있다.

상성이 좋은 포메이션 : 3-4-3

상대 SM이 최종 수비라인으로 내려가 파이브백이 되더라도 지역 방어의 경계를 노리는 전략은 유효하다. 미드필드 측면에 공간이 생기면 SB는 위치를 높게 유지하여 상대 윙을 미드필드까지 내려오게 한다. 이 시점에서 상대는 5-4-1이 되며, 상대 윙과 SM이 동시에 바깥에서 중앙으로 뛰어들면 측면에 공간이 생긴다. 이 공간으로 SB가 침투한다. 많은 선수를 투입해서 문전을 두껍게 지키는 상대 진영을 무너뜨리려면 각 선수가 끊임없이 움직이면서 크로스나 중거리 슛으로 최종 패스를 노려야 한다.

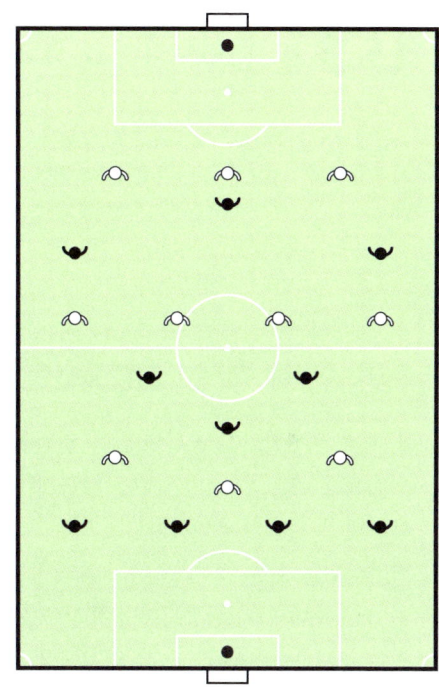

POINT ⚽
공격하고 있는 측면과 그 반대 측면에서의 리스크 관리가 중요하다. 두 경우 모두 측면에서의 우위를 점하는 것이 포인트다.

상성이 나쁜 포메이션 : 4-3-2-1

미드필드 중앙에 선수가 밀집되어 수적으로 불리해진다. 인사이드미드필더 2명의 움직임을 상대 팀의 볼란테 중 양 측면의 2명이 봉쇄할 가능성이 있다. 이런 상황에서 볼란테는 가급적 공격에 가담하지 않는 것이 좋다. 이때 SB의 포지셔닝이 중요해진다. 윙, 인사이드미드필더를 지원하기 위해 SB가 높은 위치를 유지하면 상대 미드필드 모양에 변화가 생긴다. 상대를 측면으로 유인함으로써 중앙에 공간이 만들어진다.

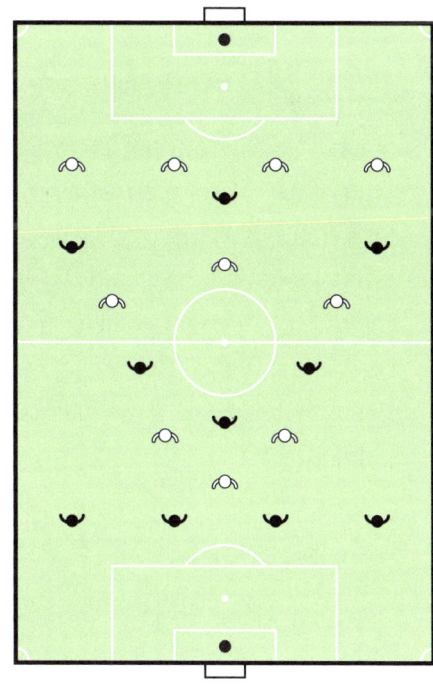

POINT ⚽
상대는 역습을 노리고 뺏은 볼을 바로 원톱에게 넘길 것이다. 볼란테와 CB는 이러한 종패스를 차단해야 한다.

031 | 3-4-3 포메이션

측면에 인원을 투입해 측면 공격 시 우위를 점하는 것이 3-4-3의 가장 큰 특징이다. 이 포메이션에서 키맨은 두 SM으로, 보다 높은 공격 능력이 요구된다.

측면 공방에 강하고 전방에서의 압박이 용이하다

3-4-3 포메이션은 공격에 많은 인원을 투입하기가 용이하고, 측면에서 수적 우위를 쉽게 점할 수 있어 전방 압박을 가하기가 용이하다. 또한 측면 공방에 강하고 높은 위치에서의 볼 탈취가 용이하다.

만약 SM을 최종 수비라인까지 내리면 수비 중심인 5-4-1이 된다. 이 포메이션은 본래 3-4-3이 가지는 공격적인 특징을 살리지는 못하지만, 대신 수비는 견고해진다. 공격을 중시한다면 SM은 높은 위치에서 플레이하고 윙 또한 너무 내려가지 않도록 한다. 볼란테 2명은 공수 균형을 유지하고 둘 중 1명이 공격 가담하도록 한다.

4-2-3-1에서 변경할 때는 SB도 의식을 전환해야 한다

2013년도 일본 국가대표팀에 대입해본다면 윙 포지션은 혼다 게이스케, 카가와 신지, 오카자키 신지, 키요타케 히로시에 해당된다. 윙이라기보다는 투 섀도와 유사한 형태로 중앙으로 모이면서 측면에 공간을 만들어 SM의 공격 가담을 유도하는 형식이다. SM의 우치다 아츠토, 나가토모 유토와 사카이 히로키는 높은 위치에서 플레이했다.

가령 경기 도중에 포메이션이 4-2-3-1에서 3-4-3으로 변경되어 SB가 SM의 포지션으로 올라갔다고 하자. 이때 SB였던 선수는 포지션 변경에 따라 플레이 의식도 변화해야 한다. 왜냐하면 3-4-3 포메이션에서의 SM은 높은 위치에서 공격적인 플레이를 해야 하기 때문이다.

SM이 높은 위치에서 적극적으로 공격 가담

이 포메이션에서 SM은 매우 어려운 포지션이다. SM이 공격력이 없고 높은 위치에서의 플레이가 불가능하면 전방에서 윙이 고립되어 버린다. 원래는 공격에 인원을 투입할 수

3-4-3의 특징

SM이 높은 위치에서 플레이하므로 측면에서의 수적 우위를 점하기 쉽다. 윙이 중앙으로 가서 볼을 배급하는 스타일이라면 SM이 넓게 벌어져 종방향 돌파를 시도한다. 윙이 스스로 돌파를 시도하는 스타일이라면 SM은 볼을 맡기고 문전으로 파고들어 가도 된다. 또한 상황에 따라서는 5-4-1이 될 수도 있는데 대응만 잘 하면 수비가 강해지는 특징도 있다.

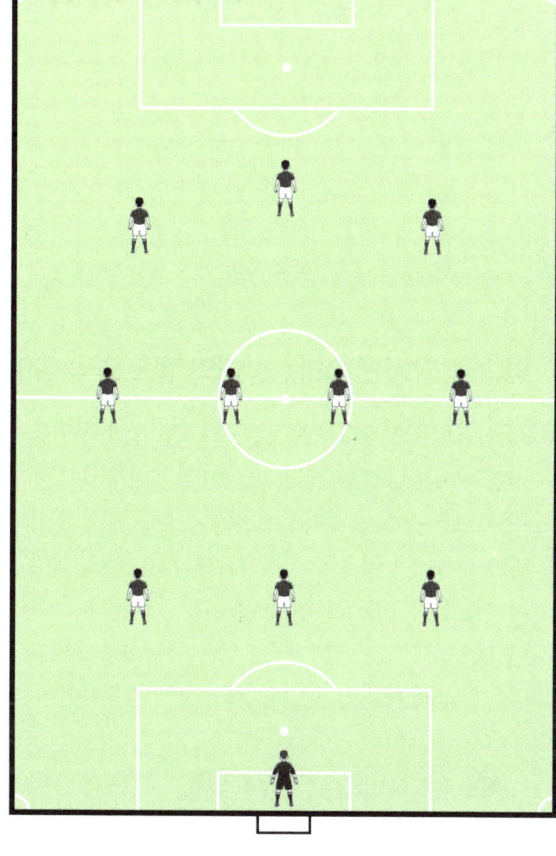

POINT ⚽

SM이 공격 가담할 때 볼란테 1명은 머물러 있어야 한다. 스리백과 함께 이 4명은 후방에 남아 있는 것이 좋다.

있는데 반대 현상이 벌어지는 것이다. 그러므로 SM이 높은 위치에서 플레이를 얼마나 잘할 수 있느냐가 관건이 된다.

윙이 측면을 지키고 있을 경우 SM은 안쪽을 뛰면서 볼을 받는다. 윙이 중앙으로 커버하러 들어갔을 때에는 SM이 바깥쪽으로 뛰어올라 가면서 볼을 받는다. 그리고 정확하게 크로스해서 골로 연결하거나 드리블로 돌파해서 자신이 마무리 슈팅한다. SM은 이러한 공격 능력이 요구되는 포지션이다.

압박이 무효하면 위험, 역습에 취약하다

전방과 미드필드가 두껍기 때문에 높은 위치에서 압박을 가하기가 쉽다. 원톱, 윙, 볼란테와 연계해 상대를 측면으로 몰고 패스 코스를 한정해 볼을 뺏는다. 주의할 것은 압박이 걸리지 않으면 후방에 커다란 공간이 있기 때문에 매우 위험할 수 있다는 것이다. 어쨌든 최종 수비라인이 스리백이므로 역습에 취약한 면이 있다. 이를 커버하려면 3-4-3에서의 CB는 반드시 1대 1 경합에 강하고 역습을 절대 허용하지 않는 지능적인 움직임과 판단력을 갖춘 선수를 기용해야 한다.

역습을 당하면 CB는 상대의 템포를 늦춰야 한다

적은 인원으로 상대를 대응할 때 CB는 쉽게 뛰어들지 말아야 한다. 왜냐하면 자신이 뚫리면 뒤에는 GK밖에 없기 때문이다. 마지막 보루가 쉽게 무너져서는 안 된다.

이럴 경우 상대 플레이의 템포를 늦추는 것이 정답이다. 상대가 드리블로 치고 들어오면 동료들이 돌아올 수 있는 시간을 벌기 위해 일정 거리를 유지하며 라인을 내린다. 그 사이에 돌아온 동료들과 협력해 볼을 뺏는다. CB는 이러한 지능적인 움직임과 판단력이 필요하다. 또는 CB 1명이 신속하게 대응에 나서고 측면 선수가 중앙으로 가면서 중앙을 두껍게 하는 방법도 있는데, 자주 사용하려면 치밀한 연계가 필요하다.

CB의 판단 착오로 인한 실점

2013년 3월 26일 브라질 월드컵 아시아 최종 예선의 요르단전에서 일본 국가대표팀은 왼쪽 측면을 돌파당해 결승점을 내주었다. CB인 요시다 마야가 측면으로 유인되는 장면이었는데, 중앙에 인원이 적은 상황이었음에도 불구하고 요시다가 터치라인 부근으로 볼을 뺏으러 갔다가 상대 선수가 요시다를 제치고 그대로 드리블로 골인을 해 실점을 당한 것이다. 이때 요시다 마야는 일정 거리를 유지하며 상대가 골대 방향으로 드리블을 하지 못하도록 막으면서 동료가 돌아올 수 있도록 시간을 버는 대응을 했어야 했다.

아약스 스타일의 3-4-3 특징

미드필드가 플랫이 아닌 다이아몬드 형태가 되면 보다 공격형이 된다. 이 포메이션에서 공격형 미드필더를 맡는 선수는 볼 키핑 능력, 전개력, 패스 감각, 드리블 등 다방면에서 뛰어난 능력을 지니고 있어야 한다. 볼을 지배하고 주도권을 장악하면서 싸우는 것을 전제로 한다.

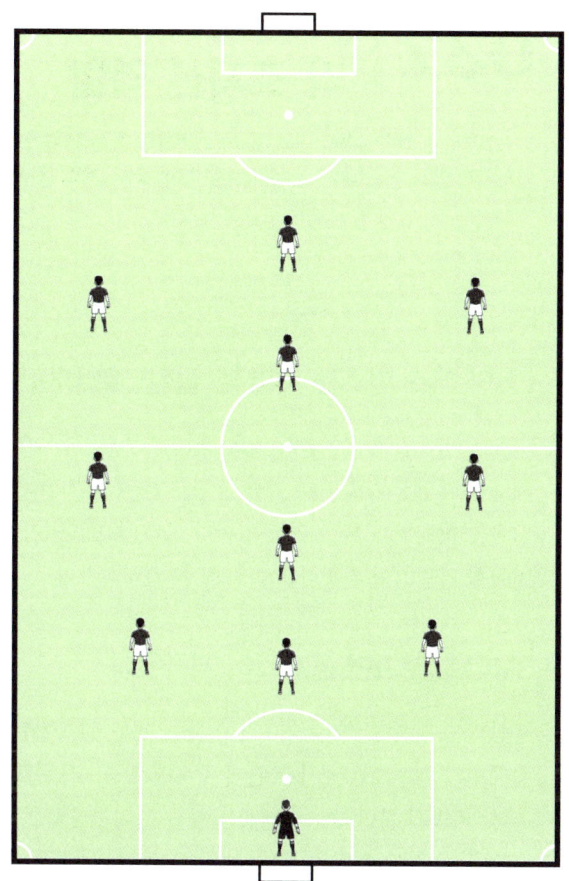

수비에 약점이 있지만 잘 기능하면 매우 공격적이다

미드필드가 다이아몬드형이 되는 포메이션은 AFC 아약스 암스테르담, FC 바르셀로나, 그리고 루이 반 할과 같은 지도자가 애용하던 포메이션으로, 3-3-3-1이라고도 부른다.

바르셀로나 재임 시절 루이 반 할 감독은 히바우두, 후안 로만 리켈메와 같은 공격 구성력이 뛰어난 선수를 공격형 미드필더로 기용했다. 이 포메이션은 미드필드 인원이 두꺼워서 볼을 점유하는 데 적합하다. 동시에 측면에서 수적 우위를 점하기가 쉽다. 이 포메이션이 제대로 기능하려면 CB 또한 뛰어난 능력을 가진 선수여야 한다.

032 | 3-4-3의 각 포지션 역할

3-4-3에서는 최종 수비라인의 3명이 커버해야 하는 범위가 넓기 때문에 빠른 역습을 당했을 때 무너지기가 쉽다. 볼란테 2명은 수비력뿐만 아니라 전개력 등 공격력이 높은 선수를 배치해야 한다.

CB의 패스 미스는 치명적, 실점으로 이어질 위험이 높다

최종 수비라인에서 볼을 연결할 때는 좌우 CB가 벌어져 있다. 이 상태에서 상대에게 종패스를 차단당하고 빠른 역습을 당하면 매우 위험해진다. 따라서 CB는 안이하게 패스 실수를 하지 않도록 조심해야 한다. 이처럼 CB가 자기 진영에서 볼을 놓치면 실점으로 이어질 가능성이 커진다는 사실을 꼭 기억하자.

SM이 내려가면 공격력이 저하된다

볼란테는 항상 공격 대상이다. 상대는 높은 위치에서 볼을 뺏기를 원하므로 CB에서 볼란테로의 패스, SM에서 볼란테로의 패스 등 미드필드에서 패스를 돌릴 때 압박을 가해온다. 따라서 볼란테는 수비력은 물론 이러한 압박을 뚫고 나가는 전개력, 턴 능력이 요구된다. 동시에 원터치, 투터치로 정확하게 패스를 연결하고 다시 되받는 발재간과 판단력 또한 필요하다.

SM은 최종 수비라인에 흡수되지 않도록 높은 위치에서 플레이해야 한다. 파이브백이 되어 공격 인원이 부족해지면 미드필드 측면의 공간을 메우기 위해 윙이 내려가게 되는데, 이렇게 되면 이 포메이션의 특징인 공격력이 저하될 수 있다. 또한 좁은 구석에서 벌어지는 경합에서 이기기 위해 그룹으로 규율을 만들어 놓는 것이 좋다.

3-4-3의 각 포지션 역할

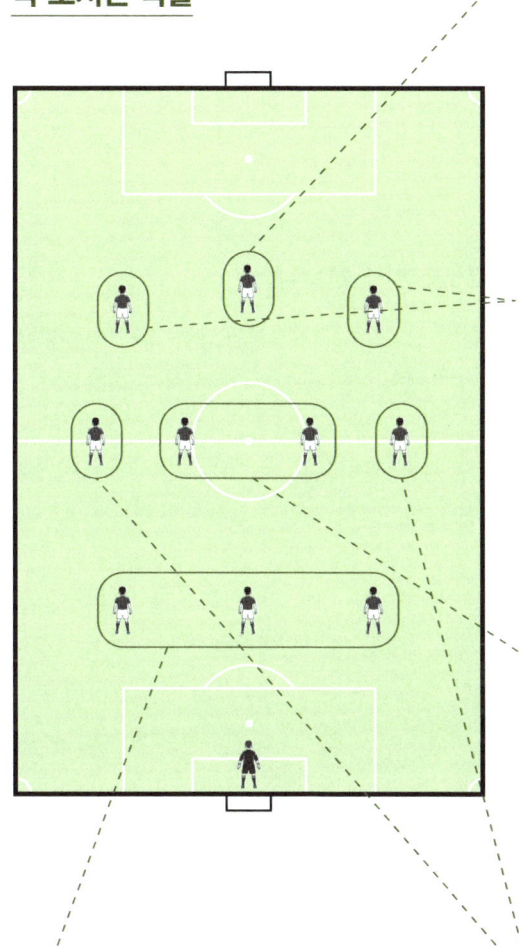

원톱
일단 미드필드로 내려가 볼을 받고 나면 전방으로 올라가는 스타일의 FW도 있겠으나 가능하면 팀 전체가 높은 위치를 유지하고 있을 때에는 내려가지 말고 항상 최종 수비라인의 뒤를 노리는 것이 좋다. 수비할 때는 높은 위치에서 볼을 뺏도록 노력한다. 상대 CB가 볼을 가지고 있을 때는 측면으로 몰고 간다.

윙
패서형 선수를 기용할 때는 중앙 쪽으로 들어가서 SM이 공격 가담할 공간을 측면에 만들어 놓는 것이 좋다. 한편 종방향으로의 돌파가 주특기인 유형의 선수를 기용할 때는 측면을 지키면서 볼을 받게 하는 것이 플레이 폭을 넓힐 수 있다. 이 포지션도 SM과 마찬가지로 항상 높은 위치에서 플레이해야 한다.

볼란테
서로의 거리를 의식하면서 너무 떨어지지 않도록 한다. 1명이 공격 가담하면 다른 1명은 공간을 메운다. 이는 비단 볼란테뿐만 아니라 팀 전체에도 해당되는 이야기다. 동료 선수가 움직여서 공간이 생기면 곧바로 다른 동료가 그 공간으로 들어간다. 공수 양면에서 선수들은 공간을 항상 의식하고 있어야 한다.

스리백
속도와 힘이 있는 CB 3명을 배치하는 것이 좋다. 가운데 선수는 좌우 선수의 위치를 항상 파악하고 거리가 너무 떨어진 것 같으면 소리를 내어 바로 수정에 들어간다. 양 측면 선수는 상황에 따라 공격 가담해도 되지만 위험성이 있을 때는 피하는 것이 좋다. 수적으로 불리할 때는 무리하게 뛰어들지 말고 상대의 공격 템포를 늦추면서 동료가 돌아올 때까지 기다린다.

사이드미드필더
가장 핵심이 되는 포지션으로 하프라인을 넘어가면 FW의 느낌으로 플레이하도록 한다. 높은 위치에서 패스를 받으면 윙과 연계해서 종방향으로 돌파한다. 또는 드리블로 커트 인하고 노릴 수 있겠다고 판단이 서면 적극적으로 슈팅한다. 페널티 에어리어 안으로 침투하는 대담성도 가지도록 한다.

033 | 3-4-3과 다른 포메이션과의 상성

상대 팀이 4-3-2-1을 사용하는 경우 수비에서 어려움이 발생하는 포메이션이 바로 3-4-3이다. 반대로 전방에 3명의 공격수를 배치하므로 상대가 스리백일 때 효과를 발휘하는 것이 특징이다.

상대 원톱이 자유롭게 움직이면 대응하기 힘들다

어느 포메이션이든 DF가 마크하기 애매한 장소에서 상대가 볼을 받는 상황이 가장 위협적이다. 예를 들어 3-4-3에 대해 4-3-2-1이면 미드필드에서 서로의 포지션이 겹치지 않는다. 따라서 상대 볼란테 3명을 더블 볼란테와 SM 2명에서 어떻게 대처하느냐가 문제가 된다. 또한 전방 밑에 있는 투 섀도가 미드필드로 내려오면 상황이 복잡해진다. CB가 따라붙을 것인지 아니면 볼란테가 마크할 것인지 정확하게 판단을 내려야 한다.
스리백으로 원톱을 대응하는 것도 의외로 쉽지 않다. 3대 1로 수적으로는 우위지만 원톱의 움직임이 자유로우면 대인 방어든 지역 방어든 대응이 어려워진다. 끝까지 마크할 것인지 아니면 어느 순간에 마크를 인계할 것인지 사전에 어느 정도 약속을 정해 놓는 것이 좋다.

상대가 스리백일 때 측면은 높은 위치로

상대가 3-4-1-2와 같은 스리백일 경우 윙이나 SM이 높은 위치에서 플레이하면 전방의 좌우 공간을 효율적으로 활용할 수 있다. 상대가 파이브백이면 윙이나 SM이 측면을 지키고 볼을 받으면서 상대를 유인한다. 이때 생기는 공간으로 다른 선수가 침투한다. 공간을 만드는 방법을 연습해 놓으면 상대 수비가 견고할지라도 무너뜨리는 것이 가능하다.

상성이 좋은 포메이션 : 3-4-1-2

SM의 위치를 높게 잡으면 상대 SM을 최종 수비라인으로 몰아넣을 수 있다. 전방은 상대 DF와 인원이 같기 때문에 주변 동료 선수가 지원하면 쉽게 수적 우위 상황을 만들 수 있다. 공격 면에서 대결하기가 매우 용이한 포메이션이다. 상대가 최종 수비라인에서 3대 3인 상황인 채로 대결하는 일은 없으며, 상대 SM이 내려올 가능성이 크다. 그러면 미드필드에 프리한 선수가 생기면서 주도권을 장악하기 쉬워진다. 우려되는 것은 미드필드 중앙에서 수적으로 불리하게 되는 것인데, 볼을 지배한다면 큰 문제는 되지 않는다.

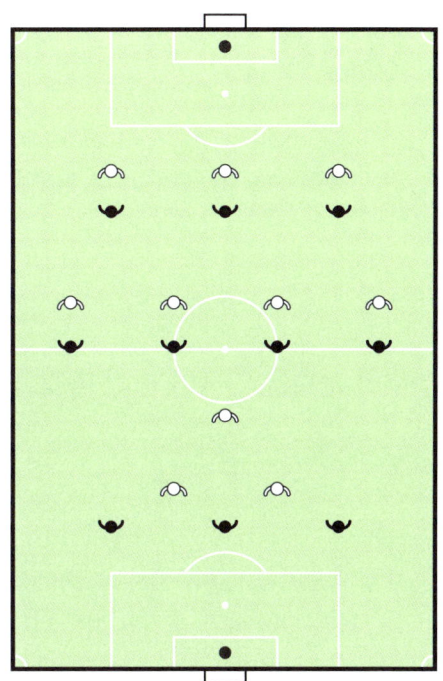

> **POINT**
> 상대의 공격형 미드필더를 볼란테가 맡고 상대 투톱은 좌우 CB가 마크한다. 최종 수비라인에 반드시 1명은 남아야 한다.

상성이 나쁜 포메이션 : 4-3-2-1

스리백일 때 상대가 투톱이면 마크하기 쉽다. 원톱이면 대인 방어일 경우 마크 전담 선수가 상대에게 유인되면 공간이 생길 수 있으며, 지역 방어일 경우 마크의 인수인계에 세심한 주의가 필요하다. 또한 볼란테 2명이 좌우로 벌어진 투 섀도에게 주의를 뺏기면 중앙에 공간이 생겨버린다. 이처럼 4-3-2-1과의 대결은 미드필드에서의 대응이 까다롭다. 어느 경우든 최종 수비라인의 꼼꼼한 라인 컨트롤은 필수적이다.

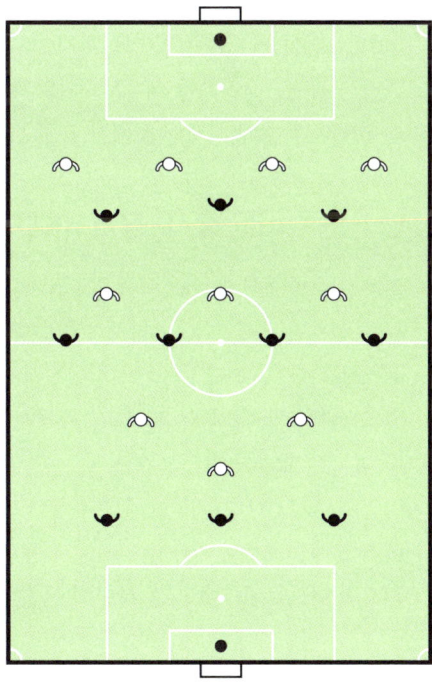

> **POINT**
> 공격 시에는 윙과 SM이 측면을 지키면서 상대 최종 수비라인과 미드필드를 좌우로 벌어지게 해야 한다. 자력으로 공간을 만드는 움직임도 중요하다.

034 | 4-1-4-1 포메이션

미드필드에 5명이 배치되는 4-1-4-1은 수비에서 큰 힘을 발휘하는 포메이션이다. 그런 만큼 공격은 원톱의 능력에 의존하는 부분이 크기 때문에 볼 키핑 능력이 있고 공격 기점이 될 수 있는 선수를 배치하는 것이 좋다.

수비 블록을 만들어 상대 공격을 받아친다

4-3-3을 수비 중심으로 만든 형태다. 전방에서 볼을 뺏기는 어렵지만 앵커를 포함한 5명을 미드필드에 배치함으로써 수비 블록을 쉽게 만들 수 있다. 수비는 지역 방어를 기본으로 한다. 전후좌우 균형이 좋고 각 선수의 담당 구역을 정하기가 수월하다. 2선의 양 측면이 높은 위치에서 플레이하면 4-3-3이 된다. 따라서 공격할 때는 4-3-3, 수비할 때는 4-1-4-1을 쓰는 팀도 있다.

전방 압박을 하기보다는 견고한 수비 블록으로 상대 공격을 막아내는 이미지다. 하지만 이는 바꿔 말하면 상대에게 밀릴 가능성도 있다는 이야기가 된다. 상황에 따라서는 2선의 4명이 앵커와 동일 라인까지 내려간 4-5-1, 또는 앵커가 최종 수비라인까지 내려간 5-4-1, 극단적인 예로는 원톱까지 자기 진영으로 내려가 수비하는 4-1-5 또는 4-6-0과 같은 변칙적인 형태가 될 수도 있다.

앵커는 수비를 중시, 공격 시에도 지키고 있어야 한다

견고한 수비에서 빠르게 역습을 노리는 것이 효과적이다. 미드필드, 최종 수비라인에서 볼을 뺏으면 우선 원톱의 위치를 확인한다. 패스를 줄 수 있는 상황이면 최대한 빨리 종 패스를 한다. 그리고 2선의 4명이 신속하게 반응해 지원한다. 이렇게 수비를 탄탄히 하고 역습에 성공하기 위해서는 전방에서 타깃맨(Target man, 타깃형 스트라이커)이 될 수 있는 존재감이 확실한 원톱이 반드시 필요하다. 물론 전방에 종 패스가 들어와 원톱이 볼을 받고 그대로 돌파해서 마무리 슈팅하는 것이 가장 이상적이다. 그러나 원톱은 여러 상대들로부터 마크를 당하기 때문에 개인 능력이 웬만큼 뛰어난 선수가 아닌 이상 혼자의 힘으로 돌파하기는 상당히 어렵다고 할 수 있다.

4-1-4-1의 특징

공격과 수비가 모두 안정적이라는 특징이 있다. 전방 5명에 같은 측면의 SB가 올라가면 6명이 공격할 수 있고, 2선의 4명이 앵커와 일렬이 되는 위치까지 내려오면 9명이 수비하게 된다. 중요한 임무를 맡는 포지션은 앵커로, 항상 공수 균형을 고려하면서 플레이해야 한다. 공격 가담은 크게 신경 쓰지 말고 상황에 따라 내려가서 수비한다.

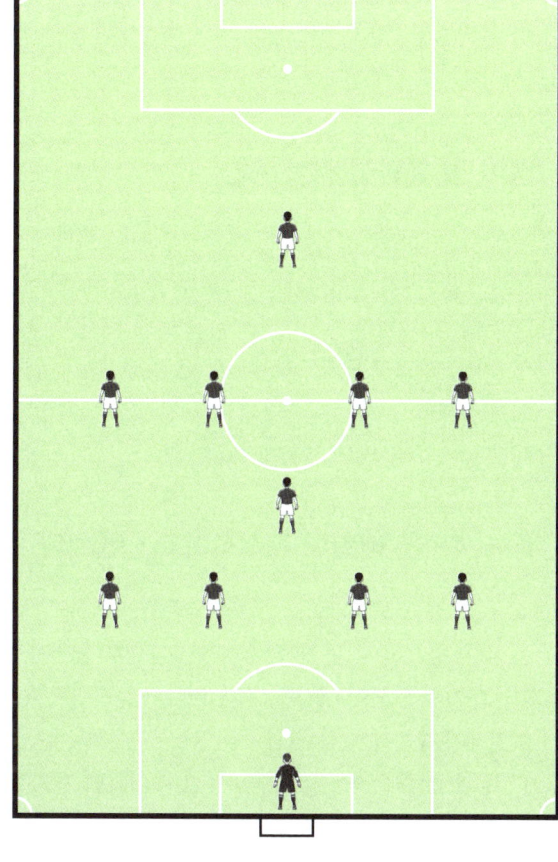

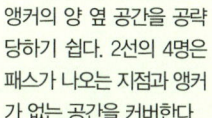

POINT

앵커의 양 옆 공간을 공략당하기 쉽다. 2선의 4명은 패스가 나오는 지점과 앵커가 없는 공간을 커버한다.

공격을 봉쇄하는 역할의 앵커

원톱으로서 움직임이 좋은 선수는 동료가 주는 패스를 터치라인 부근에서 기다리다가 골대에 대해 몸을 반만 틀면서 패스를 받는데, 상대 DF가 몸으로 막아와도 절묘한 볼 터치와 재빠른 턴으로 상대를 제치면서 골문을 향한다. 볼 키핑 능력도 좋으며 전방에서 시간을 벌면서 동료의 공격 가담을 기다린다. 원톱을 맡는 선수들은 이러한 움직임에 능해야 한다.

4-1-4-1에서는 앵커 또한 중요한 역할을 담당한다. 상대 팀의 FW와 공격형 미드필더 같은 공격 키맨에게 침투 패스가 들어오는 것을 막는다. 앵커의 원래 뜻인 '닻'과 같이

미드필드 앵커, 수비 앵커로서 상대 공격을 봉쇄하는 임무를 맡는다. 따라서 공격 시에도 타이밍을 고려해 무리하게 공격 가담하지 않도록 한다. 항상 수비를 생각하며 정확하게 포지션을 잡아야 한다.

앵커 양 측면이 위험 공간

수비 시 조심해야 할 것은 각 라인의 거리가 멀어지지 않도록 하는 것이지만, 사실 최종 수비라인과 2선의 거리감을 유지하는 것이 쉬운 일은 아니다. 앵커를 사이에 두고 거리가 너무 멀어지면 최종 수비라인 전방에 공간이 생겨버린다. 그렇다고 너무 가까우면 이번에는 상대 미드필드에 공간이 생겨 전방에서 원톱이 고립된다. 상대 시각으로 보면 쉽게 이해할 수 있는데 4-1-4-1은 앵커의 양 측면에 공간이 있다. 여기로 들어오는 상대를 얼마나 잘 막느냐가 관건이 된다.

4-1-4-1은 배열이 규칙적이고 심플하다

지역 방어이므로 각 선수의 담당 구역이 정해져 있으나 조직이 흐트러지면 서로 지원하는 것이 중요하다. 앵커가 중앙의 공간으로 들어가면 2선에서 CM이 커버링에 들어간다. CB가 유인되어 나가면 SB나 앵커가 뒷전 공간을 메운다.

경기에서 승리하기 위해서는 수비에서 볼을 뺏는 것도 중요하지만 실점을 막는 것이 훨씬 더 중요하다. 위험해보이는 공간이 있으면 포지션을 막론하고 바로 커버해야 한다. 그런 의미에서 4-1-4-1은 각 선수의 배열이 규칙적이고 전후좌우로 움직이기 좋다는 특징 때문에 복잡하지 않고 서로 커버하기 편하다는 이점이 있다.

4-1-4-1에서 공략당하기 쉬운 포인트

4개 라인을 유지할 경우 앵커 양 측면에 공간이 생긴다. 당연히 상대는 이 공간을 노릴 것이다. 가장 효과적인 대응 방법은 2선의 4명이 볼을 가지고 있는 선수를 막고 종 패스를 하지 못하도록 방어하는 것이다.

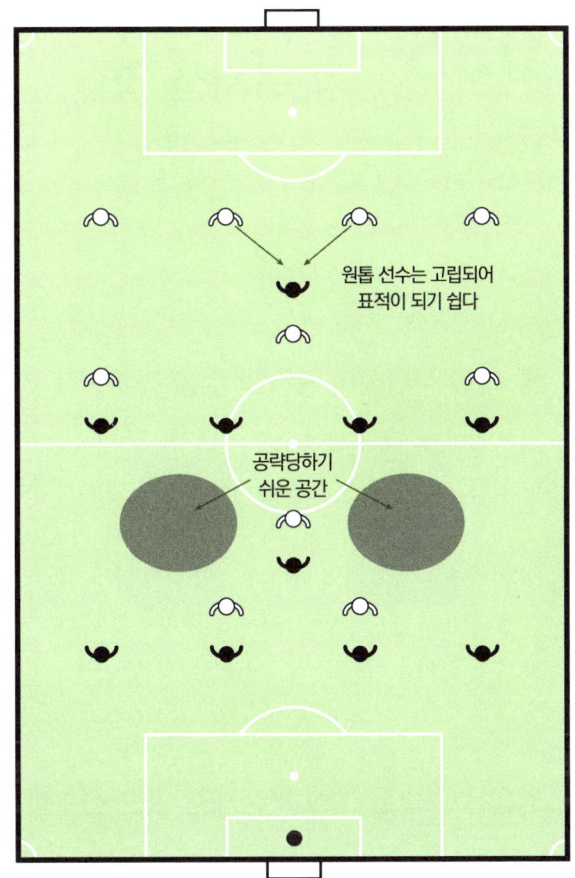

콤팩트한 상태를 유지하며 전방에서 고립되지 않도록 해야 한다

2선의 포지션에 다양한 변화를 줌으로써 여러 형태로 변형시킬 수 있다. SM이 높은 위치에서 플레이하면 4-3-3이 되고, 더블 볼란테로 하면 4-2-3-1이 된다. 또한 앵커가 최종 수비라인으로 내려가면 스리백이나 파이브백이 되기도 한다.

많은 변형이 가능하다는 이점이 있는 반면 취약점도 있다. 각 라인의 거리가 멀어지면 앵커의 양 측면 공간을 공략당하기 쉽다는 점이다. 또한 전방에서 원톱이 고립되기 쉽다. 항상 4개의 라인이 멀어지지 않도록 콤팩트한 상태를 유지하며 플레이하는 것이 중요하다.

035 | 4-1-4-1의 각 포지션 역할

견고한 수비 형태에서 속공으로의 빠른 전환을 노리는 4-1-4-1은 최종 수비라인 선수의 정확한 롱 킥 능력이 필요하다. 또한 원톱은 침투 패스를 받는 기회가 많으므로 볼 키핑 능력이 있는 선수를 기용해야 한다.

롱 킥의 정확성이 공격의 질을 좌우한다

최종 수비라인 선수에게 빌드업 능력과 롱 킥의 정확성이 요구되는 것은 어느 포메이션이나 마찬가지다. 단, 4-1-4-1은 견고한 수비 형태에서 빠른 역습을 노리는 것이 효과적이므로 볼을 뺏은 뒤의 빠른 전환이 포인트가 된다. 얼마나 신속하고 정확하게 종 패스를 넣을 수 있느냐에 따라 공격의 질이 달라진다.

그런 의미로 볼 때 CB와 SB는 높은 수비 능력과 더불어 전방으로 정확하게 롱 패스할 수 있는 능력을 가지고 있어야 한다. 앵커도 마찬가지로 뺏은 순간 전방으로 종 패스할 수 있도록 늘 대기하고 있어야 한다. 또한 원톱의 위치를 항상 염두에 두는 것이 좋다.

원톱은 강렬한 개성과 존재감 있는 선수를 기용한다

전방에서 타깃맨이 되는 원톱은 아무리 상대에게 에워싸이거나 심하게 마크를 당해도 절대 볼을 뺏겨서는 안 된다. 볼을 키핑하면서 동료의 지원을 기다려야 한다. 또는 재치 있는 볼 트래핑으로 상대를 제치고 그대로 골을 노린다. 원톱은 이처럼 강렬한 인상과 존재감을 드러낼 수 있는 공격수를 기용해야 한다.

4-1-4-1에서는 SM에게도 수비에서의 헌신적 공헌이 요구된다. 4-3-3의 윙은 공격이 뛰어난 선수를 기용해도 되지만 4-1-4-1의 SM은 SB와 같은 수준의 수비력을 지녀야 한다. 반대로 생각하면 공격력 있는 SB를 이 포지션에 기용하는 것도 가능하다.

4-1-4-1의 각 포지션 역할

원톱
전방에서 유일한 타깃맨으로, 심한 마크를 받게 된다. 이런 상황에서 볼을 확실하게 키핑할 수 있는 강인한 신체와 뚝심이 요구된다. 동시에 원터치로 상대를 제칠 수 있는 뛰어난 테크닉과 민첩성 또한 있어야 한다. 공격할 때는 상대 수비조직이 갖추어지기 전에 최대한 빨리 마무리 슈팅해야 한다.

사이드미드필더
공수 균형감이 있어야 한다. 기본은 중앙 미드필더와 라인을 맞추면서 우선 수비부터 시작한다. 마이볼이 되어 전방에 볼이 들어오면 재빨리 원톱을 지원한다. 격렬하게 전후 이동을 해야 하므로 많은 운동량과 체력이 요구된다. 높은 위치에서 볼을 가졌을 때는 윙 역할을 수행해야 한다.

센트럴미드필더
헌신적인 수비가 요구됨과 동시에 신속한 공수 전환이 필요하다. 특히 원톱에게 볼이 가면 재빨리 지원한다. 수비에서 역습으로 전환하는 것이 효과적이므로 볼 탈취 후 곧바로 적은 패스 수로 마무리 슈팅까지 연결한다. 따라서 CM의 체력은 필수적이다.

포백
CB는 문전에 공간을 쉽게 만들면 안 된다. 앵커 측면에 있는 공간에서 상대가 볼을 받았을지라도 성급히 뛰어들지 말아야 한다. 슈팅 코스를 막고 동료가 지원하러 오면 연계해서 볼을 뺏는다. SB 역시 첫째로 수비를 중시하고 CB와의 간격, 라인 컨트롤을 의식한다.

앵커
폭넓은 시야로 필드 전체의 움직임을 파악하고 항상 정확하고 적절하게 포지션을 잡아야 한다. 특히 수비에서의 뛰어난 감각이 중요하며, 상대가 어느 공간을 노리고 있는지 감지하는 능력이 있으면 더욱 좋다. 공중전을 포함한 1대 1 경합 능력도 필요하다. 상대 FW나 공격형 미드필더 같은 공격의 키맨을 봉쇄하는 임무도 수행한다.

036 | 4-1-4-1과 다른 포메이션과의 상성

만능형인 4-1-4-1은 특히 스리백에 강하다. 한편 미드필드를 박스형으로 하는 4-4-2 등 미드필드의 세로 폭이 있는 포메이션에 대해서는 취약성을 드러낸다.

다양한 변형과 유연한 대응이 가능하다

SM의 위치가 낮고 최종 수비라인 앞에 앵커가 있어서 수비 균형이 좋다. 또한 일렬로 배열하는 2선의 4명과 앵커가 포지션을 바꾸면 여러 형태로 변형이 가능해 어떤 상대를 만나더라도 다양한 대응이 가능하다.

그러나 4-4-2 미드필드 박스처럼 세로 폭이 있는 입체적 미드필드를 형성하는 포메이션과는 상성이 좋지 않다. 공격형 미드필더 2명에게 유인되어 앵커가 중앙에 공간을 내주게 되면 상황이 나빠진다. 단, 4-1-4-1은 각 선수 배열이 규칙적이고 전후좌우로 이동하기가 비교적 수월하다. 빈 공간을 다른 선수가 메울 수 있어 커버하기가 용이하다는 면도 있다.

스리백과의 상성이 좋고 원톱의 움직임이 자유롭다

3-4-3을 비롯한 모든 스리백과 상성이 좋은 편이다. 2선의 미드필더들이 뛰어 들어갈 수 있는 공간이 전방에 있고 원톱도 자유롭게 움직일 수 있다. 또한 SM이 높은 위치에서 플레이하면서 4-3-3 형태가 되면 상대 SM을 최종 수비라인까지 내려오게 할 수 있다. 상대 시각에서 보자면 파이브백이 되어 수비 인원은 늘어나지만 공격 면에서는 미드필드가 두껍지 않아 전방으로 볼을 보내기가 어렵다.

앵커는 너무 높은 위치에서 플레이하지 말고 수비에 중점을 둔다는 생각을 가지고 플레이한다. 필드 전체를 시야 안에 넣고 다양한 변화와 수정을 시도하는 것이 수비의 제1 방파제 역할로서 앵커에게 주어진 중요한 임무다.

상성이 좋은 포메이션 : 3-4-3

상대 스리톱을 앵커가 낮은 위치에서 대응하면 5대 3으로 수적 우위가 된다. 앵커가 높은 위치로 올라가면 이번에는 상대 4명의 미드필더에 대해 5대 4 상황을 만들 수 있다. 이때 최종 수비라인도 4대 3으로 수적 우위 상황이 된다. 공격에 있어서는 스리백과 상성이 좋다. 만약 투톱이면 상대의 좌우 CB가 마크하고 남은 1명이 쉽게 커버할 것이다. 그러나 원톱이면 유동적으로 움직이므로 상대 스리백이 마크하기가 어렵다. 게다가 좌우에 공간이 있어서 2선의 미드필더들도 과감하게 공격 가담할 수 있다.

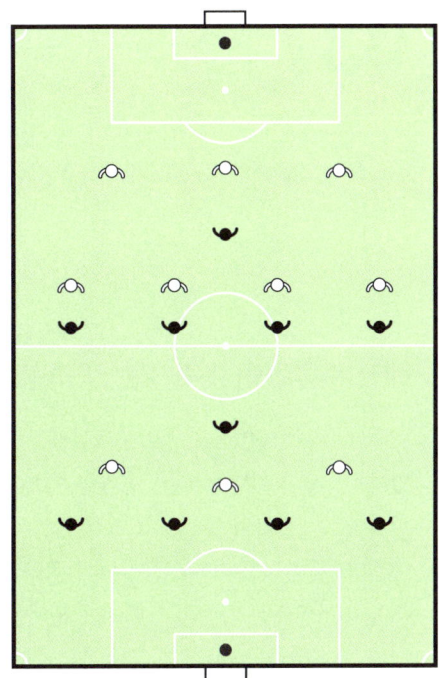

> **POINT**
> 최종 수비라인과 앵커는 상대 스리톱의 움직임에 현혹되지 말 것. 누군가 유인되어 나가면 바로 주변 선수가 커버한다.

상성이 나쁜 포메이션 : 4-4-2 미드필드 박스

상대 팀의 입체적인 미드필드를 어떻게 봉쇄하느냐가 과제다. SM이 중앙을 수비하므로 미드필드 측면에 공간이 생긴다. 여기에 SB가 공격 가담하면 문제가 복잡해진다. 게다가 상대 볼란테를 막기 위해 원톱이 내려와야 한다. 본래가 수비 중심인 포메이션인데 미드필드가 박스형인 4-4-2와는 상성이 나빠서 밀릴 가능성이 있다. 제대로 기능하지 않으면 상황에 따라 4-3-3이나 4-2-3-1 또는 파이브백으로 변경하는 것이 좋다.

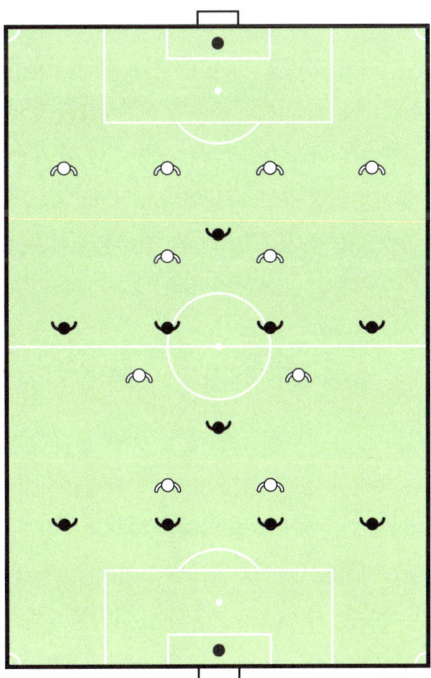

> **POINT**
> 상대 공격의 키맨인 공격형 미드필더 2명을 어떻게 막느냐가 포인트다. 앵커 혼자서 대응하기는 쉽지 않다.

037 | 3-5-2 포메이션

2명의 볼란테를 배치하는 기존의 3-5-2는 줄어드는 추세지만 반대로 1명의 볼란테, 2명의 SM, 그리고 투 섀도를 배치하는 형태의 3-5-2가 늘어나고 있다. 여기서 가장 중요한 핵심은 볼란테의 존재다.

예전 주류였던 3-5-2는 공격형 미드필더를 배치

예전에 주류였던 3-5-2의 미드필드는 볼란테가 2명, 두 SM, 공격형 미드필더의 형태였다. 그러나 이렇게 되면 공격형 미드필더가 심하게 마크를 받아 공격을 시도하기가 어렵다. 높은 위치에서 공격 기점을 만들지 못하면 아무래도 경기에서의 열세는 불가피해진다. 필연적으로 SM이 최종 수비라인으로 흡수되어 파이브백이 되며, 공격 시도는 더욱 어려워지는 악순환에 빠지게 된다.

유벤투스로 대표되는 주류의 3-5-2

이러한 경위를 거쳐 탄생한 것이 유벤투스의 3-5-2이다. 미드필드에 변화를 준 볼란테 1명, SM 2명, 공격형 MF 2명의 형태다. 공격형 MF에 2명을 배치함으로써 상대 마크를 분산시키고 높은 위치에 공격 기점을 쉽게 만들 수 있게 되었다. 반면 볼란테의 부담이 커진 것도 사실이다. 스리백 앞에 있는 넓은 지역을 커버해야 하기 때문이다. 동시에 공격에서도 볼란테의 임무는 막중하다. 이 포메이션은 능력이 뛰어난 볼란테가 있어야 가능한 포메이션이다.

우수한 볼란테가 있으면 효과가 크다

2013년 유벤투스를 예로 들면 볼란테 위치를 안드레아 피를로가 맡았다. 그는 뛰어난 볼 키핑 능력, 폭넓은 시야, 전개력뿐만 아니라 운동량까지 두루 갖춘 선수다. 이탈리아어로 '연출가'를 의미하는 '레지스타(Regista)'라는 별명을 가진 피를로 같은 선수가 이 포지션을 맡아서 미드필드 깊은 위치에서 빌드업을 해 나간다. 말 그대로 팀 전체의 플레이를 연출하고 조율하는 역할을 담당한다. 그러면 정확하게 패스를 연결하며 득점을 노리는 점유율 축구도 가능하고 전방에 인원이 많아 높은 위치에서 적극적으로 압박을

3-5-2(3-1-4-2)의 특징

볼란테 1명, 공격형 미드필더 2명이라는 면에서 새로운 형태의 3-5-2로, 3-1-4-2로도 표현된다. 미드필드의 낮은 위치에서 플레이하는 볼란테가 공격을 빌드업하는 역할을 맡게 되며, 이것을 실행할 수 있는 기량을 갖춘 선수가 있어야 가능한 포메이션이다. SM은 위험을 감수하면서 공격 가담지 말고 볼란테를 돕는다는 생각으로 수비 중심의 플레이를 해야 한다.

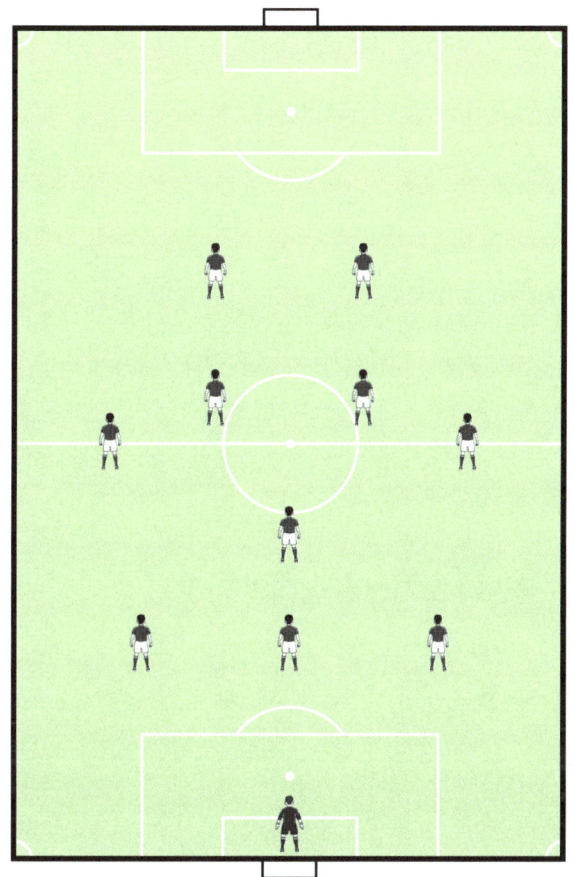

POINT

공격형 미드필더 혹은 투 섀도는 투톱 근처에서 플레이한다. 볼란테에 대한 마크가 심할 때는 내려가서 자기가 기점을 만든다.

가하는 압박 축구도 가능하다.

경기 주도권의 장악을 노리는 팀이나 능동적인 대결을 원하는 팀에게 추천할 수 있는 포메이션이다. 단, 가동시키는 것이 쉽지는 않으며 반드시 우수한 볼란테가 있어야 가능한 포메이션이라는 사실을 기억하자.

SM은 볼란테를 돕는다는 생각으로 수비해야 한다

왜 볼란테에 레지스타라고 불리는 선수를 기용해야 하는가? 공격형 미드필더 등 미드필드의 높은 위치에서 플레이하는 선수는 상대로부터 강한 마크를 받게 된다. 그곳에 위험을 감수하고 공격 기점을 만드는 것보다는 하나 내려간 곳에 기점을 만드는 것이 더 낫다. 미드필드의 낮은 위치가 상대 마크가 훨씬 덜하기 때문이다. 여기에 기점을 만들 수 있느냐 없느냐가 3-5-2의 가동 여부를 결정짓는다.

볼란테가 비교적 자유로운 자세로 볼을 잡을 수 있다면 기회는 많아진다. 쉽게 말하면 SM, 공격형 미드필더, 투톱 이렇게 6명이 자기보다 전방에 있기 때문이다. 그다음에 어디를 노리느냐는 볼란테의 판단과 감각에 달려 있다. 한 가지 덧붙이자면 SM 2명이 모두 공격에 가담하면 수비 균형이 나빠지므로 SM은 수비에 더욱 치중한다는 의식을 가지고 볼란테를 커버해야 한다.

볼란테 포지션은 상대의 타깃

장점은 그대로 단점이 되기도 한다. 누구를 기용하느냐에 따라 승패가 갈리는 볼란테의 자리에 능력이 뛰어난 선수를 배치한다는 사실은 상대도 잘 알고 있다. 당연히 유벤투스와 대결하는 상대는 가장 먼저 피를로를 마크한다. 즉 상대가 타깃을 정하기 쉽다는 단점이 되는 것이다. 또한 볼란테가 볼을 뺏기면 바로 골로 연결된다는 문제도 있다. 그러므로 이 포지션에 배치되는 선수는 여러 선수들에게 에워싸여도 절대 볼을 뺏기지 않는 키핑 능력이 필수적이다.

SM은 볼란테를 지원하되 너무 내려가지 않도록 한다

주변 또한 볼란테를 지원해야 한다. 특히 SM은 볼란테를 지원한다는 의식을 늘 가지고 플레이해야 한다. 항상 측면을 지켜야 하며, 전방으로 올라갔다가 돌아오지 않는 일은 반드시 피해야 한다. 때로는 볼란테나 공격형 미드필더와 같은 라인에서 플레이한다. 상황을 고려하면서 가장 적합하게 포지션을 잡는 것이 좋다.

그렇다고 SM이 너무 내려가 파이브백이 되는 일 또한 없어야 한다. 경기 흐름상 최종 수비라인까지 내려가는 것은 어쩔 수 없더라도 그 상태를 너무 오래 유지하는 것은 좋지 않다. 3-5-2는 공격 면에서 그 특징이 있기 때문이다.

예전의 주류였던 3-5-2(3-4-1-2)

미드필드 구성이 볼란테 2명, SM 2명, 공격형 미드필더 1명인 3-5-2도 있다. 3-4-1-2라고도 불리는 포메이션으로 예전에는 이 형태가 주류를 이루었다. 그러나 공격 기점이 되는 공격형 미드필더가 심하게 마크를 받아 공격 개시가 어렵기 때문에 최근에는 채택하는 팀이 줄어드는 추세다.

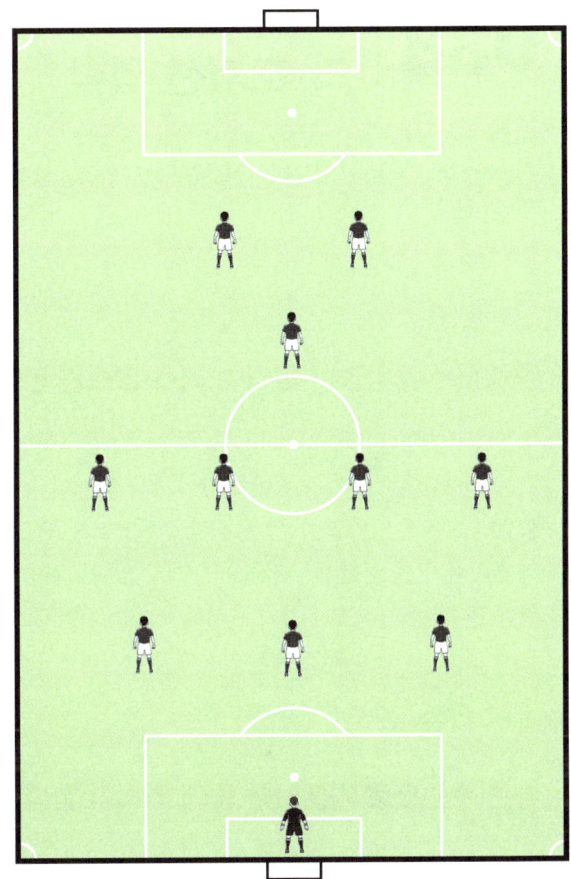

✔ 코칭 어드바이스

시대의 흐름에 따라 변화한 3-5-2

예전의 주류였던 3-5-2(3-4-1-2)는 SM이 낮은 위치에서 플레이하면 전방에 3명만 남는다. 이렇게 되면 압박을 가하기가 어렵고 상대에게 밀릴 가능성이 커진다. 그러면 SM은 더욱 내려가게 되고 최종 수비라인에 흡수되어 파이브백이 된다.

공격형 미드필더가 2명이면 높은 위치에서 압박을 가할 수 있고 공격 시 상대 마크를 분산시킬 수 있다. 한 단계 더 나아가, 보다 낮고 상대 마크도 느슨한 볼란테 위치에서 공격을 빌드업할 수도 있다. 이런 흐름에 따라 지금의 형태로 발전되었다고 볼 수 있다.

038 | 3-5-2의 각 포지션 역할

현대판 3-5-2에서 가장 중요한 역할을 담당하는 선수는 볼란테라 할 수 있다. 이 포지션의 선수는 수비뿐만 아니라 공격 기점이 될 수도 있으므로 뛰어난 발재간과 정확한 킥 능력을 가진 선수를 배치해야 한다.

공격진은 끊임없이 움직여 패스 코스를 만든다

투톱과 공격형 미드필더는 마이볼일 때 늘 움직이면서 후방에서 오는 패스를 받을 수 있는 포지션으로 위치를 잡아야 한다. 스리백이나 볼란테가 볼을 가졌는데 패스 코스가 없으면 상대가 압박할 수 있는 시간을 허용하게 되기 때문이다. 뿐만 아니라 골대와 가까운 곳에서 볼을 뺏겨 실점할 가능성도 있다. 그러므로 스리백과 볼란테는 볼 키핑 능력이 필수적이다. CB가 자기 진영에서 볼을 가지고 있을 때 상대가 압박을 가해오는 경우가 종종 있다. 이때 CB는 날카롭게 맞받아치며 상대를 제치고, 전방으로 볼을 보내는 경우가 많다.

높은 수준으로 기본기를 몸에 익혀야 한다

3-5-2(3-1-4-2)는 공격 기점을 낮은 위치로 설정하므로 CB나 볼란테가 볼을 키핑할 기회가 많다. 즉 볼란테뿐만 아니라 CB도 앞서 말한 바와 같이 볼을 뺏기지 않는 뛰어난 발재간과 정확한 플레이 능력이 있어야 한다.

포메이션이나 포지션과 상관없이, 볼을 멈추고 차고 드리블하는 등의 기본기는 높은 수준으로 몸에 익혀두어야 한다. 이러한 기본기가 몸에 배어 있지 않으면 경기에서 자신이 원하는 플레이를 펼칠 수가 없다. 볼을 자유자재로 다룰 수 있어야 플레이의 폭이 넓어지고 소화할 수 있는 포지션의 폭도 늘어난다.

3-5-2의 각 포지션 역할

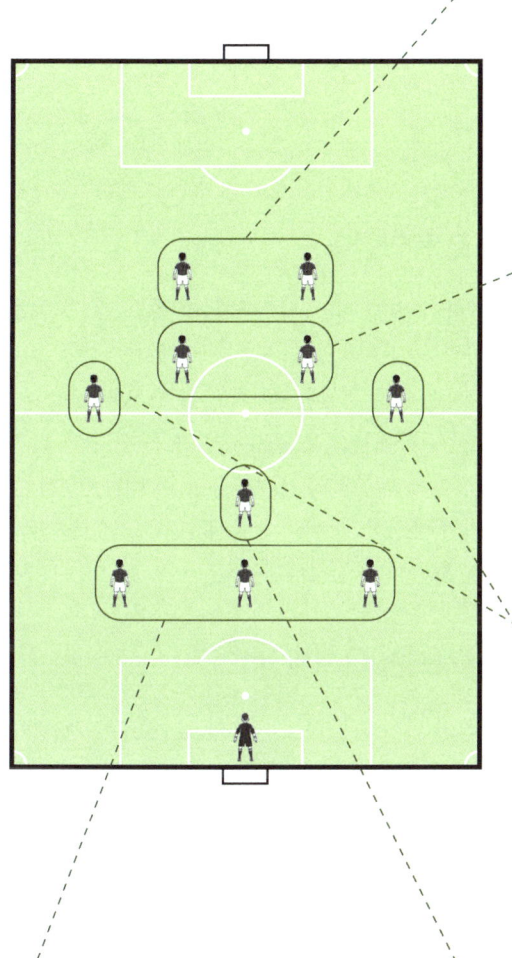

투톱

공격형 미드필더 2명과 연계해 움직일 것. 상황에 따라 다르지만, 공격형 미드필더가 후방으로부터의 패스를 이끌어내므로 골대를 등지고 포스트 플레이하는 것보다는 항상 상대 DF 라인의 뒤를 노리는 것이 좋다. 전방 4명의 패스 워크로 상대를 무너뜨릴 수도 있기 때문에 원터치, 투터치로 정확하게 쇼트 패스를 연결하는 높은 기술력도 필요하다.

공격형 미드필더

최대한 투톱 근처에서 플레이하고 때로는 추월하여 문전으로 돌진한다. 유벤투스의 마르키시오의 움직임이 좋은 예다. 그는 볼란테를 커버하기도 하고, 측면으로 빠져서 기회를 만드는 등 플레이 범위가 매우 넓다. 또한 문전으로 돌진해 스스로 골을 넣기도 한다.

사이드미드필더

공격력이 뛰어난 SB가 적임자. 종방향으로의 돌파력과 크로스의 정확성이 요구되는데 그 이상으로 수비 능력이 뛰어나야 한다. 후방은 볼란테와 스리백까지 합쳐 모두 4명이므로 위험을 감수한 공격 가담은 피하는 것이 좋다. 또한 공격형 미드필더나 투톱과 연계해 전방의 공간을 활용해야 한다.

스리백

공격을 빌드업할 때, 패스가 정확해야 공격을 시작할 수 있다. 특히 좌우 CB는 옆으로 퍼져 볼을 받고, 후방에 아무도 없는 상태로 볼을 키핑하게 된다. 패스 코스가 없어서 빨리 볼을 보내지 못하면 상대가 가로챌 기회가 생기면서 볼을 뺏길 수 있다.

볼란테

비교적 마크가 느슨한 미드필드 깊은 위치에서 볼을 소유해 정확한 패스로 공격을 빌드업한다. 2013년 유벤투스의 피를로가 좋은 예다. 헌신적인 수비와, 강인한 체력 같이 기술력과 크게 상관없는 요소들을 먼저 몸에 익힌다. 시야를 넓게 갖고 필드 전체를 항상 머리에 그리면서 플레이한다.

039 | 3-5-2와 다른 포메이션과의 상성

3-5-2는 미드필드가 일렬인 4-4-2를 제압하기 위해 태어난 포메이션이다. 반대로 투 섀도를 배치하는 4-3-2-1과는 상성이 좋지 않은 것으로 알려져 있다.

예상 밖의 상황이 벌어지면 스스로 판단한다

3-5-2는 4-4-2 미드필드 플랫을 제압하기 위해 태어난 포메이션이라고 할 수 있을 만큼 완벽하게 각 포지션에서 선수 간에 짝을 이루고 있다. 또한 수비에서는 최종 수비 라인과 미드필드에 1명씩 남기 때문에 상성이 좋은 포메이션이라고 볼 수 있다.

그러나 축구는 장기처럼 각 선수가 정해진 구역에서만 움직일 수 있는 게 아니다. 작전상으로는 완벽했는데 막상 실전에서는 상대가 예상외의 움직임을 보일 때가 있다. 팀 전술을 충실하게 이행하는 것도 중요하지만 예상 밖의 사태가 발생하면 스스로 잘 판단해 최선의 플레이를 선택하여 위기를 모면하는 것이 중요하다.

볼란테 양 측면에 상대 선수가 배치되면 어려워진다

앞의 말을 뒤집어 생각하면, 아무리 상성이 나빠도 어떻게 대응하느냐에 따라 얼마든지 상황을 바꿀 수 있다는 이야기가 된다. 예를 들어 3-5-2(3-1-4-2)는 승패의 열쇠를 쥐고 있는 볼란테의 양 측면에 상대 선수가 배치될 때 상황이 어려워진다. 그래서 4-3-2-1과는 상성이 나쁘다고 알려져 있다. 상대가 볼을 장악해 열세에 몰렸다고 가정해보자. 이때는 굳이 포메이션에 얽매일 필요가 없다. 공격형 미드필더가 내려가거나 SM이 중앙으로 가면서 3볼란테가 되어도 상관없다. 축구는 무엇보다도 경기에서 이기는 것이 가장 중요하다는 사실을 잊지 말아야 한다.

상성이 좋은 포메이션 : 4-4-2 미드필드 플랫

상대 투톱을 좌우 CB가 마크하고, 미드필드에서는 SM끼리 맞붙는다. 이렇게 공격형 미드필더와 상대 볼란테 인원이 같기 때문에 마크하기가 수월하다. 또한 3-5-2는 최종 수비라인과 미드필드에서 1명씩 선수가 남기 때문에 4-4-2와 대결할 때는 수비에서 수적 우위를 점하기가 쉽다. 본래 3-5-2는 4-4-2 미드필드 플랫을 무너뜨리기 위해 만들어졌다고 할 수 있을 만큼 이 두 포메이션은 각 포지션에서 절묘하게 짝을 이루고 있다.

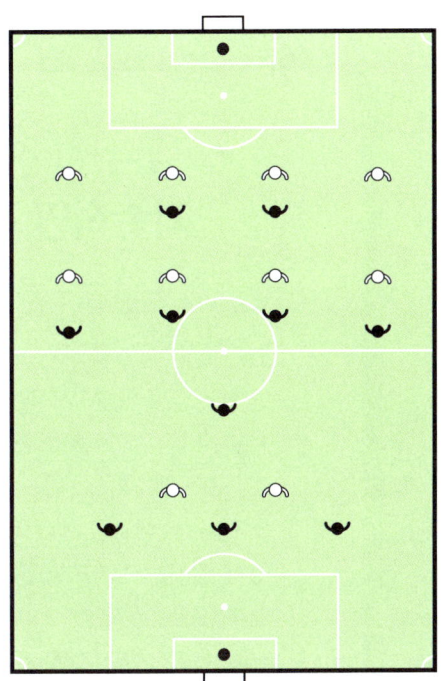

POINT
볼란테와 최종 수비라인의 중앙 선수는 주변을 커버할 수 있도록 최대한 프리한 상태에서 플레이한다.

상성이 나쁜 포메이션 : 4-3-2-1

3-5-2(3-1-4-2)의 핵심이 되는 볼란테의 양 측면에 상대 공격형 미드필더(투 섀도)가 있다. 원톱을 포함한 이 3명의 공격진을 어떻게 막느냐가 관건이다. 현실적으로 고려할 수 있는 것은 좌우 CB가 투 섀도를 마크하고 볼란테가 원톱을 막는 것이다. 그러나 이렇게 되면 투 섀도를 CB가 어디까지 쫓아가야 할지 판단하기가 어렵다. 너무 따라붙으면 상대에게 공격할 공간을 허용하게 된다. 3-5-2는 상대 원톱과 투 섀도에 대해 수비진이 4명이나 되는데도 대응하기가 매우 어렵다.

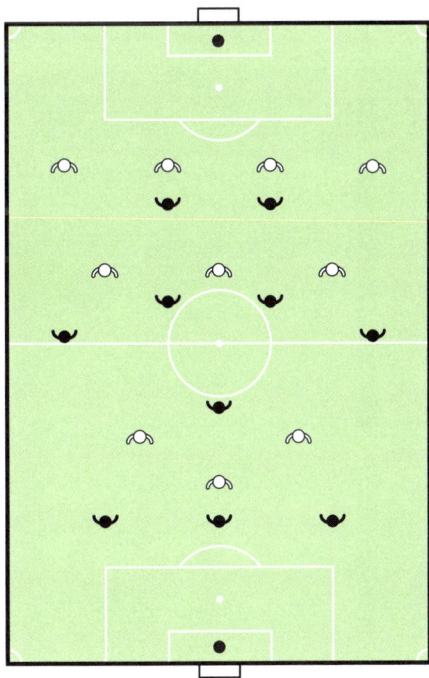

POINT
경기가 잘 안 풀린다고 판단이 되면 도중에라도 유연하게 대응한다. 포메이션을 유지하는 것보다 경기에서 승리하는 것이 중요하다.

축구 코칭 칼럼 2

우수한 선수로 키우려면
지속적인 관심이 중요하다

우수한 선수를 육성하기 위해서는 축구 하나만을 가르치기보다는 '정신', '기술', '체력'을 골고루 균형 있게 성장토록 하는 것이 중요하다. 그리고 이것은 지도자 혼자서 애쓴다고 되는 일이 결코 아니다. 여유로운 마음을 가지고 그 선수를 둘러싼 모든 주변 사람들과 협력해나갈 때 비로소 가능한 일이다.

'기술' 전수에 능한 지도자라면 이를 중점으로 지도하면 된다. 그리고 '정신' 면에서 수정해야 할 부분이 있다면 부모님과 선생님 모두 다 함께 적극적으로 소통하면서 그 부분을 선수가 제대로 인지하고 개선할 수 있도록 협력해야 한다. 그래야만 제대로 효과를 발휘할 수 있다.

꾸준함이 바로 힘이 된다. 선수에게 바로잡아야 할 부분이 보인다면 그 선수의 주변 어른과 정보를 공유하며 지속적인 관심과 사랑을 쏟아야 한다. 따뜻한 눈으로 지켜보되 때로는 엄하게 지도하는 것. 끊임없는 사랑과 관심으로 아직 피어나지 않은 새싹과 같은 선수를 따뜻하게 지켜보는 자세가 결국 선수를 큰 재목으로 만들어낼 것이다.

PART 3
팀 전술 실전 활용과 훈련 프로그램

040 | 압박

팀 전체가 연동해 상대에게 압력을 가하면서 패스 코스를 한정해 단번에 볼을 뺏는 것이 압박이다. 중요한 것은 볼과 상대 움직임에 대해 팀 전체가 항상 연동하는 것이다.

각 선수가 연계해 움직이면서 팀 전체로 볼을 뺏는다

상대 골대와 가까운 곳에서 볼을 뺏으면 공격으로 전환할 때 수비진이 적고 골문이 가까우므로 바로 기회로 연결할 수 있다. 따라서 팀 전체가 한 그룹이 되어 볼을 가진 상대를 FW가 높은 위치에서 압박한다. 이와 연동해 다른 선수들도 움직이면서 패스 코스를 제한하고 미리 팀 전술로 정한 지역에서 볼을 뺏는다. 이것이 압박(프레싱, Pressing)의 개요다.

각 선수가 이리저리 움직이면 압박을 가할 수 없다. 맨 처음 움직이는 것은 FW다. 볼을 가지고 있는 상대를 전방에서 따라붙으면서 공격을 한 방향으로 제한한다. 측면으로 볼이 나오면 FW는 상대가 절대 리턴 패스하지 못하도록 막는다. 상대의 패스 방향이 일방통행이 되도록 막는다는 것을 꼭 기억하자.

FW가 압박하면 반드시 주변도 연동해 움직인다

측면에서 볼을 가지고 있는 상대에 대해서는 FW, 공격형 미드필더, SM 등 3명이 연계해 세 방향에서 에워싸면서 패스 코스를 제한한다. 이때 볼을 뺏는 것이 가장 이상적이지만 현실에서는 그리 쉽지 않다. 만약 48~49쪽의 종적 차단일 경우에는 측면에서 중앙으로의 횡 패스가, 횡적 차단일 경우에는 종 패스가 나올 때 인터셉트를 시도한다.

중요한 것은 FW가 전방에서 볼을 쫓고 있을 때 미드필드와 최종 수비라인이 무반응 상태가 되지 않는 것이다. 이러한 사태를 막기 위해서는 넓게 시야를 확보할 수 있는 볼란테의 지시에 따라 각 선수가 움직여야 한다. 팀 전체가 콤팩트한 상태에서 각 선수끼리 적당하게 간격을 유지하고 있어야 압박이 가능하다.

압박에 불리한 상태

각 선수 간의 거리가 떨어져 있으면 볼을 가진 상대가 빠져나갈 공간을 허용하게 된다. 모든 장면에서 1대 1로 대응해야 하며, 상대가 제치면 동료 선수가 지원하러 가는 데 시간이 오래 걸린다. 최악의 상황은 선수들 사이의 공간으로 상대가 돌진하면서 패스를 연결하는 것이다.

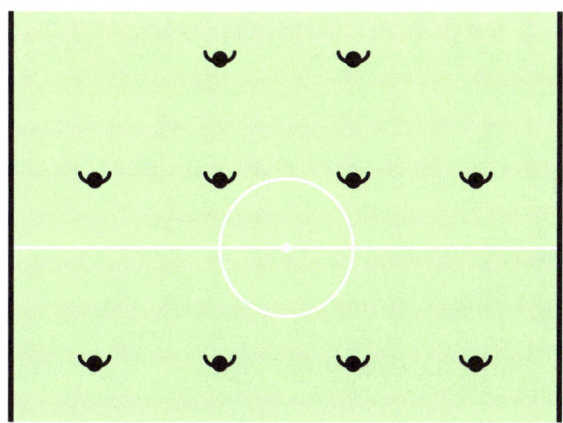

압박에 유리한 상태

각 선수 간의 거리가 적절하고 팀 전체가 콤팩트하게 움직일 수 있는 상태가 압박에 유리하다. 높은 위치에서 각 선수가 연동하며 압박을 가하기 위해서는 반드시 이처럼 콤팩트한 상태를 유지해야 한다. 2~3명이 볼을 가진 상대를 압박하면서 패스 코스를 한정해 볼을 뺏는다.

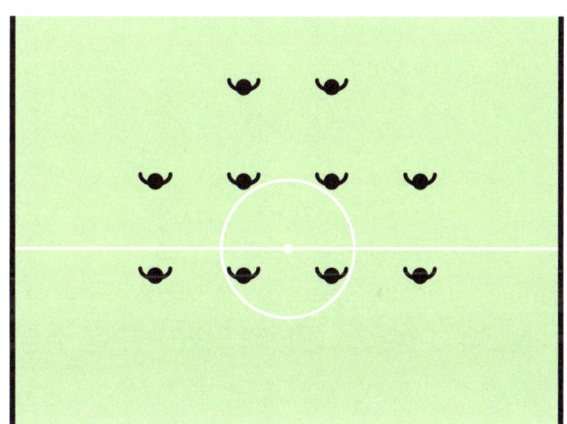

어중간한 압박은 금물, 철저하게 압박해야 한다

어중간하게 압박을 하면 오히려 역습을 당할 수 있다. 가장 피해야 할 것은 반대 측면이나 최종 수비라인 뒷공간으로 상대가 롱 볼을 차는 것이다. 압박 전술에서는 한 방향으로 상대를 몰기 위해 팀 전체가 어느 한 측면으로 쏠려 있기 마련이다. 따라서 압박을 가할 때는 상대가 절대로 롱 패스를 하지 못하도록 볼을 가진 상대를 철저하게 압박해야 한다.

041 | 압박의 기능 포인트

전체를 콤팩트하게 유지하는 것이 관건인 압박을 90분 내내 지속하는 것은 불가능하다. 경기 상황을 정확하게 파악하는 것이 중요하며, 필드 중심에 있는 볼란테가 팀 전체에 지시를 내려야 한다.

경기 내내 압박은 불가능하다

경기 내내 압박을 지속하는 것은 체력적으로 불가능하다. 시간대나 경기의 전개 상황에 따라서는 굳이 높은 위치에서 볼을 쫓지 않아도 될 때가 있다. 예를 들어 2~3점차로 이기고 있으면 수비조직을 단단히 하고 역습으로 추가점을 노리는 방법도 있다.

체력 소모를 최소화하기 위해서라도 압박으로 볼을 뺏을 때는 팀 전체가 높은 위치에서 볼을 뺏는다는 공통 의식을 가지고 있어야 한다. 그리고 현재 팀 전체가 콤팩트한 상태를 유지하고 있는지, 폭넓은 시야 확보가 가능한 볼란테가 파악해 압박을 가할 것인지의 여부를 판단하는 것이 좋다.

볼란테가 상황을 판단해 압박 여부를 결정한다

볼란테는 자신이 전후를 커버할 수 있는 상태인지 아닌지 주변 상황을 보면서 가능하다고 판단이 서면 바로 공격 개시 사인을 내린다. 반대로 상황이 별로 좋지 않은데 FW가 필사적으로 쫓아가고 있을 때는 바로 수정에 들어간다. 볼란테는 팀이 콤팩트하게 움직이고 있는지 팀 상태를 매순간 파악해내는 능력이 필수다.

어느 방향으로 상대를 몰고 갈 것이며, 어느 구역에서 볼을 뺏을 것인지 사전에 팀 전술로 정해 놓는 것이 좋지만 이를 반드시 지켜야 하는 것은 아니다. 경기는 늘 유동적이다. 전방에서 FW가 단독으로 쫓아가 볼을 뺏을 수 있는 상황이라면 뺏어야 한다. 압박은 어디까지나 볼을 뺏기 위한 전술이다. 볼을 뺏을 수 있다면 누가 어디서 뺏느냐는 중요하지 않다는 대원칙을 잊지 말아야 한다.

3명이 동시에 압박하지 말아야 한다

측면에 볼이 나올 때 3명이 동시에 볼에 접근하면 상대가 제칠 가능성이 있다. 볼을 가진 선수는 항상 돌파할 기회를 엿보고 있다. 조심해야 할 곳은 선수와 선수 사이. 같은 타이밍으로 동시에 볼에 접근하면 상대에게 이 사이를 공략당하기 쉽다.

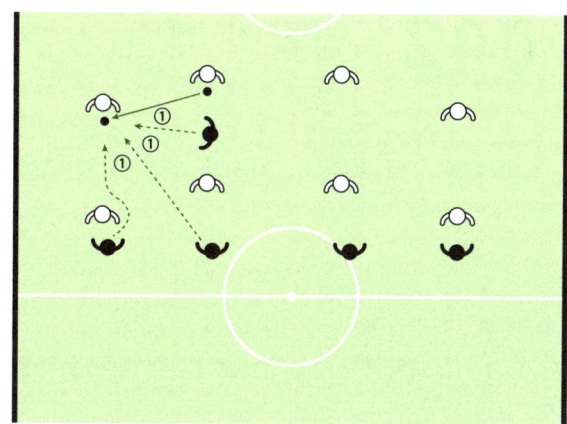

순차적으로 상대를 몰고 압박한다

측면에 볼이 나오면 ① 바로 근처에 있는 선수가 나간다. 이러한 동료의 움직임과 상대 움직임을 보면서 ② 주변 선수가 지원한다. ③ 또한 상대가 빠져나갈 공간을 막기 위해 다른 선수가 나간다. 세 방향에서의 압박이 기본으로, 이때 볼을 뺏을 수 있으면 뺏는 것이 좋다.

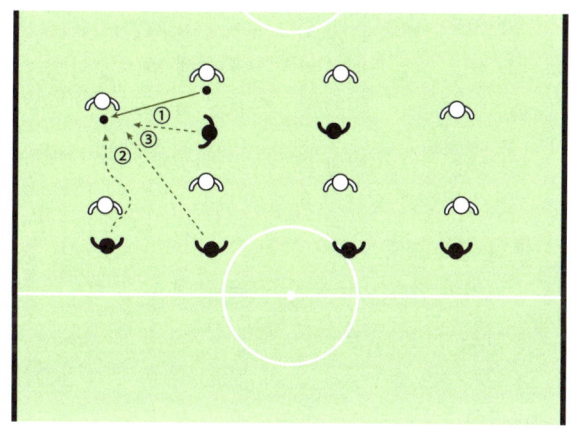

✔ 코칭 어드바이스

실패를 경험하고 연습을 통해 배운다

여러 선수와 연계해 상대를 에워싸도 볼을 뺏지 못할 때가 있다. 볼을 가진 상대를 어떤 타이밍에 어느 방향으로 압박해야 볼을 뺏을 수 있는지는 많은 경험을 쌓아야만 알게 된다. 그러므로 수많은 연습을 통해서 성공과 실패의 경험들을 축적해야 한다. 압박은 선수 단독으로 판단하고 혼자서 가할 수 있는 것이 아니다. 압박하는 타이밍이 주변 동료와 겹쳐 버리면 순식간에 위기 상황을 맞을 수 있다. 실전에서 실패하지 않으려면 연습을 통해 성공의 경험을 많이 쌓아 놓는 것이 좋다.

042 | 압박의 예 ①

상대 DF가 볼을 가졌을 때, 전방 FW가 패스 코스를 차단하고 상대 SB의 위치에서 볼을 뺏는 패턴을 소개한다. 이때 기억해야 할 것은 실패할 경우의 대처법이다.

주변 선수들은 상대편이 수비를 제쳤을 경우를 가정해 위치 선정

압박으로 볼을 뺏을 때의 공략 포인트는 상대 SB이다. 에워싸면서 그대로 볼을 뺏거나, 상대 SB가 볼란테나 SM에게 패스할 때 미리 대기하고 있던 선수가 뺏는다. 어느 지역에서 뺏을지에 대해서는 사전에 정해 놓는 것이 좋지만 실전에서 그대로 실현되지 않을 때도 있다.

오히려 상대는 압박을 제치는 움직임을 해올 것이다. SB가 뺏기로 미리 정해 놓더라도 주변 동료들은 상대가 제쳤을 때의 상황을 가정해 위치를 선정하는 것이 좋다. 주의해야 할 것은 전방으로의 종 패스나 대각선 패스다. 특히 상대 FW로의 침투 패스는 반드시 막아야 한다. 왜냐하면 압박할 때 팀은 전체적으로 전방에 쏠려 있기 때문이다. 이때 최종 수비라인과 미드필드 사이에 침투 패스가 들어오면 신속한 대응이 어렵다. 그러므로 주변 선수들은 종 패스나 대각선 패스에 대비해 반드시 적절한 위치 선정을 해야 한다.

콤팩트한 상태를 유지하면서 팀 전체로 움직인다

측면에서의 볼 탈취에 실패해 CB로 리턴 패스를 허용했다고 가정해보자. 이럴 경우에는 당황하지 말고 다시 시작하면 된다. 다시 같은 측면으로 몰고 가거나 아니면 반대 측면으로 시도해보는 것도 나쁘지 않다. 중요한 것은 좌우 폭이 벌어지지 않는 것이다. 콤팩트한 상태를 유지하면서 팀 전체가 하나의 조직이 되어 움직여야 한다.

PART 3 팀 전술 실전 활용과 훈련 프로그램

압박의 예 ①

흑팀은 전방부터 최종 수비라인까지 콤팩트한 상태로, 라인도 매우 높다. 압박으로 볼을 뺏겠다는 공통 의식이 팀 전체에 퍼져 있다. 이런 상태가 바로 압박을 시도할 수 있는 때다. 몰고 갈 방향은 왼쪽 측면이다. 볼을 가진 상대 CB와 가까운 FW가 우측 패스 코스를 차단하여 왼쪽 측면으로 몰고 간다. 옆 CB로 볼이 가면 다른 1명의 FW가 마찬가지로 우측 패스 코스를 차단하여 왼쪽 측면으로 몰고 간다.

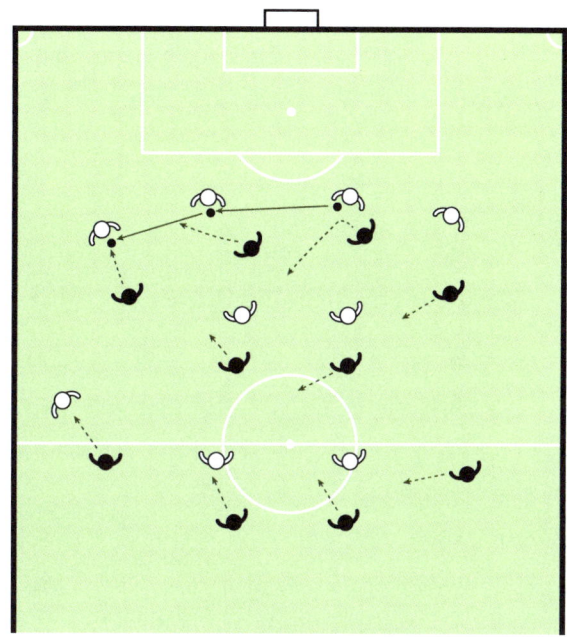

왼쪽 측면으로 볼이 나오면 따라붙었던 FW는 볼이 CB로 리턴 패스가 되지 않도록 반드시 막아야 한다. 압박의 철칙은 '상대의 패스 방향을 한쪽 방향으로만(일방통행) 제한되도록 압박할 것'이다. 볼을 가진 상대가 종방향 돌파를 못하도록 막기 위해서 SM이 바로 나선다. 이때 볼을 뺏는 것이 가장 좋지만 좁은 틈 사이로 패스가 나올 가능성이 있다. 패스 코스를 한정해서 볼이 나오는 순간 뺏는 방법도 있다.

POINT ⚽

SM이 하나 앞의 포지션으로 올라가면 SB도 따라서 올라간다. 이렇게 움직이지 않으면 상대 SM이 프리해진다.

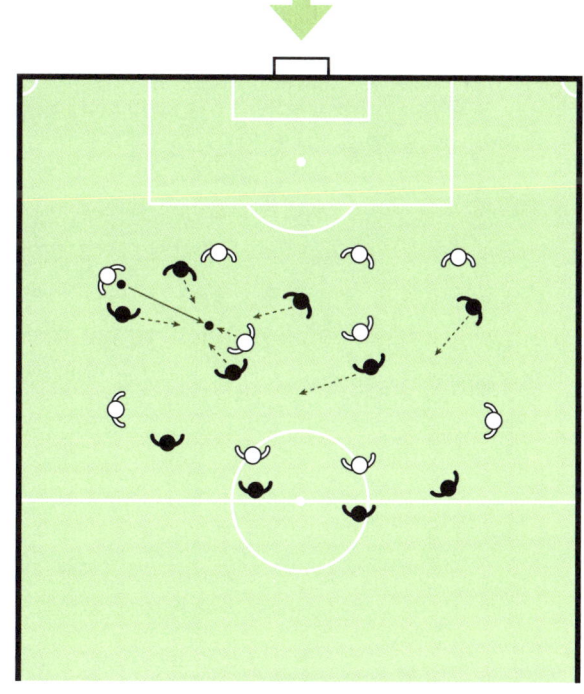

043 | 압박의 예 ②

상대 SB의 위치에서 패스 코스를 완전하게 차단해, SB가 드리블로 돌파하려는 순간 3명이 에워싸서 볼을 뺏는 압박의 예를 소개한다. 3명이 공통 의식을 갖는 것이 중요하다.

드리블 방향을 한정시켜 일부러 유인한다

측면에서 볼을 받고 나서 패스 코스가 없으면 상대는 드리블을 해온다. 볼 포지션이 자기 진영이면 웬만한 자신감이 아닌 이상 위험 부담이 큰 종방향 돌파는 시도하지 않는다. 즉 FW가 옆에서, SM이 종방향에서 어프로치하면 상대가 피할 곳은 후방이나 대각선 전방밖에 없다.

상대가 대각선 앞으로 드리블을 한다면 볼 뺏기가 수월하다. FW, SM에다 볼란테까지 지원하면 세 방향으로 에워쌀 수 있다. 이때 3명의 움직임이 중첩되어 동시에 볼에 접근하지 않도록 주의한다. 가장 가까이에 있는 선수가 가장 먼저 시도하고 다른 2명은 거리를 좁히며 지원한다. 상대와 동료의 움직임, 볼의 행방을 주시하면서 성급하게 돌진하지 않도록 한다.

혼자서 볼을 뺏을 수 있으면 시도한다

흔히 저지르는 실수는 이미 루스볼이 되어 그냥 놔두면 지원하러 온 동료가 뺏을 수 있는 상황인데도, 침착함을 잃고 무리하게 다리를 뻗어 볼의 방향을 바꾸어 볼이 빠져나가게 하는 것이다. 볼은 혼자서 뺏는 것이 아니라 여러 선수들과 연계해 뺏는 것이라는 의식을 항상 지녀야 한다. 단, 자신이 시도해서 확실히 볼을 뺏을 수 있는 상황이면 당연히 승부에 나서는 것이 좋다. 이러한 상황 판단력은 훈련과 경기를 통해 습득하는 수밖에 없다.

압박의 예 ②

흑팀이 전방 압박으로 백팀을 왼쪽 측면으로 몰았다. 볼 소유자인 상대 SB에 대해 흑팀은 FW 1명이 CB로의 패스 코스를 차단했다. 또한 왼쪽 SM이 횡적 차단의 포지션을 잡으면 상대는 종방향으로 드리블하거나 패스할 수밖에 없다. 실제로 종 패스를 해오면 흑팀은 왼쪽 SM, 왼쪽 볼란테, 왼쪽 SB가 간격을 좁히고 주변 선수들도 연동하여 움직인다.

왼쪽 측면에서 볼을 가진 상대가 중앙으로 드리블해오면 흑팀은 신속하게 왼쪽 SB는 아래, 왼쪽 SM은 위, 왼쪽 볼란테는 옆으로 에워싼다. 중앙으로 유인해 볼을 뺏는 방법이다. 핵심 포인트는 세 방향으로 확실하게 에워싸는 것이다. 그 뒤로는 타이밍을 맞추어 일차 수비수가 나서고 주변 동료가 뒤를 따른다. 또한 각 선수는 연동하며 적절한 위치 선정을 한다.

POINT ⚽

볼 소유자를 에워쌀 뿐만 아니라 패스 코스를 차단하거나, 동료로 하여금 뺏게 하거나, 스스로 뺏는 3가지 선택지 중에서 고를 수 있는 판단력을 길러야 한다.

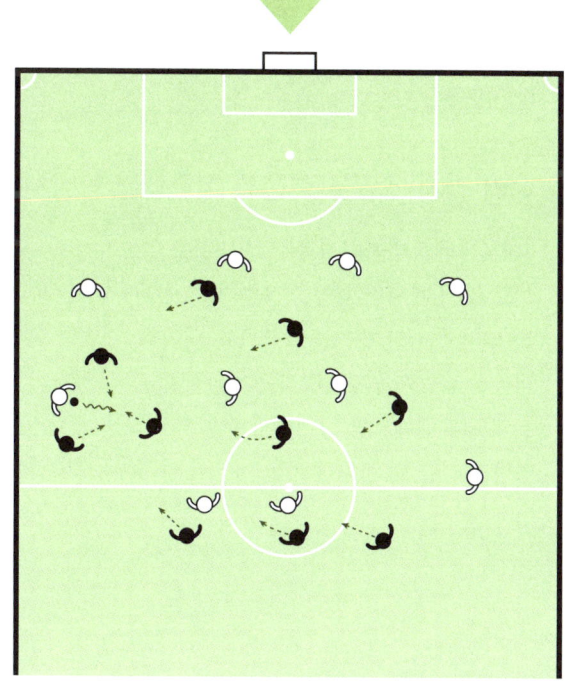

044 | 압박의 훈련 방법 ①

여기서는 3명이 연동해 상대로부터 볼을 뺏는 이른바 압박의 기초 훈련 방법을 소개한다. 단순해 보이지만 이 훈련을 통한 이미지 체화가 바로 압박을 향한 첫걸음이 된다.

6대 3 훈련으로 기본 이미지를 습득한다

처음에는 좁은 필드에서의 6대 3부터 시작해 수비가 볼을 뺏는 방법을 터득한다. 압박으로 볼을 뺏는 기본은 '3명이 연계해 공격을 한 방향으로 제한 → 몰아서 패스 코스를 차단 → 패스가 나올 때 볼을 뺏기' 이렇게 3단계의 흐름이다. 볼을 가진 선수를 세 방향에서 에워싸 빠져나올 수 없게 하는 이미지다. 볼을 뺏는 감각을 익히기 위해 처음에는 공격진에게 투터치 한정, 루프 패스(Loop pass, 포물선을 그리는 패스로 상대가 패스 코스를 차단하고 있어 땅볼로는 차단될 것 같을 때 사용) 금지 등의 조건을 붙인다.

차차 수비진이 익숙해지면 공격진의 규칙을 완화한다. 중앙에 1명을 늘리면 패스 코스가 늘어난다. 수비진은 신경 써야 할 부분이 늘어나기 때문에 머리를 더 많이 써야 한다. 어느 훈련이나 마찬가지이지만 신체와 두뇌에 부담을 주는 방식이 더 높은 효과를 발휘한다.

여러 가지 조건을 설정해 집중력을 향상시킨다

7대 4에서도 마찬가지로 여러 조건을 넣도록 한다. 예를 들어 수비진은 선수와 선수 사이로 볼이 빠지면 감점을 부여하고 점수에 따라 벌칙을 시행한다. 공격진은 20번 패스를 잇지 못하면 벌칙을 수행하는 식이다. 이러한 규칙을 적용하면 훈련 내용이 단조롭더라도 집중력을 향상시키는 효과를 얻을 수 있다.

실제로 훈련해보면 공격진의 수준이 높으면 수비진이 볼을 뺏기가 매우 힘들다. 또한 압박을 가할 때 서로 소리를 내면서 연계하는 것이 매우 중요하다는 것도 알 수 있다.

압박 훈련 방법 ①-A (6대 3)

바깥쪽에 공격진 5명, 안쪽에 공격진 1명과 수비진 3명이라는 설정으로 6대 3 훈련을 실시한다. 처음에는 공격진에게 투터치 한정, 루프 패스 금지와 같은 조건을 붙인다. 수비진 3명은 상대가 한 방향으로만 패스를 주도록 움직여 볼 소유자를 몰고 간다. 차단한 루트로 나온 패스를 뺏겠다는 생각으로 연계하면서 볼을 뺏는다.

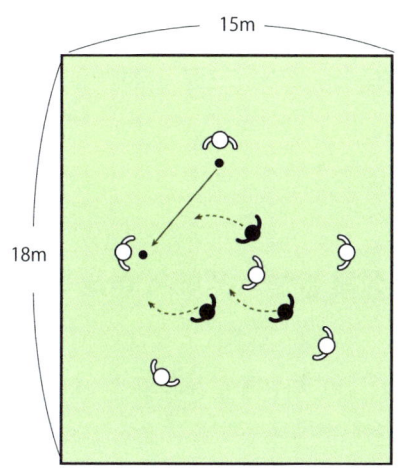

> **POINT**
>
> 공격진의 조건을 서서히 완화한다. 20개 패스를 이으면 공격진이 승리한다. 수비진은 어디서 뺏을지 생각하면서 플레이한다.

압박 훈련 방법 ①-B (7대 4)

공격진은 바깥쪽으로 6명, 중앙으로 1명이 포지션을 잡는다. 마찬가지로 20개 패스를 이으면 공격진이 승리한다. 수비진은 패스 차단의 기회를 노리면서 4명이 연계하며 움직인다. 수비진이 볼을 뺏으면 신속하게 수비 1명이 라인 밖으로 나간다. 그 선수에게 패스를 연결하면 수비진이 승리한다.

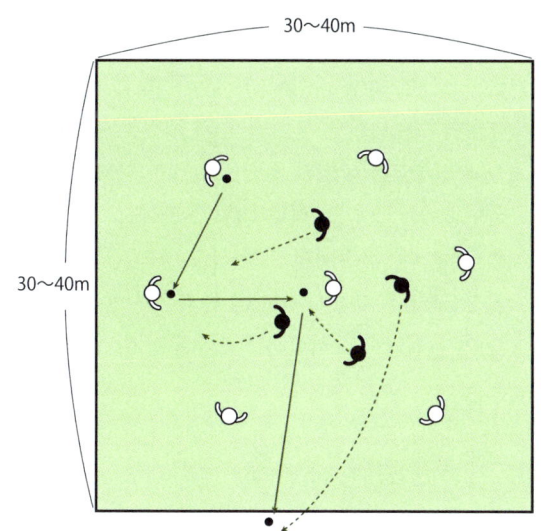

> **POINT**
>
> 1게임에 3분 정도의 빠른 템포로 진행한다. 진 팀에게 벌칙을 정해 놓으면 선수들이 더욱 집중하게 되고 훈련의 재미가 더해진다.

045 | 압박의 훈련 방법 ②

압박의 기본 이미지를 익혔으면, 인원을 늘려 보다 실전에 가까운 형태로 9대 9 훈련을 해보자. 이때 공격진의 패스 능력에 따라 조건을 다양하게 설정하는 것이 핵심 포인트다.

사전에 정해 놓은 지역에서 볼을 뺏는 연습을 한다

압박은 어중간한 압박이 가장 안 좋다. 팀 전체가 콤팩트한 상태이므로 반대 측면이나 최종 수비라인의 뒤편에 공간이 있다. 여기에 상대가 롱 패스를 해오면 바로 실점 위기를 맞게 된다. 따라서 압박에 실패해 상대가 롱 패스하는 상황은 반드시 막아야 한다.
9대 9에서는 공격의 방향을 제한하고 지정 지역에서 볼을 뺏는 방법을 훈련한다. 보다 실전에 가까운 형태로, 연습 장소 또한 필드의 측면을 사용한다. 수비진은 의도한 대로 4개의 코너 중 어느 한 곳에서 볼을 뺏으면 바로 전환하여 같은 지역에서 동료와 패스를 2개 연결하고 밖으로 나간다. 이것을 성공하면 수비진 점수가 올라간다.

의도가 제대로 전달되지 않을 때에는 코치가 시범

훈련이 실전과 가까워질수록 여러 가지 문제가 발생한다. 공격진의 패스 연결 능력이 떨어진다면 아무 조건도 설정하지 말고 자유롭게 패스하게 한다. 공격진의 패스 연결 능력이 뛰어나다면 투터치 등의 조건을 설정한다. 어디까지나 수비진을 위한 연습이라는 사실을 인지하면서 훈련에 임해야 한다.
선수들에게 훈련 목적과 의도가 제대로 전달되지 않을 때는 코치가 소리를 내며 함께 플레이한다. 선수에게 가장 참고가 되는 것은 시범을 직접 눈으로 보고 배우는 것이다. 먼저 코치가 더미(Dummy, 공격수가 상대 수비를 몸동작으로 속여서 빠져나가는 기술)의 움직임으로 시작하면 선수들의 이해가 훨씬 빠를 것이다.

압박 훈련 방법 ②

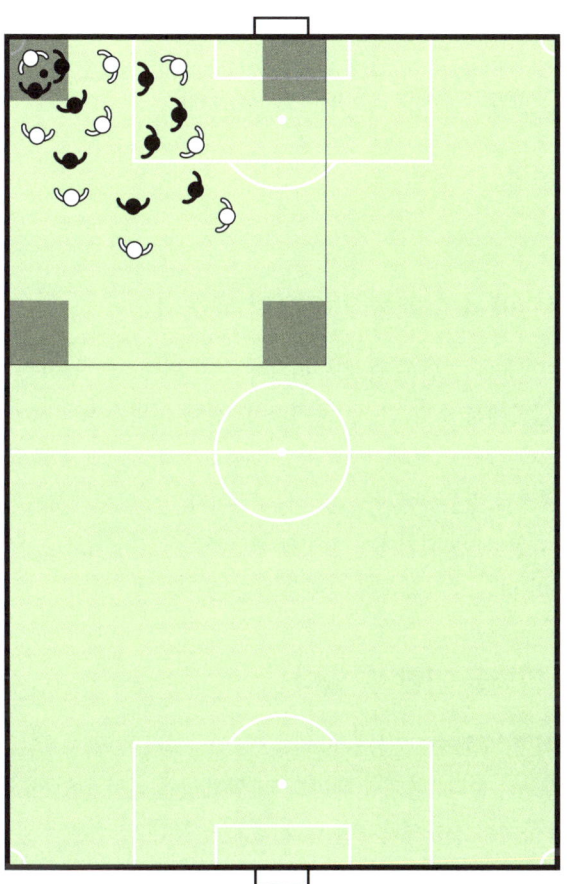

필드의 한 모서리를 이용해 좁은 공간에서 9대 9를 실시한다. 4개의 코너에 지역을 설정하고 수비진은 이곳으로 공격진을 몰면서 강한 압박을 가한다. 이 지역으로 들어가, 볼을 뺏고 나서 빠르게 2번 패스를 연결하고 라인 밖으로 나가면 득점이다. 이를 성공시 키려면 수비진은 여러 선수들과 연계해 상대를 한쪽 코너로 몰고 가도록 움직여야 한다. 주의할 점으로는 상대가 사이드 체인지의 패스, 루프 패스를 절대로 하지 못하도록 하는 것이다.

POINT

노리는 방향으로 공격진을 몰고 가려면 어떻게 연계하여 움직여 야 할지, 상대 공격을 한 방향으 로 한정시키는 방법을 익히도록 한다.

046 | 압박의 훈련 방법 ③

압박의 감을 잡았다면 다음은 하프코트를 사용해 보다 실전적인 훈련을 실시한다. 물론 처음에는 잘 되지 않겠지만 실패를 반복하며 터득하는 것이 중요하다.

실전 모의훈련에서 실패를 반복하며 배운다

훈련의 기본은 처음에는 쉬운 단계로 시작해 점차 난이도를 높이는 것이다. 압박 훈련의 경우 좁은 필드에서 소수 인원으로 시작해 점차 범위를 넓히고 인원도 늘려나간다. 마지막 단계에서는 하프코트에서 10대 8(+GK) 또는 10대 10(+GK)을 실시한다.
중요한 것은 실전과 같은 상황을 설정하는 것이다. 이 훈련에서는 최종 수비라인에서 빌드업하는 상대를 높은 위치에서 압박해 볼을 뺏는 것이 목표다. 이제까지 훈련한 움직임을 기억하며 넓은 경기장에서 실제로 볼을 뺏어본다.

콤팩트해야 압박을 가할 수 있다

처음에는 공격진이 도와주지 않는 한 볼을 뺏기가 쉽지 않아 실패를 반복할 것이다. 그러나 실망할 필요는 없다. 실패할 때마다 왜 압박이 걸리지 않았는지 그 원인을 분석하고 복습하면서 하나씩 조율해나가면 된다. 훈련을 통해 팀 전체의 완성도를 높여나가는 것이 바로 그룹 전술이며 팀 전술이다.
압박이 걸리지 않는 이유는 대개 콤팩트한 상태가 아니기 때문이다. 선수 간 간격이 너무 떨어져 있으면 FW의 움직임에 대해 주변 선수들이 연동하지 못하거나 측면에서 에워쌀 때 한 박자 움직임이 늦어진다. 그러나 그러한 실패 경험을 쌓으면서 효과적으로 압박하는 방법들을 배워나갈 수 있다.

압박의 훈련 방법 ③

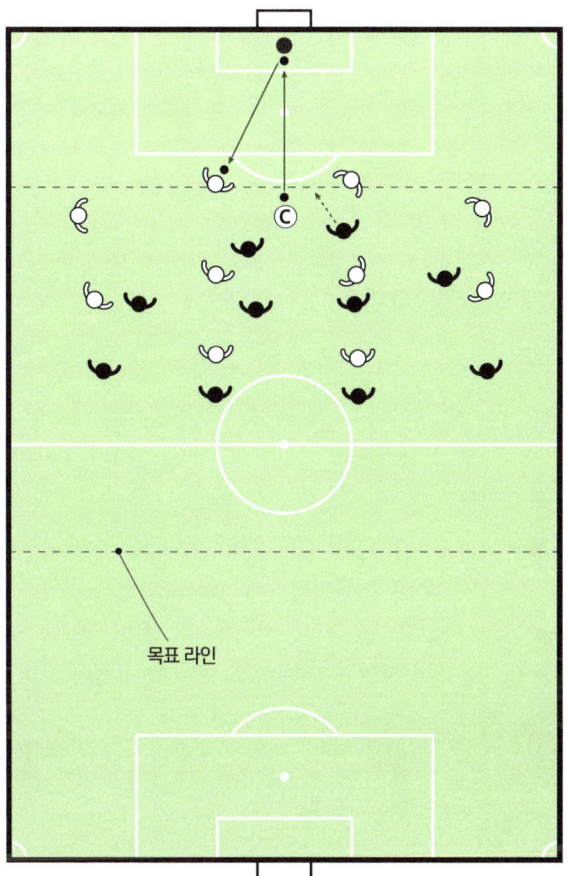

목표 라인

하프코트에서의 10대 8(+GK) 훈련. 코치가 GK에게 볼을 주고 GK가 CB에게 패스하면 흑팀은 높은 위치에서 압박하면서 볼을 뺏는다. 실전을 가정한 연습으로, 공격진과 수비진 모두 팀 전체로 움직인다. 특히 흑팀은 콤팩트한 상태를 유지하며 압박을 가하는 것을 의식해야 한다. 지금까지 훈련했던 '측면으로 몰고 감 → 여러 선수들로 에워쌈 → 볼 탈취'의 흐름을 직접 실시해본다. 백팀은 패스를 연결하면서 목표 라인을 돌파하면 승리한다.

POINT

높은 위치에서 볼을 뺏는 훈련이므로 처음에는 공격진의 투톱을 빼고 실시하고, 나중에 다시 투톱을 넣어서 연습한다.

047 | 역습

자기 진영에서 볼을 뺏고 나서 바로 공격 전환하면 상대의 수비조직이 갖춰지기 전에 효과적으로 공격할 수 있다. 이것이 바로 역습이다. 먼저 일반적인 롱 카운터의 기본에 대해 소개한다.

상대를 유인해 역습을 시도한다

역습(카운터 어택, Counter attack)이란 상대를 유인했을 때 만들어지는 빈 공간을 이용하는 공격이다. 축구에서의 역습은 대략 롱 카운터와 쇼트 카운터로 나눌 수 있다. 롱 카운터는 볼을 뺏고 5번 정도의 패스, 쇼트 카운터는 2~4번 정도의 패스로 마무리 슈팅까지 연결하는 것이다.

여기서는 먼저 롱 카운터에 대해 설명한다. 핵심 포인트는 상대를 유인하는 것이다. 자기 진영에서 볼을 뺏고 바로 공수 전환하면서 앞으로 쏠린 상대의 뒤편을 노린다. 높은 위치에서 압박을 가해 볼을 뺏는 것이 아니라 일부러 상대에게 패스를 허용하면서 자기 진영으로 침투시킨 다음 결정적인 순간에 볼을 뺏는 것이다. 상대의 공격을 한 번 허용하기 때문에 수비조직이 견고해야 가능한 전술이다.

기회는 깊은 위치에서 뺏은 직후

역습이 성립되는 상황으로는, 최종 수비라인에서 패스를 연결해 빌드업해 오는 상대의 볼을 미드필드 깊은 위치에서 볼란테가 뺏었을 때, 그리고 볼을 가진 상대가 측면에서 문전으로 크로스했는데 이를 CB가 걷어내고 세컨드 볼을 볼란테가 살려냈을 때 등이다. 이때 상대는 팀 전체를 밀어 올리느라 최종 수비라인의 뒤편이나 양 측면에 공간이 생겼을 가능성이 크다. 이 공간이 바로 역습을 노릴 수 있는 기회가 된다.

상대 팀도 볼을 뺏기면 수비로 전환한다

그러나 현대 축구는 어느 팀이나 공수 전환이 빠른 편이다. 볼을 뺏기는 순간 의식을 수비로 전환해, 반대로 높은 위치에서 볼을 되찾으려고 할 것이다. 따라서 상대 공격을 유인하고 있는 만큼 볼을 뺏는 위치가 우리 팀이 지키고 있는 골문과 가깝다는 사실을

역습을 노릴 수 있는 상황들

먼저 자기 진영으로 상대를 유인한다. 특히 SB가 하프라인을 넘었을 때가 역습을 노리기 쉽다. 왜냐하면 전방의 양 측면에 공간이 생기기 때문이다. 볼을 뺏으면 최대한 빨리 전방으로 종 패스를 보내 대략 5번 정도의 패스를 연결해 골을 노린다(롱 카운터).

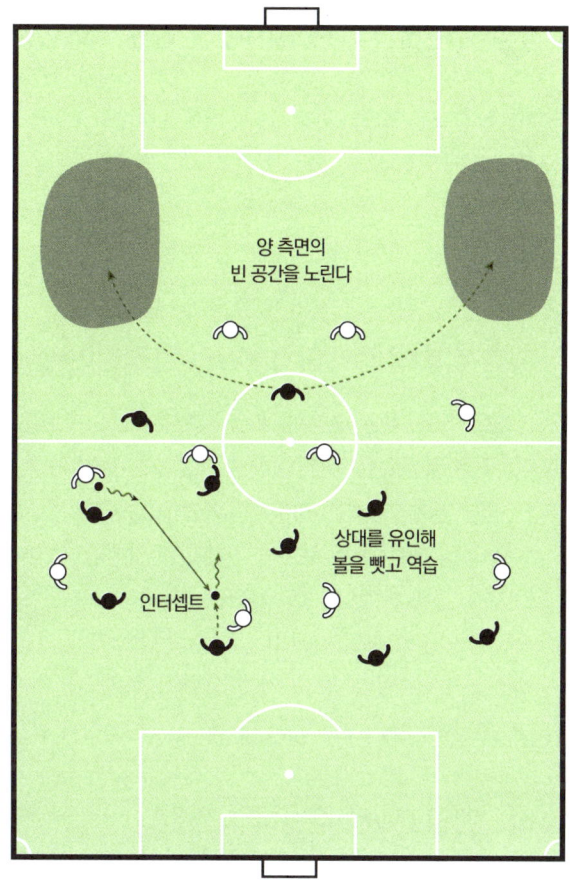

양 측면의 빈 공간을 노린다

상대를 유인해 볼을 뺏고 역습

인터셉트

POINT

볼을 뺏으면 상대 수비조직이 정렬되기 전에 공격한다. 힘들 것으로 판단이 되면 공격 속도를 한 템포 늦추는 것이 좋다.

잊지 말아야 한다. 역습하기 전에 볼을 뺏기면 다시 위기에 빠진다는 사실을 잘 이해하고 있어야 한다는 뜻이다. 물론 한 번의 종 패스로 볼을 전방까지 넘길 수 있으면 좋겠지만, 이것이 실제로 쉬운 일은 아니다. 보통은 볼을 뺏으면 상대 압박을 피하기 위해 횡 패스로 일단 연결한 다음 종 패스를 노리는 경우가 많다.

048 | 역습의 기능 포인트

가능한 한 빠른 역습이 가장 좋지만 상대 또한 경계해오기 때문에 성공하기는 쉽지 않다. 역습을 성공시키려면 볼을 뺏고 나서의 플레이가 매우 중요하다.

뺏은 직후의 플레이와 FW의 움직임이 열쇠

역습은 볼을 뺏은 순간의 공수 전환과 마무리 슈팅으로의 신속한 연결이 매우 중요하다. 좋은 흐름으로 종 패스까지 연결하는 것이 가장 이상적이지만 상대 또한 역습에 대해 강한 경계를 한다. 여기서는 역습을 성공시키기 위한 포인트를 소개한다.

우선 볼을 뺏은 직후 상대가 가해오는 압박을 제쳐야 하는데, 상대의 시선을 분산시키기 위해 짧게 한 번 횡 패스를 하거나 드리블로 제치는 것이 효과적이다. 그다음으로 중요한 것이 FW의 포지션이다. 단순히 중앙에만 있으면 상대 CB가 마크하기 때문에 종 패스를 할 수 없다. 볼을 가진 선수와 호흡을 맞추면서 측면 공간으로 빠지거나, 상대 CB의 뒷공간을 노리는 등 뒤로 빠지는 움직임이 필요하다.

타깃맨인 FW를 주변이 지원한다

그러나 상대 수비진 역시 FW로 향하는 종 패스를 노릴 것이다. 전방에 있는 타깃맨은 FW 1명이므로 당연히 패스가 FW로 집중되기 때문이다. 상대의 심한 마크를 제치기 위해서는 주변 동료들의 지원이 필요하다. 물론 마크를 따돌리면서 FW가 단독으로 돌파할 수 있으면 좋겠지만 상대도 강하게 경계해오므로 그리 쉬운 문제는 아니다.

전방으로 종 패스가 들어오면 투톱일 때는 다른 1명의 FW, 원톱일 때는 2선의 선수가 바로 지원해 재빠른 역습에서 마무리 슈팅까지 연결한다.

역습을 막기 위한 수비 방법 ①

역습은 볼을 뺏긴 다음에 이루어지므로 신속하게 전환한다. 가급적 공격 시에도 수비진은 포지션을 조정하고 있어야 한다. 남아 있는 상대 FW의 인원에 따라 달라지지만, 오른쪽 SB가 공격 가담해 그 뒤편에 공간이 있을 때는 오른쪽 CB와 왼쪽 CB, 왼쪽 SB가 포지션을 우측으로 쏠리게 미세 조정을 한다. 또한 볼란테 1명이 내려가 수비 인원을 확보한다.

역습을 막기 위한 수비 방법 ②

위의 그림과 마찬가지로 오른쪽 SB가 공격 가담해 그 뒤편에 공간이 생겼을 때의 또 다른 대응책을 소개한다. 이 방법 또한 남아 있는 상대 인원에 따라 달라질 수 있는데, 최종 수비라인은 포지션을 그대로 유지하고, 오른쪽 볼란테가 내려가 공간을 메운다. 이때 미드필드 중앙에 공간이 생기므로 왼쪽 볼란테가 미세 조정을 하는 것도 중요한 포인트가 된다.

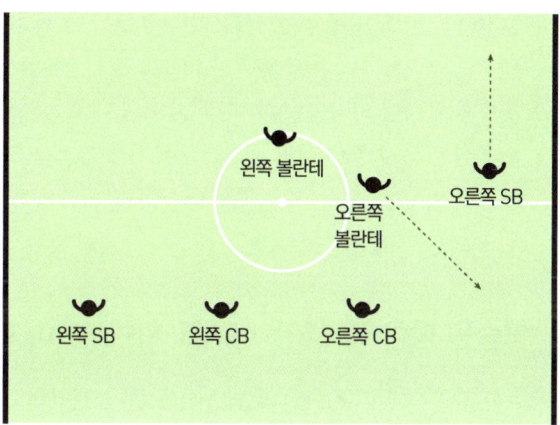

✓ 코칭 어드바이스

역습을 대비한 철저한 준비가 필요하다

SB가 높은 위치에서 플레이하면 공격이 한층 두꺼워진다. 그러므로 SB는 수비력과 더불어 공격력이 필수적이며 공수 양면에 뛰어난 능력을 지닌 선수여야 한다. 그러나 SB가 공격 가담하면 필연적으로 그 뒤편에 공간이 생긴다. 볼을 뺏는 순간 상대는 이 공간을 노리고 공격해온다. 이때 CB 2명만이 최종 수비라인에 남는 상황은 피해야 한다. CB뿐만 아니라 볼란테나 반대 측면의 SB도 적절하게 포지션을 잡고 역습에 대비해야 한다.

049 | 역습의 예 ①

여기서는 상대 SB가 하프라인을 넘어 공격 가담해올 때의 역습의 예를 소개한다. 역습을 시도하는 측의 의도와 역습당하는 측의 관점 모두를 생각하면서 플레이한다.

상대 오른쪽 SB의 뒤를 노린 역습의 예

상대가 오른쪽 측면을 통해서 공격해올 때, 같은 측면의 배후를 이용해 역습 공격하는 패턴이다. 상대 SB를 자기 진영으로 유인해 그 배후에 공간을 만들어낸다. 그 후 미드필드 깊은 위치에서 볼을 뺏으면 빈 공간으로 FW가 뛰어 들어가 종 패스를 받는다.

이 경우 상대 수비진이 CB만 있는 투백일 때 역습 성공률이 높아진다. 수비진 관점에서 보면 쉽게 이해가 되는데, 양 SB가 동시에 높은 위치에 있으면 수비 균형이 매우 나빠진다. 따라서 오른쪽 SB가 공격 가담하면 왼쪽 SB는 그 자리에 머물러 역습에 대비한다. 이와 동시에 볼란테가 빈 공간을 메우지 않으면 역습의 먹잇감이 된다.

역습을 당한 쪽 CB는 상대를 지연시켜야 한다

수비진 관점에서 본다면 역습 공격을 받은 진영의 CB는 당황하지 말아야 한다. 이 경우 측면으로 빠지는 FW에 대해 바로 따라붙지 말고 FW의 플레이를 지연시키는 것이 좋다. 동료가 돌아올 수 있는 시간을 벌어 인원이 모두 채워진 뒤에 볼을 쫓아가도 늦지 않다.

이 플레이도 그렇지만 역습 공격은 FW 대 CB의 대결이 될 때가 많다. 볼이 나오는 순간의 오프사이드를 둘러싼 경합도 마찬가지로, 종 패스에 대한 반응이 늦은 쪽이 경합에서 지게 된다. 비록 볼에서 멀리 떨어져 있더라도 역습 공격을 하는 진영의 FW와 수비하는 진영의 CB는 늘 집중력을 잃지 말아야 한다.

역습의 예 ①

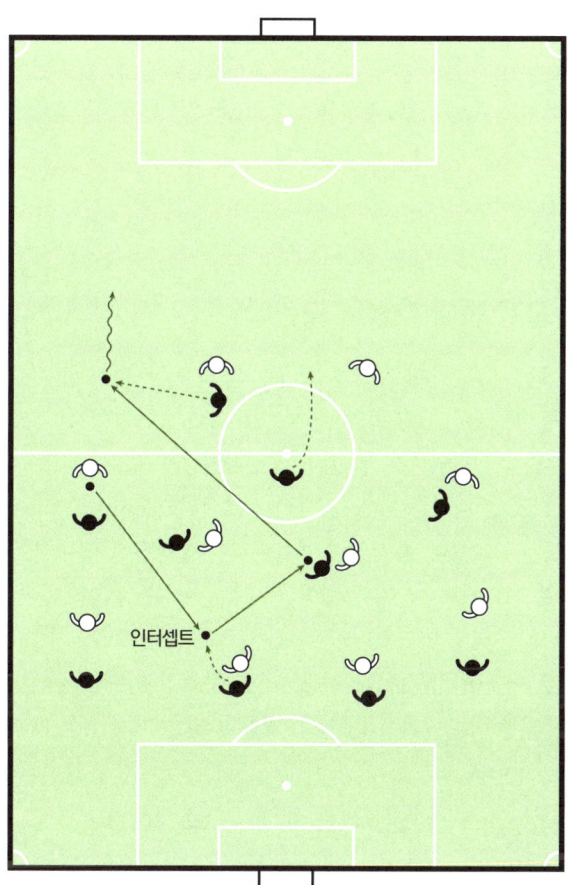

상대 SB에서 FW로의 종 패스를 인터셉트하고 나서의 역습의 예다. 볼을 뺏은 CB는 상대의 압박을 제치기 위해 한 차례 오른쪽 볼란테에게 짧게 패스한다. 패스를 받은 오른쪽 볼란테는 전방 왼쪽 공간으로 침투한 원톱에게 다이렉트로 종 패스를 한다. 이때 원톱은 동료 CB가 볼란테에게 패스하는 타이밍에 움직여야 한다. 패스를 받은 원톱은 공격형 미드필더의 지원까지도 고려해 자기가 마무리 슈팅할 것인지 아니면 동료에게 넘길 것인지 결정한다.

POINT

공수 전환할 때 수비진의 경우 '볼을 뺏기면 3초 이내로 볼 탈취를 노려야 한다'는 법칙이 있다. 공수 모두 신속한 대응이 필요하다.

050 | 역습의 예 ②

역습은 짧은 시간에 적은 인원으로 하는 것이 가장 이상적이다. 여기서는 적은 횟수로 종 패스하면서 같은 측면을 노리는 역습이 아니라 횡 패스를 이어가면서 반대 측면으로 전개하는 역습 공격의 예를 소개한다.

신속한 역습으로 반대 측면을 노린다

상대가 공격해오는 쪽의 반대 측면을 노리는 역습에서는 신속한 사이드 체인지가 필요하다. CB가 볼을 뺏었을 때 한 번의 롱 패스로 기회가 만들어지면 그대로 밀고 나간다. 하지만 실제에서는 상대 압박이 만만치 않기 때문에 바로 롱 패스를 하기란 매우 어렵다. 한 차례 횡 패스를 해서 먼저 상대 시선을 분산시켜보자.

이때의 횡 패스는 동료들이 움직일 수 있는 시간적 여유를 벌어들이는 패스이기도 하다. FW, 공격형 미드필더, 반대 측면의 선수들은 이때 신속하게 적절한 포지션을 잡는다. 특히 FW와 공격형 미드필더의 연계가 중요하다. FW가 상대 CB를 등진 상태로 SM의 종 패스를 이끌어낸다. 이때 교대하듯이 공격형 미드필더가 전방의 빈 공간으로 침투하고, 이 공격형 미드필더에게 FW가 최대한 적은 터치 수로 패스를 연결한다.

역습은 단시간, 소수 인원, 적은 패스 수로 끝낸다

전방에서 볼을 가진 공격형 미드필더는, 단독으로 드리블 돌파가 가능하다면 그대로 나간다. CB가 커버하러 들어와 있으면 공격 가담하고 있는 SM에게 종 패스를 한다. FW, 공격형 미드필더는 그대로 문전으로 침투해 일련의 공격을 슈팅으로 마무리한다.

역습은 짧은 시간에 적은 인원이 적은 패스 수로 끝내야 효과적이다. 시간이 오래 걸리면 그 사이 상대가 수비조직을 갖추기 때문에 골 확률이 떨어지게 된다. 패스를 연결하는 과정에서 상황이 어렵다고 판단이 되면 완급 조절을 하면서 볼을 키핑하면 된다.

역습의 예 ②

상대 SB가 공격에 가담하면서 하프라인을 넘어왔다. 수비진은 조직이 갖춰져 있고 선수 간의 거리 또한 균형이 잡혀 있다. 상대 SB가 드리블로 종방향 돌파를 시도하면 SM이 1대 1로 대응하면 되는데 이 상황에서 돌파해올 가능성은 낮다. 설령 돌파에 성공한다고 해도 더 이상 갈 데가 없고 볼을 뺏기면 실점 위기를 맞는다. 이때 상대 SB가 할 수 있는 패스는 백 패스나 FW로의 종 패스 중 하나인데, 만약 종 패스를 하면 CB가 뺏는다.

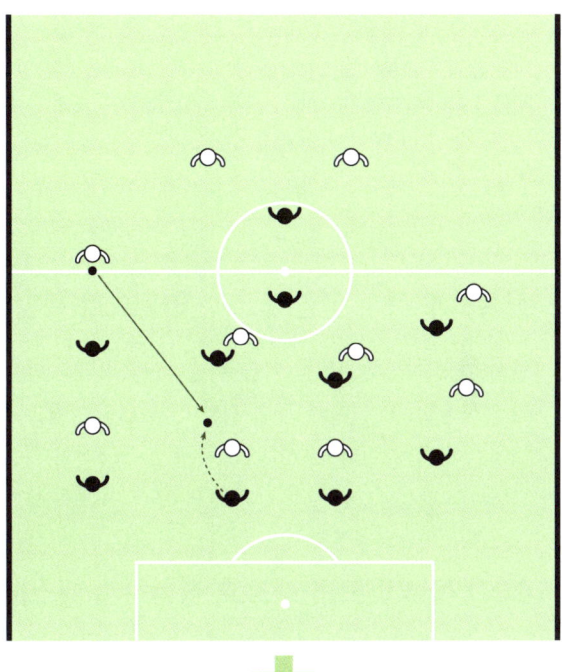

상대 SB가 FW에게 종 패스한 볼을 인터셉트한 다음, 반대 측면으로 전개하는 역습이다. 볼을 뺏은 CB는 상대 압박을 제치기 위해 왼쪽 SM이 다가오면 짧게 패스한다. 왼쪽 SM은 그 볼을 원톱이 내려올 때 다이렉트로 패스한다. 원톱은 올라온 공격형 미드필더에게 플리킹(Flicking, 패스를 받을 때 가볍게 볼에 터치해 볼 방향을 살짝 틀어 코스를 바꾸어 패스하는 기술)으로 볼을 그냥 빼고, 공격형 미드필더는 오른쪽 측면을 오버래핑하는 오른쪽 SM에게 다이렉트로 연결한다. 물론 가능하다면 공격형 미드필더가 단독으로 마무리 슈팅해도 된다.

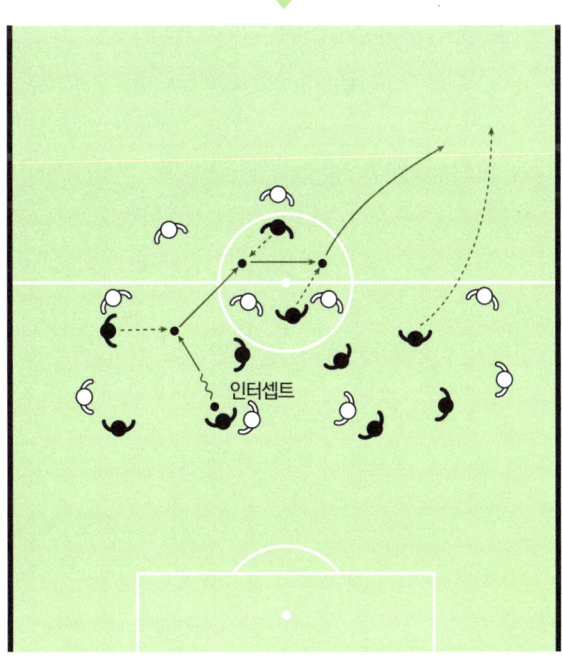

> **POINT** ⚽
> 반대 측면으로 역습을 노릴 때는 무조건 리듬감 있게 다이렉트로 패스를 연결한다. 전체가 연동하는 것이 중요하다.

051 | 역습의 훈련 방법 ①

역습 공격을 성공시키기 위해 지금 여기서 소개하는 기본 훈련으로 이미지를 익혀보자. 볼을 뺏으면 재빨리 코치에게 종 패스하고, 그 패스에 연동해 동료 선수 3명이 움직이기 시작한다.

신속하게 공수 전환해 소수 인원으로 득점한다

단시간에 소수 인원으로 역습을 성공시키려면 신속하고 정확한 패스 연결이 필요하다. 가장 중요한 것은 빠른 공수 전환이다. 움직임이 느려서 공격이 정체되면 상대 압박의 먹잇감이 되기 쉽다. 특히 현대 축구는 플레이와 판단 둘 다 신속하지 않으면 성공하기 어렵다. 우선은 훈련을 통해 신속한 공수 전환과 정확한 종 패스를 반복 연습한다.

CB가 볼을 뺏으면 빠르고 정확하게 패스한다

하프코트의 2/3를 사용해 중앙에 센터라인을 설치한다. 반으로 나눈 지역 중 하나에 코치가 들어가고, 다른 한 지역에서 5대 5를 실시한다. 수비진이 볼 뺏기에 성공하면 그 순간 공수를 전환한다.

볼을 뺏은 CB는 빠르고 정확하게 코치에게 종 패스한다. 동시에 수비진 3명은 센터라인을 넘어 공격에 가담하고, 코치에게 패스를 받고 득점을 노린다. 처음에 공격진이었던 선수들은 볼을 뺏긴 순간 바로 공수 전환하면서 이번에는 볼을 뺏으러 간다. 단, 상대진이 코치에게 종 패스를 하면 센터라인을 넘어 수비할 필요는 없다.

수비진은 볼을 뺏고 나서 패스 한 번으로 코치에게 연결할 수 없다면 짧은 패스로 연결해도 된다. 이때 3번 이내의 패스로 골을 노린다거나 볼을 뺏고 5초 이내에 노리는 등 다양한 조건을 설정하면 효과적이다.

역습의 훈련 방법 ①

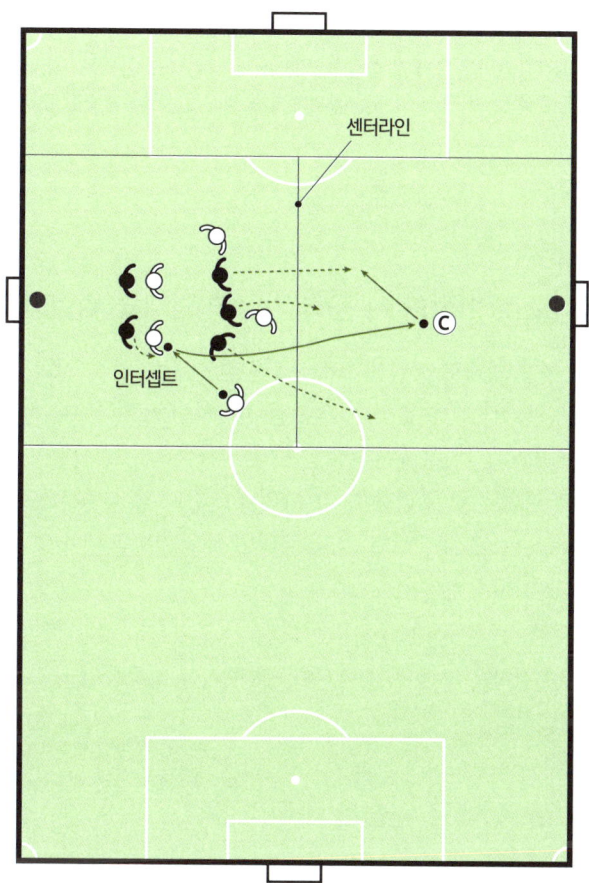

신속한 공수 전환을 익히는 훈련 방법으로, GK를 세우고 5대 5를 실시한다. 공격진은 FW와 MF, 수비진은 DF와 MF의 설정이다. 공격진은 패스를 연결하면서 상대 골문을 향해 공격하고, 수비진은 이를 수비하면서 볼을 뺏으면 바로 역습 공격을 시도한다. 그림처럼 실제로 볼을 뺏으면 전방 코치에게 바로 종패스를 한다. 동시에 수비진 3명은 라인을 넘어 코치가 주는 패스를 받고 공격한다.

POINT

코치에게 종 패스할 때 정확하게 패스한다. 수비진 MF는 신속하게 전환하고 센터라인을 넘어 역습 공격한다.

052 | 역습의 훈련 방법 ②

여기서는 보다 실전에 가까운 형태인 훈련 방법을 소개한다. 역습 공격은 기본적으로 최단거리로 슈팅하는 것을 목표로 한다. 따라서 이 훈련에서는 필드의 가로 폭을 축소한 환경에서 다양한 조건들을 설정한다.

수비 → 공격으로의 전환 시 공격 가담의 감각을 익힌다

보다 실전에 가까운 형태로 상황을 설정해 단시간에 소수 인원으로 마무리 슈팅까지 연결하는 흐름을 반복적으로 연습한다. 필드를 하프라인으로 나누어 한쪽에서 7대 6(+코치)을 실시하고 또 다른 한쪽에서는 3대 3으로 대기한다. 필드의 양 측면은 가급적 사용하지 않는다는 생각으로 훈련한다. 그 이유는 역습의 경우 골문까지 최단거리로 볼을 연결하는 것이 좋으므로 처음부터 가로 폭을 줄여놓으면 골문까지의 최단거리 감각을 터득하는 데 효과적이기 때문이다.

코치로부터 패스를 받은 공격진이 골을 노린다. 수비진은 볼을 뺏기로 정한 지역으로 상대가 들어오면 전력을 다해 볼을 뺏는다. 볼 뺏기에 성공하면 공격진, 수비진 모두 신속하게 공수 전환한다.

볼 뺏고 7~8초 이내로 역습을 마무리한다

볼을 뺏은 쪽은 하프라인 건너의 구역에서 대기하는 동료에게 종 패스를 하고, 동료에게 연결이 되면 전원이 하프라인을 넘어 공격에 가담할 수 있다. 수비진은 처음부터 3명으로만 대응한다. 공격진은 수적 우위 상태이며, 볼을 뺏고 7~8초 이내에 마무리 슈팅한다.

처음에 공격했던 공격진은 볼을 뺏긴 순간에 바로 수비로 전환하면서 이번에는 볼을 다시 뺏도록 한다. 걷어내어 공격 흐름을 끊거나, 뺏은 볼을 코치에게 패스하면 일련의 흐름이 종료된다. 공수를 다시 원래로 되돌리고 코치가 패스를 주면서 다시 재개한다.

역습의 훈련 방법 ②

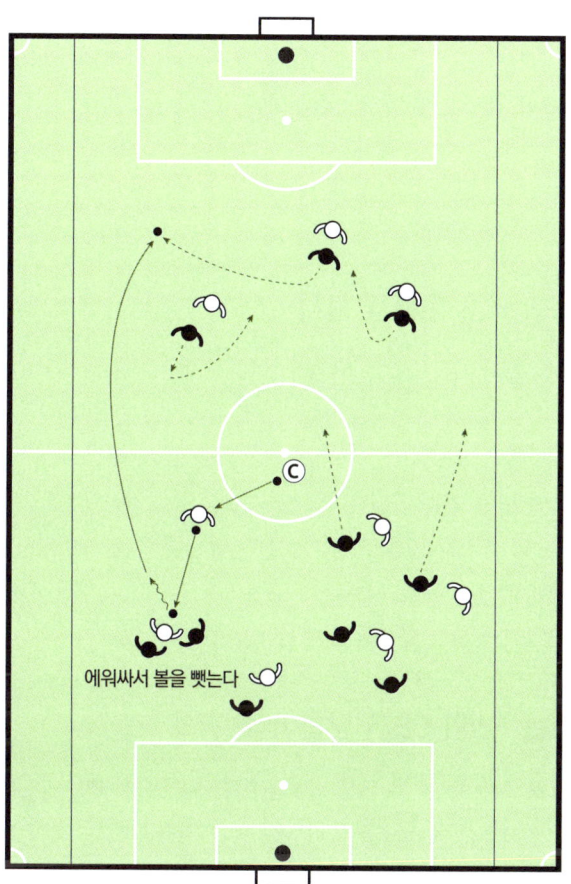

에워싸서 볼을 뺏는다

필드 양쪽에 선을 긋고, 코치를 중앙에 배치해 필드 한 편에서 수비진에게 유리한 7대 6을 실시한다. 다른 편 필드는 3대 3이다. 코치가 공격진에게 패스하고 수비진이 이 볼을 뺏는다. 그림처럼 왼쪽 측면에서 2명이 에워싸서 볼을 뺏으면 곧바로 전방에 있는 동료에게 종 패스를 한다. 이때 볼을 뺏은 측은 전원이 하프라인을 넘어 공격에 가담할 수 있다. 뺏긴 측은 볼을 다시 뺏는다. 뺏으면 걷어내거나 코치에게 패스한다.

POINT

볼을 뺏은 수비진은 어느 선수가 공격 가담할 것인지 상황에 따라 판단하면서 하프라인을 넘을 것.

053 | 역습의 훈련 방법 ③

역습의 총 마무리로, 여기서는 필드 전체를 사용한 훈련 방법을 소개한다. 이 훈련의 핵심 포인트는 조건 설정이다. 수비진의 인원과 마무리 슈팅하기까지의 시간 등 조건을 다양하게 설정해보자.

풀코트로 모의 역습 훈련을 실시

풀코트에서 실전 형식으로 연습을 해본다. 어디까지나 역습을 위한 훈련이므로 몇 가지 조건을 설정한다.

첫째로 수비진이 볼을 뺏고 나서 역습을 시도할 때, 볼을 뺏긴 측이 하프라인을 넘어 자기 진영으로 돌아올 수 있는 인원은 3명까지다. 둘째로 처음에 CB 2명 대 FW 2명인 코트에서는 FW가 종 패스를 받을 때 상대 CB가 인터셉트할 수 없다. 전방에서 FW가 볼을 키핑하고 후방에서 동료가 지원하는 훈련이기 때문이다. 단, FW가 볼에 원터치한 다음에는 이 인터셉트 금지 설정을 해제한다.

핵심 포인트는 FW와 CB의 경합이다

이 훈련에서는 오프사이드를 확실하게 적용한다. 역습에서 FW 대 CB의 경합은 중요한 포인트로, 훈련에서 오프사이드를 둘러싼 공방을 연습해 놓는 것이 좋다. 종 패스를 받은 FW는 후방의 지원 없이 단독으로 갈 수 있을 때는 당연히 골을 노린다.

공격진은 최단거리로 골문을 향해 마무리 슈팅할 것을 목표로 한다. 수적 우위이면 패스를 돌리기 쉬운데 시간이 길어지면 수비진 3명이 들어온다. 신속하게 공격하는 의식을 심을 수 있도록 이 훈련에서도 7~8초 내로 마무리 슈팅하는 조건을 설정한다.

역습의 훈련 방법 ③

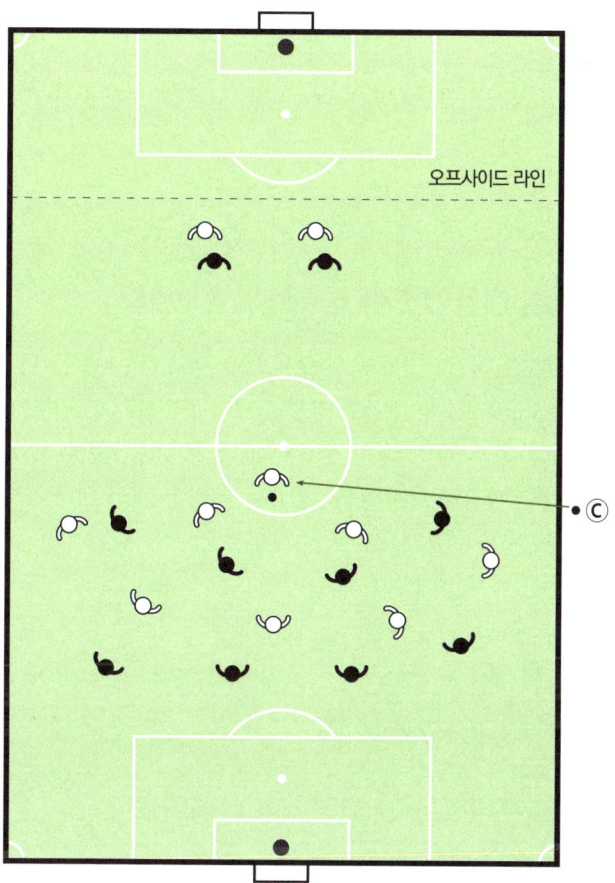

풀코트를 이용하는데, 하프라인의 한쪽에서 8대 8(+ 코치)을 실시, 다른 한쪽에서는 2대 2 상황을 만든다. 먼저 코치는 공격진에게 패스하고 수비진이 볼을 뺏는 순간 공수가 전환된다. 볼을 뺏으면 신속하게 전방으로 종 패스하고, 연결이 되면 전원이 하프라인을 넘어 공격 가담할 수 있다. 반면 볼을 뺏긴 측은 3명까지만 들어올 수 있다. 처음에 있었던 2명과 들어온 3명, 이렇게 5명이 볼을 다시 뺏는다.

POINT

2대 2에서의 인터셉트는 금지한다. FW가 볼을 지키고 동료가 지원하러 오는 이미지로 훈련한다.

054 | 쇼트 카운터

자기 진영으로 상대를 유인해 볼을 뺏는 롱 카운터와 달리, 쇼트 카운터는 상대 진영에서 볼을 뺏는 데에서 시작된다. 그러므로 전방에서의 수비와 수비에서 공격으로의 전환이 핵심 포인트가 된다.

전방 압박으로 볼을 뺏으면 신속하게 공격한다

롱 카운터는 상대를 자기 진영으로 유인해 볼을 뺏는 것부터 시작한다. 이에 비해 쇼트 카운터(Short counter)는 팀 전체가 라인을 밀어 올려서 높은 위치에서 볼을 뺏는 것에서부터 시작한다. 쇼트 카운터는 마이볼이 됐을 때 상대 골문까지의 거리가 짧아 기회를 만들기가 쉽다. 따라서 롱 카운터만큼 많은 횟수가 아닌 대략 2~4번의 패스로 마무리 슈팅까지 연결하도록 한다.

보통 압박을 가할 때는 상대를 한쪽 측면으로 몰아 패스 코스를 한정해서 볼을 뺏는 경우가 많다. 그러나 쇼트 카운터를 노릴 때는 골문과 가까운 중앙 부근에서 뺏어야 한다. 따라서 종적 차단 전술로 볼을 뺏고 인원이 적은 상대 최종 수비라인의 뒷공간을 속공으로 노리는 이미지다.

볼을 뺏고 난 후의 전개를 고려하며 플레이한다

볼을 뺏고 난 뒤에 그다음 플레이를 생각하면, 상대에게 압박을 받고 볼을 다시 뺏길 수 있다. 쇼트 카운터를 노리려면 압박으로 볼을 뺏기 이전에, 뺏고 난 다음의 전개를 미리 생각하면서 각 선수가 위치 선정을 해야 한다. 특히 FW는 압박과 쇼트 카운터 공격의 양면에서 중요한 역할을 맡게 된다.

투톱 중 1명이 압박, 다른 1명은 공격

막상 볼 뺏기에 성공해도 전방에 패스할 곳이 없으면 공격이 정체되어 버린다. '볼 뺏기 → 종 패스'의 흐름은 빠르면 빠를수록 좋다. 투톱일 때는 1명이 압박을 가하기 위해 측면으로 움직이면 다른 1명은 역습 공격에 대비해 상대 CB와 경합하면서 적절한 포지션을 잡아 놓는다. 원톱일 때는 공격형 미드필더가 포지션을 높게 잡는다. 전방에 타깃맨이

쇼트 카운터의 기본형

팀 전체가 라인을 밀어 올려서 높은 위치에서 압박을 가해 볼을 뺏는다. 목표한 대로 볼을 뺏으면 단시간에 소수 인원으로 빠르게 패스를 연결해 골을 노린다. 2~4번 정도의 적은 횟수로 빠르게 패스를 연결하고 마무리 슈팅한다. 측면을 사용하면 상대가 수비조직을 갖출 수 있는 시간을 허용하게 되므로 가급적 중앙의 공간을 활용해 공격한다.

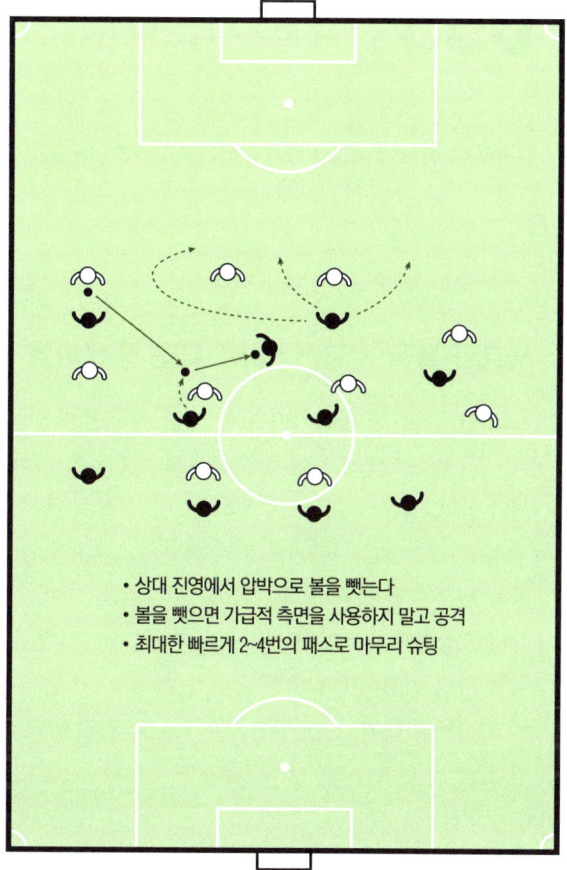

- 상대 진영에서 압박으로 볼을 뺏는다
- 볼을 뺏으면 가급적 측면을 사용하지 말고 공격
- 최대한 빠르게 2~4번의 패스로 마무리 슈팅

POINT

압박을 가할 때는 수비보다는 적극적으로 볼을 뺏으러 간다는 '공격적 수비'의 이미지로 플레이한다.

없으면 쇼트 카운터는 성공하기 어렵다. 여기서 짚고 넘어가야 할 부분은 반드시 패스로 연결해야 하는 것은 아니라는 것이다. 상대 진영에서 볼을 뺏었는데 전방에 CB가 1명밖에 없는 상황이라면 신속한 드리블로 공격해도 된다. 중요한 것은 골을 넣는 것임을 기억하자.

055 | 쇼트 카운터의 기능 포인트

쇼트 카운터가 기능하기 위해서는 전방 압박이 가능하다는 전제조건과 FW의 포지셔닝이 핵심 포인트가 된다. 특히 볼을 뺏고 나서의 판단력과 주변 선수들의 지원이 중요한 요소가 된다.

동료가 볼을 뺏으면 FW는 다음 플레이를 판단한다

쇼트 카운터를 성공시키기 위한 가장 중요한 요소는 FW의 포지셔닝, 즉 위치 선정이다. 즉 FW는 미드필드에서 동료가 볼을 뺏었을 때 바로 패스를 받을 수 있는 장소에 있어야 한다. 동시에 CB의 마크를 받고 있으므로 실제로 패스받았을 때 어떻게 움직일 것인지 슈팅에 대한 이미지를 미리 생각하고 있어야 한다.

볼을 뺏은 순간 패서가 패스할 수 있는 각도는 어느 정도 제한되어 있다. FW는 패서의 그러한 상황까지 계산하면서 움직여야 한다. 한 번의 패스로 DF 라인의 뒤편을 찌르는 것이 가장 이상적이지만 쉬운 일은 아니다. 우선은 좀 패스를 유도한다. 나머지는 FW의 독자적 판단과 주변 선수들의 신속한 지원에 따라 쇼트 카운터의 성공 여부가 결정된다.

반대로 역공당하지 않으려면 측면을 활용해 공격한다

그럼 반대 입장이 되었을 때 쇼트 카운터를 당하지 않으려면 어떻게 공격하면 될까? 자기 진영 또는 하프라인과 인접한 중앙에서 볼을 뺏기는 것이 가장 위험하므로 측면 공격에 집중하면서 미드필드를 건너뛰어 공격하는 방법도 가능할 것이다.

오른쪽 그림과 코칭 어드바이스에서 언급한 것처럼 쇼트 카운터를 노리는 팀은 대개의 경우 중앙 부근에 망을 치고 조용히 상대 공격을 기다리고 있다. 그러므로 이 지역을 최대한 피해서 공격하는 것이 좋다.

쇼트 카운터를 피할 수 있는 공격 방법

공격 시에 필드 중앙에서 볼을 뺏기면 쇼트 카운터를 당할 위험이 높아진다. 특히 자기 진영은 물론 하프라인에 가까운 중앙이 가장 위험하다. 이를 막기 위해서는 공격 시 가급적 측면을 활용해 종방향으로 볼을 차는 것이 좋다. 볼란테, CB는 항상 상대 FW의 움직임을 예의 주시하고 있어야 한다.

볼을 뺏기면 쇼트 카운터를 당하기 쉬운 위험 지역

POINT

SB가 미드필드 깊은 위치에 있는 볼란테에게 패스할 때가 가장 위험하다. 볼란테는 볼을 빨리 넘기도록 노력한다.

✓ 코칭 어드바이스

측면 공격에 집중하고, 상대의 수비망에 진입하지 말 것

쇼트 카운터를 당하지 않으려면 공격 시 위험 지대에서 볼을 뺏기지 않아야 한다(특히 자기 진영이나 하프라인의 중앙 부근). 이를 위해서는 측면을 활용한 공격 시도가 바람직하다. 상대는 압박으로 종 패스를 막으면서 중앙으로 유인해올 것이다. 이 유인에 절대 따라가지 말아야 한다. 종방향으로의 연결이 어렵다고 판단되면 미드필드를 어중간하게 거치지 말고 과감하게 전방으로 롱 패스 또는 크게 사이드 체인지 한다. 일부러 상대가 진을 치고 있는 곳으로 들어갈 필요는 없다.

056 | 쇼트 카운터의 예 ①

쉽게 이미지를 그릴 수 있도록 쇼트 카운터의 패턴 예시를 들어 살펴보자. 여기서 중요 포인트는 CF와 공격형 미드필더가 같은 이미지를 공유하면서 연동하는 것이다.

전방을 압박하고 볼란테가 인터셉트

쇼트 카운터 상황을 그려보자. 전방에서 FW가 상대 CB를 쫓으면 CB가 측면으로 패스한다. 상대 SB가 볼을 받으면 왼쪽 SM은 종방향으로의 돌파를 막기 위해 정면에 서서 패스 코스를 차단한다. 동시에 FW는 리턴 패스를 차단한다. 이때 최종 수비라인과의 거리가 떨어져 있으면 안 된다. 압박이 가해지도록 라인을 밀어 올리고 팀 전체가 콤팩트한 상태를 유지하고 있어야 한다. 그 결과 갈 곳을 잃은 상대 SB가 어쩔 수 없이 중앙으로 패스를 하면 볼란테가 재빠르게 반응해 인터셉트한다.

상대 볼을 뺏고 2번의 패스로 슈팅한다

볼란테의 기술이 좋다면, 다이렉트로 전방 패스도 가능하다. 그대로 최종 수비라인의 뒷공간을 노릴 수 있다면 FW와 보조를 맞추어 한 번의 패스로 골을 노린다. 이것이 불가능할 때는 일단 공격형 미드필더 또는 볼란테 등을 경유한다. 그리고 전방에서 CF(센터포워드)가 상대 CB와 경합을 벌이고 패서와 호흡을 맞추며 문전으로 돌진한다.
이것은 볼을 뺏고 나서 2번의 패스로 마무리 슈팅까지 연결하는 예로, 가장 이상적인 전개라고 할 수 있다. 중앙에서 뺏은 볼은 측면으로 주지 말고 그대로 중앙을 거쳐 골문까지 몰고 간다.

쇼트 카운터의 예 ①

FW가 높은 위치에서 상대 CB에게 따라붙으면서 SB로 패스하게 만들었다. 측면에서 볼을 받은 상대 SB가 종방향으로 패스하지 못하도록 SM이 포지션을 잡는다(종적 차단). 또한 FW는 상대가 리턴 패스나 횡 패스를 못하도록 막고 있다. 유일한 패스 코스인 대각선 전방으로 볼이 나오면 볼란테가 상대보다 먼저 반응하여 인터셉트한다.

볼을 뺏으면 바로 상대 최종 수비라인 뒤편으로 패스하는 것이 가장 좋다. 그러나 볼을 뺏긴 상대 또한 바로 압박을 해온다. 이 움직임을 제치려면 우선 짧은 패스로 연결한다(여기서는 오른쪽 볼란테). 그 틈에 FW가 뒷공간을 노리게 되는데 상대 CB도 FW에게 볼이 간다는 것을 미리 예측하고 마크해올 것이다. 이때 FW에게 필요한 것은 CB의 마크를 제치는 움직임이다. 한 번 바깥으로 벌려 CB를 유인하고, 빈 공간으로 동료가 패스하게 하는 방법이 있다.

POINT

상대는 라인 컨트롤을 해오므로 오프사이드를 주의해야 한다. FW의 움직임과 패스하는 타이밍을 맞춘다.

057 | 쇼트 카운터의 예 ②

여기서 소개하는 쇼트 카운터의 예는 약간 왼쪽 측면에서 볼을 뺏고 난 다음, 오른쪽 측면으로 종 패스해서 마무리 슈팅으로 이어가는 형태다. 이때 공격하는 SM은 상대 CB와 SB 사이를 노린다.

반대 측면에서 대각선으로 뛰면서 스루 패스를 유도한다

볼란테가 볼을 뺏고 공격형 미드필더에게 연결되는 부분까지는 앞 쪽의 내용과 동일하며, 전방에서 FW가 밀착 마크를 받으면서 패스 코스가 하나 없어진 상황이다. 게다가 상대 공수 전환이 빠르고 상대 CB가 공격형 미드필더를 철저하게 체크하러 온다. 이럴 때 과연 어떻게 대처해야 할까?

핵심 포인트는 반대 측면의 움직임으로, '왼쪽 측면 → 중앙'의 흐름으로 볼을 뺏은 뒤 오른쪽 SM이 과감하게 공격 가담해 대각선으로 움직이면서 패스 코스를 만들어내는 것이다. 빠른 속도로 문전으로 치고 들어가면서 볼을 받는다.

SB와 CB 사이를 대각선으로 뛰면 골대가 가까워진다

상황에 따라 다르지만 보통 쇼트 카운터를 펼칠 때 SM이 공격 가담할 경우 상대 SB와 CB 사이를 대각선으로 뛰어 들어가면 더 효과적이다. 상대 SB의 뒤편보다 이 코스가 골대와 더 가깝고 앞에서 뛸 때 상대 SB가 대응하기가 어렵기 때문이다.

이 종 패스가 연결되고 GK와 1대 1이 되어도 일련의 흐름이 종료되는 것은 아니다. GK가 빠르게 튀어나오면 루스볼이 될 가능성이 있다. 그러므로 FW와 왼쪽 SM 또한 멈추지 말고 문전으로 파고들어 가야 한다. 쇼트 카운터를 비롯해서 공격은 반드시 슈팅으로 끝내는 것이 좋다.

쇼트 카운터의 예 ②

FW가 높은 위치에서 압박하면서 상대를 측면으로 몰고 간다. 상대 SB에게 볼이 가면 SM은 종방향 돌파를 절대 허용해서는 안 된다. 각 선수들이 연동하여 자기가 마크해야 할 상대 위치를 확인하고 다음 패스에 대비한다. 주의해야 할 것은 상대가 미드필드를 건너뛰는 경우로, 전방으로의 롱 패스나 사이드 체인지 패스를 조심해야 한다. 망을 치고 있는 중앙으로 볼이 오면 볼란테가 곧바로 인터셉트한다.

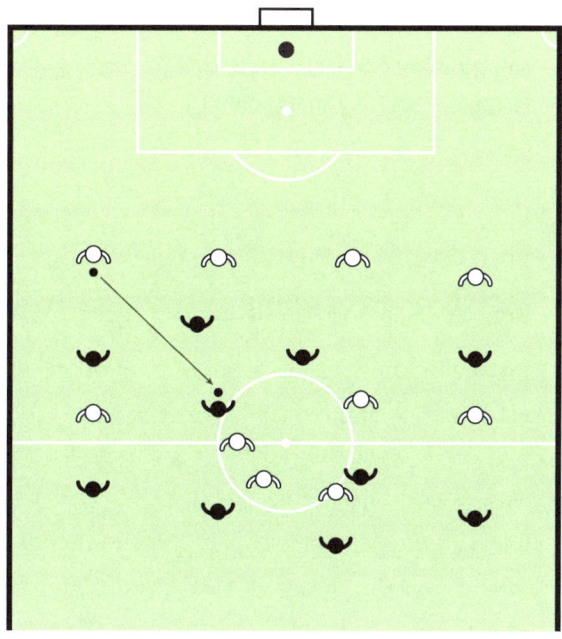

볼란테가 볼을 뺏으면 주변은 신속하게 공수 전환해 골문으로 향한다. 그러나 공수 전환하는 것은 상대도 마찬가지다. '볼란테 → 공격형 미드필더'로 연결했으나 공격형 미드필더에는 CB의 체크가 바로 붙는다. FW, 왼쪽 SM도 밀착 마크를 받는다. 이럴 때는 반대 측면의 SM이 과감하게 공격 가담한다. 최대한 CB와 SB 사이에서 공격 가담한다. FW와 왼쪽 SM의 움직임에 의해 중앙에 공간이 만들어진다.

POINT ⚽

소수 인원으로 골을 노린다. 최종 수비라인에서 SB나 CB가 공격 가담할 필요는 없다. 볼란테 역시 위험을 감수하지 않는 것이 좋다.

058 | 쇼트 카운터의 훈련 방법 ①

이번 훈련은 좁은 공간에서 강하게 압박하는 기술과 쇼트 카운터를 익히는 훈련이다. 볼을 뺏는 감각과 뺏고 난 후의 쇼트 카운터 이미지를 익히도록 한다.

좁은 공간에서의 압박과 쇼트 카운터 훈련

좁은 공간에서의 압박으로 볼을 뺏는 수비 연습과 재빠른 공수 전환으로 쇼트 카운터를 펼치는 감각을 익혀보자. 처음에 볼을 가지고 공격하는 팀에는 몇 가지 조건이 붙는다. 먼저 GK로부터 볼을 받은 CB는 하프라인을 중심으로 35~40m의 범위 안에 있을 때에만 볼을 찰 수 있다. 이 범위를 4등분하고, 그중 한 영역에서 패스를 2번 연결해야 다른 영역으로 패스할 수 있다. 또한 볼을 뺏기면 바로 공수 전환해 다시 뺏어야 하는데 상대가 영역 범위 밖으로 나갈 때 따라붙으면 안 된다. 이러한 움직임, 이른바 상대가 볼을 뺏으면 쇼트 카운터를 막기 위해서 좁은 지역에서 강하게 압박을 가하는 훈련을 한다.

상대 볼을 뺏으면 7초 이내에 마무리 슈팅한다

수비진은 좁은 지역에서 상대를 압박해서 볼을 뺏고, 상대의 압박을 제치면서 신속하게 40m 범위 밖으로 나가는 것을 목표로 한다. 7초 이내에 마무리 슈팅하는 등 신속한 공격을 의식할 수 있도록 조건을 설정하면 효과적이다.

'높은 위치에서 압박해 볼을 뺏는다 → 쇼트 카운터'의 흐름을 소수 인원으로 실현하는 움직임을 익히는 훈련이다. 따라서 수비진은 하프라인보다 앞으로 나갈 수 있는 인원을 5명으로 제한한다.

쇼트 카운터의 훈련 방법 ①

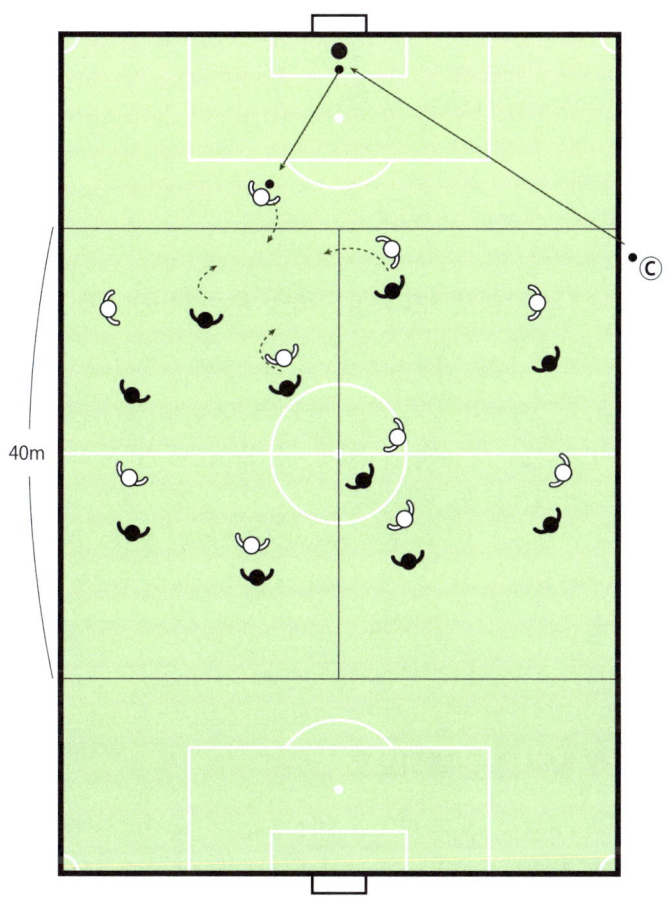

풀코트에서의 10대 10이지만 실제로는 하프라인을 중심으로 한 40m 이내의 범위를 사용한다. 볼을 가진 백팀의 CB는 40m 범위 안에 들어가야 볼을 찰 수 있다. 흑팀은 5명만 하프라인보다 앞으로 나갈 수 있고 효과적으로 압박하기 위해 최대한 중앙에서 볼을 뺏도록 한다. 실제로 뺏으면 공수 전환하고 흑팀은 7초 이내에 골을 노린다. 백팀은 40m 범위 안에서만 수비할 수 있고 상대가 라인을 돌파해도 따라가서는 안 된다.

POINT

백팀은 4등분된 한 영역에서 2번 패스를 연결하면 다른 영역으로 패스할 수 있다. 흑팀은 그 사이에 볼 탈취를 노린다.

059 | 쇼트 카운터의 훈련 방법 ②

보다 실전에 가까운 형태로 쇼트 카운터를 훈련하는 방법을 소개한다. 단, 효과적인 훈련을 위해 공격진의 롱 패스와 사이드 체인지 패스를 금지한다.

공격 조건의 설정 완화로 보다 실전적인 훈련이 되도록 한다

처음에 볼을 가지고 공격하는 팀에 대한 조건을 느슨하게 설정해 실전에 가까운 상황으로 만든다. 핵심 포인트는 CB가 하프라인을 중심으로 40m 범위 안에 없다는 것이다. CB는 양 팀의 지원 역할을 맡는다. 마이볼일 때는 빌드업에 가담하고 상대가 쇼트 카운터를 펼칠 때는 전방에서 타깃맨이 된다.

수비진은 각자 자기 역할을 염두에 두고 플레이한다. FW는 볼을 가진 상대를 측면으로 몰고, SM은 종방향의 패스 코스를 차단한다. 이때 공격진이 전방으로 롱 패스하거나 사이드 체인지 패스를 하면 쇼트 카운터 훈련이 되지 않으므로 공격진은 땅볼 패스로만 한정하는 등의 조건을 붙인다.

범위 밖의 CB 활용은 선택적으로

볼을 가지는 팀이 바뀌는 순간 두 팀 모두 빠르게 공수 전환한다. 공격했던 팀은 이번에는 강한 압박으로 쇼트 카운터를 막는다. 볼을 뺏은 팀은 압박을 제치고 7초 이내에 마무리 슈팅하는 것을 노린다.

범위 밖에 있는 CB에게 한 차례 종 패스를 해도 되고 안 해도 된다. 단, CB는 좌우로 벌어지지 않는다. 쇼트 카운터는 페널티 에어리어의 폭을 벗어나지 않는 것이 바람직하므로 타깃맨 역할을 하는 CB는 최대한 중앙에 있어야 한다.

쇼트 카운터의 훈련 방법 ②

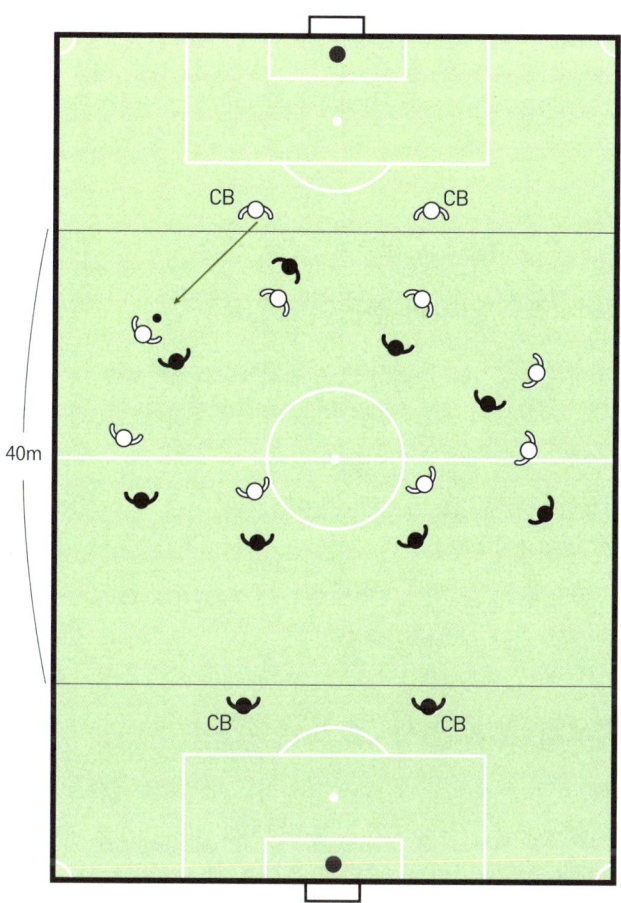

하프라인을 중심으로 40m 범위에서 CB 2명을 제외한 8대 8을 실시한다. 두 팀 모두 CB는 범위 밖의 중앙 부근에 포지션을 잡는다. 백팀 CB가 SB에게 패스한다. 이때 흑팀은 압박하면서 최대한 하프라인 위에서 볼을 뺏는다. 볼을 뺏으면 7초 이내에 골을 노린다. 범위 밖에 있는 백팀 CB에게 빠르게 종 패스해서 리턴 패스를 받는 것도 가능하다. 범위 밖의 CB는 '프리맨(Freeman)'으로, 두 팀 모두를 도울 수 있다.

POINT

쇼트 카운터에서 범위 밖에 있는 CB는 선택적으로 쓸 수 있다. 흑팀이 범위 밖으로 나갈 때 백팀은 따라가지 않는다.

060 | 쇼트 카운터의 훈련 방법 ③

6대 4 상황에서 수비진이 볼을 뺏으면 빨리 구역 밖의 FW에게 패스하고, 2명이 구역을 나와 쇼트 카운터를 하는 훈련 방법을 소개한다. 설정에 변화를 주면 난이도를 조절할 수 있다.

좁은 범위에서 4명의 압박과 연동이 포인트

좁은 범위에서 6대 4를 실시한다. 볼을 뺏은 뒤에 쇼트 카운터를 펼치므로 하프라인 부근의 양 측면에서 실시한다. 볼을 돌리는 팀은 반드시 투터치로 10번 연결하는 것을 목표로 하고, 수비진은 그 사이에 볼 탈취를 노린다.

이 훈련은 수비진을 위한 훈련으로, 4명이 연계하면서 각자의 역할을 이해하고 볼 탈취를 노린다. 좁은 범위에서 6대 4로 플레이하면 쉽게 패스를 차단할 수 있을 것 같지만 각자 따로 움직이면 생각보다 뺏기가 쉽지 않다는 것을 알게 될 것이다. 움직임이 겹치면 안 되고, 너무 빠르거나 느려도 안 된다.

상대 볼을 뺏으면 FW를 써서 2명이 공격한다

여러 명이 연계해 볼을 뺏을 때는 3단계로 뺏는다. 첫 번째로 패스 코스를 한 방향으로 한정시키고, 두 번째로 볼을 가진 선수를 몰아넣는다. 마지막으로 볼이 나오는 순간에 뺏기를 시도한다. 이러한 움직임이 자연스럽게 나올 때까지 반복적으로 연습한다.

수비진 4명이 볼을 뺏으면 문전에 있는 FW에게 빨리 패스한다. 동시에 4명 중 2명이 뛰어 들어가면서 FW와 연계해 골을 노린다. 또는 3번 걷어내기에 성공하면 코치가 FW에게 패스하고 수비에서 공격으로 전환하면서 2명이 뛰어 들어간다.

움직임에 익숙해지면 문전에 CB를 투입하거나 뛰어 들어가는 인원을 늘린다. 좌우 교대로 실시하고, FW로 패스가 연결되면 반대 측면에서 1명이 뛰어 들어가는 옵션도 가능하다.

쇼트 카운터의 훈련 방법 ③

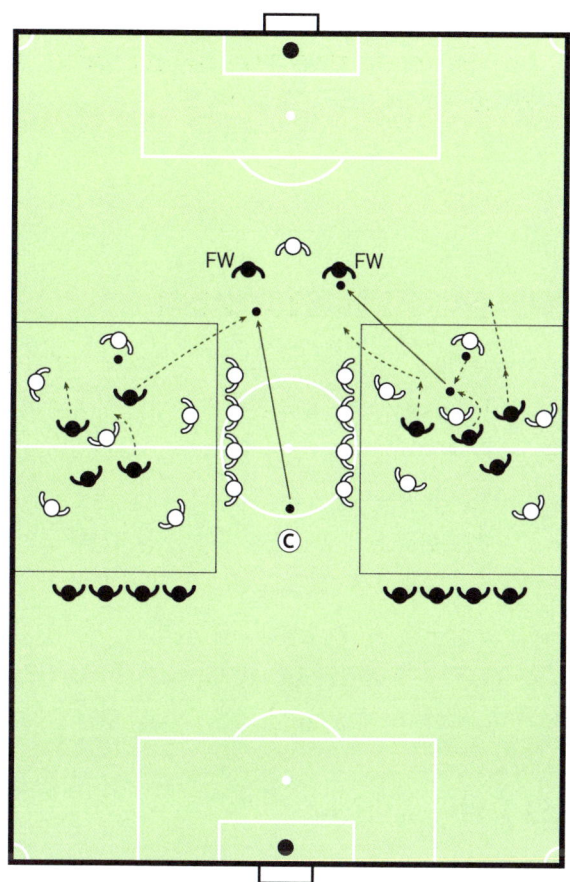

6명이 패스를 돌리는데, 1명이 중앙에 들어가고 5명이 그 주위를 둘러싼다. 수비진 4명은 안쪽에서 패스 차단을 시도한다. 공격진은 투터치로만 패스 연결 10번을 노린다. 수비진은 그동안 볼을 뺏는다. 10번 패스를 성공하면 밖에 있는 선수와 교대한다. 수비진은 볼을 뺏으면 문전에 있는 FW에게 바로 패스한다. 이와 동시에 4명 중 2명이 뛰어 들어가면서 골을 노린다. 또는 3회 걷어내면 코치가 FW에게 볼을 주고 2명이 뛰어 들어간다. 반대편에서도 같은 훈련을 실시하고 문전의 FW는 양쪽 움직임을 주시한다.

POINT

익숙해지면 FW에 CB를 붙인다. 또한 뛰어 들어가는 인원을 3명으로 늘리고 동시에 2명이 따라 붙는 등의 변화를 준다.

061 | 측면 공격

축구에서는 골을 지키기 위해 중앙 수비 진영을 두껍게 하는 것이 기본이다. 때문에 공격 진영은 어려운 중앙 돌파보다는 효율 차원에서 측면 공격을 펼치게 된다.

측면을 공격하면 상대 중앙에 공간이 생긴다

'측면을 통해서 공격하라'라는 말이 있다. 수비진의 관점에서 보면 중앙 돌파에 의한 슈팅이 가장 위협적이기 때문에 수비할 때는 중앙을 두껍게 하여 수비한다. CB, 볼란테, CF 등의 중앙 라인이 강력하면 팀이 안정된다. 이처럼 수비조직이 견고한 팀과 대결할 때는 어떻게 찬스를 만들어나가는 것이 좋을까?
이에 대한 해답이 바로 '측면을 통해서 공략하라'이다. 공격진이 측면으로 볼을 몰고 가면 수비진 또한 마크하기 위해 측면으로 따라온다. 그렇게 되면 각 선수가 웬만큼 치밀하게 연동하지 않는 한 선수들 사이에 공간이 생기기 마련이다. 콤팩트했던 수비조직에 균열이 생기는 것이다. '바위'처럼 단단했던 상대를 '보자기'처럼 퍼지게 하려면 측면 공격을 해야 한다.

측면 돌파하면 중앙이 얇아진다

또한 공격진의 전략으로 상대의 얇은 곳을 노리고 빠르게 공격하는 것도 가능하다. 여기서 '얇은 곳'이란 상대 인원이 적은 곳으로, 1명을 돌파해도 다른 선수가 바로 커버하러 오는 중앙보다는 측면 쪽이 인원이 적어 노리기가 쉽다. 상대 진영의 깊은 곳에서 SB와 1대 1 상황을 만들면 상대는 한 방향으로만 도전할 것이다. 이 경합에서 이기고 상대를 제친다면 다음 차례의 상대가 커버링으로 움직이는 만큼 중앙에 공간이 생긴다. 이처럼 측면을 통해서 공격하면 여러모로 상대 포메이션을 흐트러뜨리기 쉽다.

중앙에서 볼을 돌리며 상대를 유인한다

그러나 측면만 고집하면 상대를 현혹시킬 수 없다. 한번 중앙에서 볼을 돌리다가 측면으로 보내고, 측면에서 볼을 돌리다가 상대가 따라붙으면 바로 반대 측면으로 전개하는

측면 공격의 개요

골로 연결되는 슈팅은 보통 페널티 에어리어 폭을 벗어나지 않는 필드 중앙 부근에서 나오는 경우가 많다. 측면 구역에서의 슈팅은 중앙에서의 슈팅보다 각도가 없어 난이도가 높으므로 수비진은 중앙을 두껍게 한다. 이 수비조직을 무너뜨리기 위해 공격진은 측면 공격을 펼치게 된다.

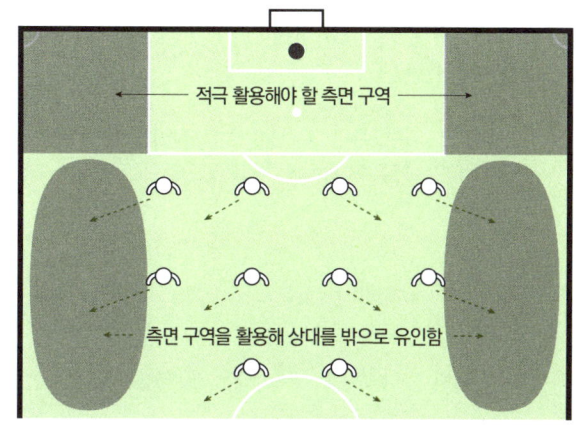

1대 1 돌파를 최우선

1대 1 경합에서 이기려면 볼을 받기 전의 움직임과 받는 순간의 움직임이 중요하다. DF와의 경합은 볼을 받기 전부터 이미 시작되며 패스의 질 또한 높아야 한다. 왜냐하면 패스의 정확도가 낮아서 받는 선수가 트래핑하기 어려우면 DF가 바로 간격을 좁혀오기 때문이다.

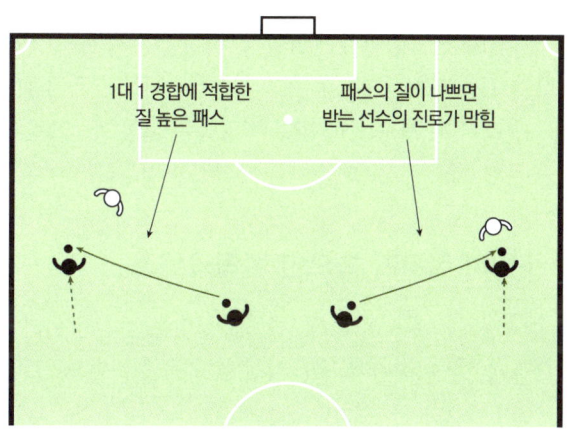

식으로 변화를 주어야 한다.

또한 측면에서 힘들게 1대 1 상황을 만들어냈다 하더라도 패스 정확도가 떨어지면 받는 선수가 자기 페이스대로 공세를 펼칠 수 없다. 빠른 측면 공격을 성공시키기 위해서는 패스를 주고받는 선수들끼리 호흡을 맞추면서 정확도 높은 패스로 연결하는 것이 중요하다.

062 | 측면 공격의 기능 포인트

측면 공격에서 중요한 것은 측면으로의 정확한 패스다. 패스를 받으면 일단 공격을 시도한다. 공격 시도가 어려운 경우 최대한 빠른 타이밍으로 크로스를 올리면 골 확률이 높아진다.

측면에서 주고받는 패스는 호흡을 맞춘다

첫 번째로 중요한 것은 측면에서 볼을 받을 때의 포지션이다. 상대와의 거리를 고려해서 뒤편으로 뛰어가서 받을지, 자기 앞에서 받을지를 정확하게 판단해야 한다. 흔히 저지르는 실수는 패스를 주고받는 선수끼리 호흡이 맞지 않아 상대에게 패스를 차단당하는 것이다. 서로 눈을 맞추며 말을 주고받고, 때로는 몸짓으로 의사소통하면서 볼을 받는 선수의 주도로 패스받는 타이밍을 결정하는 것이 좋다.

FW의 위치가 좋으면 얼리크로스

두 번째는 패스의 정확도다. 볼을 받은 선수가 원터치로 가볍게 볼 처리하고 바로 다음 플레이로 넘어갈 수 있는 곳으로 패스를 하는 것이 이상적이다. 루스한 뜬 볼처럼 볼 트래핑에 시간이 걸리면 바로 상대가 달라붙는다.
반대로, 전방으로 가속하며 뛰어가는데 정확하게 패스가 들어오면 페인트 모션 없이 그대로 종방향 돌파가 가능하다. 중앙에서 측면으로 패스할 때는 볼 받는 선수가 받기 쉽도록 정확하게 패스해야 하며, 패스받을 때는 다음 플레이를 전개하기 쉬운 곳에서 받아야 한다.
측면에서 볼을 가지게 되면 적극적으로 공격을 전개해야 한다. 그러나 문전에서 FW가 좋은 타이밍으로 치고 들어가고 있다면 얼리크로스(Early cross)를 올리는 것이 좋다. 공격은 최대한 적은 인원으로 빠를수록 좋다. GK가 뛰어나가지 못하고 CB도 닿을 수 없는 절묘한 곳으로 얼리크로스를 올리면 골 확률이 높아진다.

공격 전개보다는 얼리크로스가 우선

측면에서 볼을 가지면 먼저 문전을 확인한다. 이때 FW가 좋은 타이밍으로 뛰어 들어가고 있으면 얼리크로스를 올린다. 이 상황에서 CB는 문전을 향해 뛰어 들어가면서 볼 처리를 해야 한다. 뛰어 들어가는 FW 중 1명은 CB 사이를 지나가며 니어(Near, 볼이 있는 쪽에서 더 가까운)로, 다른 1명은 파(Far, 볼이 있는 쪽에서 더 먼)로 움직이면 효과적이다.

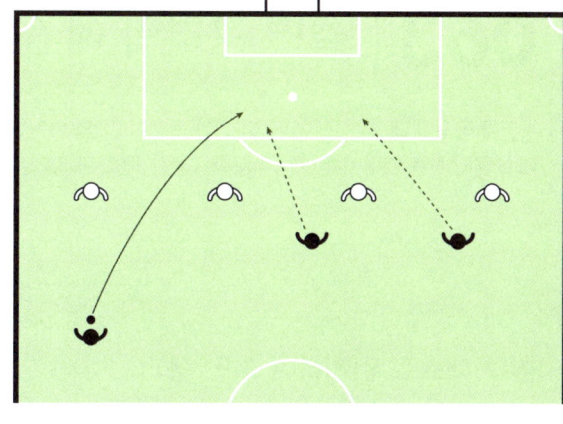

투톱이 교차하며 움직이는 이유

문전으로 뛰어 들어가는 FW가 1명은 니어, 다른 1명은 파로 교차하면서 들어가는 것도 효과적이다. CB는 측면이나 문전의 상황 등 확인해야 할 사항이 많다. 이때 FW가 교차하면 마크 인수인계 등 작업이 더 늘어난다. 크로스가 올라오지 않으면 FW는 다시 움직여야 하는데 8자로 움직이는 등 상대를 혼란시키는 것이 좋다.

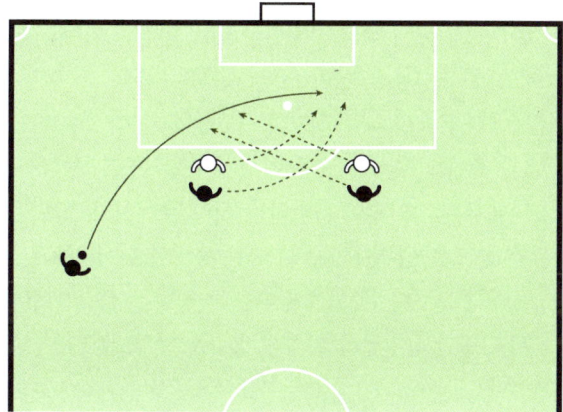

✓ 코칭 어드바이스

교차하면서 CB의 거리를 떨어뜨린다

측면에서 볼을 가졌을 때는 적극적으로 1대 1 승부를 펼친다. 그러나 문전에서 FW가 좋은 타이밍으로 뛰어 들어가고 있으면 CB와 GK 사이에 얼리크로스를 올린다. 상대 수비조직이 아직 갖춰져 있지 않다면 빠르게 문전으로 볼을 보내는 것이 좋다.

FW는 교차하면서 각각 니어와 파로 뛰어 들어간다. 그리고 단순히 교차하는 움직임만 하지 말고 각자 마크의 뒤편을 노리거나, 반대로 등 뒤에서 앞으로 나가는 움직임 등 일순간 프리해지는 타이밍을 함께 만들어내는 것이 중요하다.

063 | 측면 공격의 예 ①

측면을 공격할 때 기본으로 익혀야 하는 플레이로 2명이 원투 패스를 하면서 돌파하는 방법이다. 패스 앤드 런을 염두에 두면서 정확하고 빠른 패스 워크로 상대를 돌파해야 한다.

원투 패스로 연계하며 측면 붕괴

지원하러 온 선수와 원투 패스(One two pass)로 측면을 무너뜨리는 심플한 방법이다. 좁은 공간에서 빠르고 정확한 패스 연결이 가능하면 확실하게 상대를 제칠 수 있다. 패스 앤드 런(Pass and run)은 축구의 기본으로, 원투는 측면뿐만 아니라 필드의 모든 위치에서 유효한 패스 워크다.

단, 측면에서는 볼을 가진 선수가 단독으로 돌파하는 것이 가장 이상적이다. 측면 공격에서는 개인으로 돌파하는 것이 우선이며, 그다음으로 지원을 받고 원투 등을 활용한다. 또는 원투에서 볼을 받은 동료가 다시 제3의 선수가 되는 등 그룹에 의한 전술로 돌파를 노린다. 측면을 붕괴하는 방법은 선수가 경기 상황을 보면서 판단한다. 훈련에서 다양한 상황들을 설정해 경험을 쌓아나간다면 실전에서 정확한 판단이 가능해질 것이다.

뛰어 들어가는 선수를 고려해 정확하게 크로스를 올린다

마지막 단계로 원투 패스를 확실하게 익힌다. 원투는 빠르고 정확하게 다이렉트로 연결해야 한다. 쉬워 보이지만 절대 쉽지 않은 기술이다.
또한 뒤편으로 파고들어 간 선수는 패스를 받으면 끝나는 것이 아니다. 최고 속도 그대로 크로스 또는 한 번 멈추고 크로스를 올리는 것이 일련의 흐름이며, 문전으로 파고들어 간 선수가 다이렉트로 마무리 슈팅할 수 있도록 정확하게 크로스를 올려야 한다.

측면 공격의 예 ①

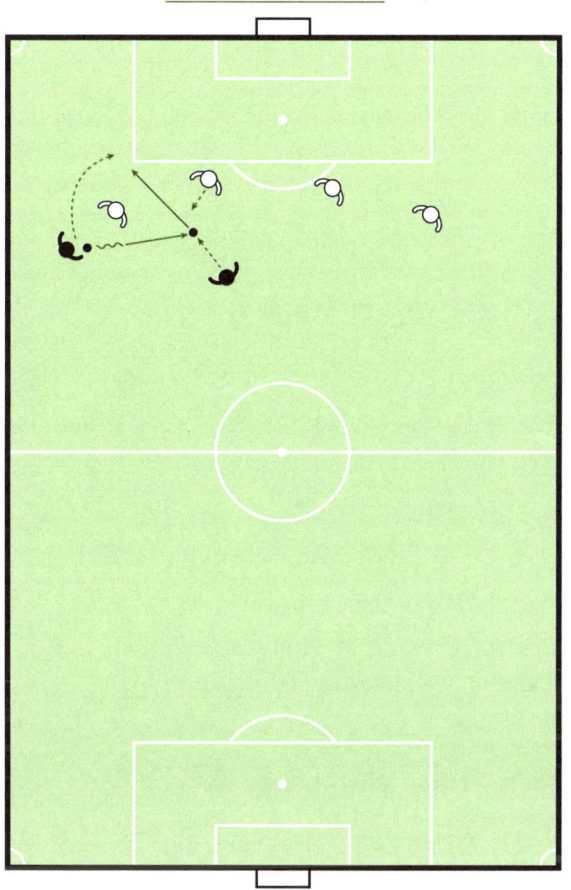

왼쪽 측면 돌파를 노리고 싶지만 상대 오른쪽 SB가 버티고 서 있다. 이렇게 드리블로 돌파하기가 애매한 경우 FW 1명이 다가가 원투를 사용해 돌파를 시도해 본다. 이때 지원하러 가는 FW는 처음부터 너무 가까이 가지 않도록 한다. 패스를 주는 각도가 없어지기 때문이다. 또한 볼을 가진 왼쪽 SM은 상대를 충분히 유인해 놓는 것이 좋다. 그런 다음에 빠르고 정확한 원투 패스로 왼쪽 측면을 돌파한다.

POINT

지원하러 들어가는 FW는, 볼 소유자가 상대 DF를 유인하고 패스하는 바로 그 순간에 볼을 받으러 가는 감각을 익힐 수 있도록 한다.

064 | 측면 공격의 예 ②

여기서는 3명의 콤비네이션으로 측면을 돌파하는 방법을 소개한다. 일단 중앙으로 횡 패스한 뒤 제3의 움직임을 담당하는 선수가 바깥쪽을 돌며 오버래핑하면서 최종적으로 다시 패스받는 패턴이다.

SB는 바깥쪽 또는 안쪽으로 오버래핑

볼을 가지고 있는 선수가 측면으로 패스하고, 패스받는 선수를 추월해 오버래핑하는 전개다. 뒷공간으로 파고들어 가는 선수는 볼 소유자의 바깥쪽 또는 안쪽으로 뛰어 들어간다. 바깥쪽으로 뛸 경우 이동거리가 길어지지만 그만큼 상대 CB나 볼란테의 커버링이 지연된다는 장점이 있다.

또한 볼을 가진 선수가 일단 중앙으로 드리블하면 상대 SB가 중앙으로 유인되면서 바깥쪽에 더 큰 공간이 생긴다. '측면 → 중앙'으로 패스하고, 앞서 빈 공간으로 뛰어 들어간 선수에게 중앙에서 종 패스를 한다. 이러한 일련의 흐름을 빠르고 정확하게 수행하면 적진의 깊은 위치에서 프리하게 패스를 받을 수 있게 된다.

느리게 횡 패스, 빠르고 정확하게 종 패스

횡 패스를 받고 나서 종 패스할 때는 완급을 조절한다. 느리게 횡 패스로 연결하는 도중에 어느 한 타이밍에서 갑자기 종 패스를 하면 상대가 당황하게 된다. 마찬가지로 여기서 소개하는 플레이 또한 중앙에서 횡 패스를 받은 선수가 빠르게 다이렉트로 종 패스를 한다.

수비진의 입장에서 보면 이해가 빠르다. 횡방향으로 이동하며 볼 처리하는 것은 쉬우나, 종방향으로 이동할 때는 매우 어렵다. 또한 갑자기 공격진의 리듬이 바뀌면 수비진의 대응은 뒤처질 수밖에 없다. 똑같은 전개라도 리듬을 바꾸면 변화를 줄 수 있다.

측면 공격의 예 ②

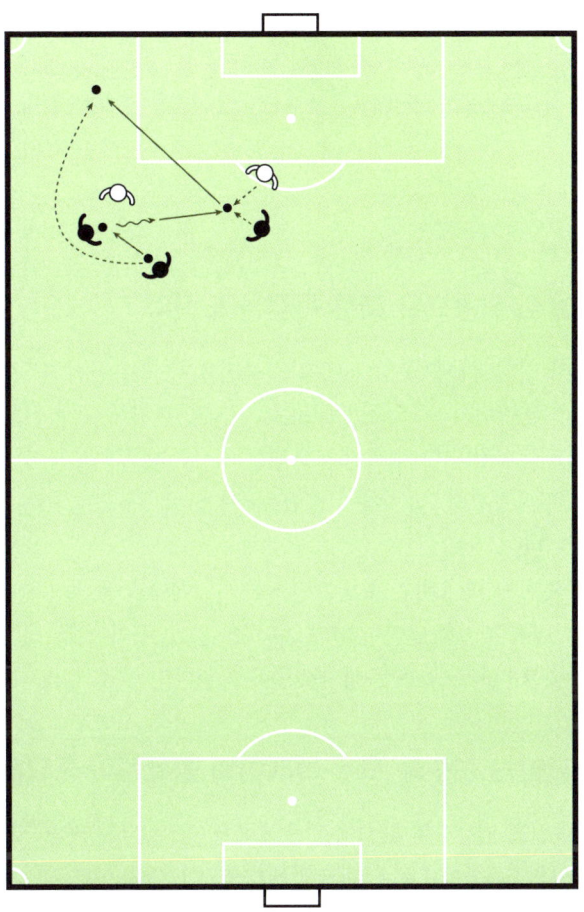

먼저 볼을 가진 왼쪽 볼란테가 왼쪽 SM에게 쇼트 패스하는 것에서 시작한다. 볼을 받은 왼쪽 SM은 드리블하면서 상대 오른쪽 SB와의 거리를 좁힌다. 그 사이 왼쪽 볼란테는 크게 바깥쪽을 돌면서 뛰기 시작한다. 드리블로 전진한 왼쪽 SM은 다가오는 왼쪽 FW에게 느리게 쇼트 패스한다. 볼을 받은 왼쪽 FW는 상대 CB를 유인하면서, 뛰어 들어가는 왼쪽 볼란테에게 다이렉트로 스루 패스한다. 패스 속도와 정확성이 중요하다.

POINT

측면에서 볼을 가진 선수가 일단 중앙으로 짧게 드리블하면, 바깥쪽에 공간이 생기고 SB를 유인할 수도 있다.

065 | 측면 공격의 훈련 방법 ①

여기서 소개하는 것은 공격진이 측면을 활용해 공격하는 6대 6 훈련 방법이다. 공격진은 5초 이내에 라인을 넘어야 하므로 정확한 판단에 따른 신속한 측면 공격을 전개해야 한다.

측면의 효율적 활용으로 빠른 득점을 노린다

좁은 공간에서 미니게임을 실시할 때에도 '측면을 통해서 공격'하도록 한다. 이 의식을 심어주기 위해 훈련에서는 양 측면에 2m의 지역을 설치해, 공격진은 한 번 그 안에 들어간다는 조건을 설정한다. 수비진은 측면을 사용하지 못하도록 한다. 말하자면 '측면을 사용해야 하는 공격진 VS 상대가 측면을 사용하지 못하도록 막는 수비진'의 6대 6(+프리맨) 공방이다.

공격진은 양 측면 구역에서 볼을 받으면 5초 이내에 라인을 돌파한다. 또한 구역에 들어가면 3초 이내에 패스를 받아야 한다. 수비진은 2m 구역에 들어갈 수 없다. 익숙해지면 측면을 활용한 다음 포스트 플레이로 골을 노린다.

패스를 주고받는 선수들 모두 플레이의 정확성이 중요하다

5초 이내에 라인을 넘는다는 규칙이 있으므로 공격진은 빠르게 공격해야 한다. 게다가 좁은 공간에서의 6대 6이므로 정확하게 패스를 연결해야 한다. 볼 받는 선수도 정확하게 볼 컨트롤을 해야 원활하게 플레이를 진행할 수 있다. 어떻게 측면을 활용할 것인가에 대한 판단력은 물론 플레이에 대한 정확성이 필요하다.

이러한 판단력과 플레이에 대한 정확성은 비단 측면 공격에만 국한되는 것이 아니다. 축구에서 가장 중요한 요소는 경기 중의 판단력이라고 해도 과언이 아니다. 늘 유동적으로 변화하는 상황 속에서 공격과 수비에서의 정확한 판단력을 지닐 수 있도록 훈련해야 한다.

측면 공격의 훈련 방법 ①

좁은 구역에서 6대 6(+프리맨)을 실시한다. 32m의 가로 라인을 넘으면 라인 돌파로 간주해 득점으로 인정한다. 양 측면의 2m 구역이 핵심 포인트로, 공격진은 한 번 이 구역으로 들어가야 한다(수비진은 들어갈 수 없다). 3초간 머무를 수 있으며 그 사이 볼을 받지 못하면 밖으로 나와야 한다. 볼을 받으면 그로부터 5초 이내에 골을 노린다. 익숙해지면 측면을 활용한 뒤에 포스트 플레이로 골을 노린다는 규칙을 설정해본다.

POINT

공격진은 처음에는 투터치나 스리터치로 시작하고, 빠른 판단과 움직임을 익히도록 한다. 마지막에는 프리터치로 자유롭게 플레이한다.

066 | 측면 공격의 훈련 방법 ②

여기서 소개하는 훈련 방법은 필드 일부에 공격 지역을 설치해 게임하면서 자연스럽게 측면 공격을 익히는 방법이다. 이 훈련을 통해서 판단력, 플레이의 정확성은 물론 집중력까지 기를 수 있다.

양 측면에 공격 지역을 설치한 미니게임

여기서는 하프코트를 사용해 양 측면에 '공격 지역'을 설정하는 훈련 방법을 소개한다. 해외 축구팀에서는 필드 일부분에 공격 지역을 설치하고 다양하게 조건을 설정해 미니게임을 실시한다. 이러한 훈련들은 판단력과 플레이의 정확성은 물론, 일정 조건을 충족시켜야 하므로 집중력까지 기를 수 있다.

예를 들어 아르헨티나에서는 유소년을 대상으로 다음과 같은 훈련을 실시하고 있다. 풀코트로 11대 11 게임을 하는데, 필드 4군데에 공격 지역을 설치하고 그 지역에 들어가서 일정시간 내에 골을 넣으면 점수가 2배가 되는 것이다. 공격 지역을 네 측면에 적절히 설치함으로써 아이들이 게임을 즐기면서 자연스럽게 측면 공격을 익힐 수 있다.

측면 공격은 효과적이나 필수적인 것은 아니다

유소년 시절부터 훈련을 통해 자연스럽게 배우는 측면에서 유럽이나 남미에 비해 아시아 축구는 아직 미흡한 것이 사실이고, 따라서 경기 중의 상황 판단력이 부족한 경우가 많다.

여기에서는 측면 공격을 다루고 있는데, 측면을 통해서 공격하면 아무래도 상대 수비조직을 무너뜨리기 쉽고 득점하기 용이하다는 면은 있다. 하지만 그렇다고 반드시 측면을 통해서 공격해야 하는 것은 아니다. 무엇을 위해 축구를 하는가? 무엇 때문에 공격하고 수비하는가? 그 모든 것은 오직 하나, 경기에서 이기기 위함이다. 경기에서 필요한 것은 승리하기 위한 판단력이라는 사실을 꼭 기억하길 바란다.

측면 공격의 훈련 방법 ②

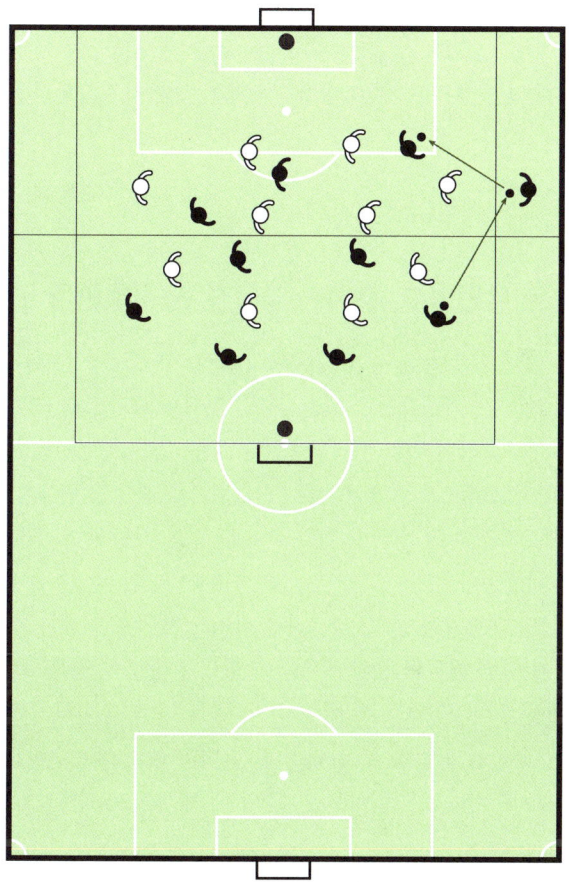

하프코트에서 GK를 포함해 11대 11을 실시한다(반드시 11대 11이 아니어도 좋음). 공격진은 측면에 설치한 구역에 반드시 한 번은 들어가서 골을 노려야 한다. 첫 단계에서 공격진은 몇 명이라도 측면 구역에 들어갈 수 있지만 수비진은 들어갈 수 없다. 훈련이 진행되면 점차 조건을 완화해 수비진도 1명 들어갈 수 있도록 한다. 이렇게 하면 공격진의 의식에도 변화가 생겨, 보다 적극적으로 측면 구역을 활용한 공격을 시도하게 된다.

POINT

수비진이 측면에 들어갈 수 있게 조건이 바뀌면, 공격진은 자신들은 몇 명이라도 들어갈 수 있음을 의식하며 플레이할 것.

067 | 사이드 체인지

사이드 체인지란 같은 측면으로 상대를 유인한 다음, 상대의 집중력이 떨어진 반대 측면으로 빠르게 전개하는 것을 말한다. 단, 사이드 체인지의 패스 돌리기 단계에서 중앙에 빈 공간이 생기면 바로 중앙을 노린다.

한쪽 측면으로 유인하고, 수비가 얇아진 반대 측면을 노린다

한쪽 측면에서 짧게 패스를 3~4번 연결하고 크게 사이드 체인지한다. 상대를 같은 측면으로 유인해 놓고 재빨리 사이드 체인지하면 어떤 효과가 있을까?

상대 수비진은 콤팩트한 수비조직을 구축한다. 한쪽 측면으로 인원을 투입해 공격을 시도하면 상대 또한 그 측면으로 몰려온다. 결과적으로 반대 측면에 큰 공간이 생기는데 이때 사이드 체인지를 하면 프리한 상태로 볼을 받을 가능성이 커진다. 이것이 사이드 체인지를 하는 목적이다.

또한 롱 킥이 아니라 중앙을 한 번 경유하는 사이드 체인지일 경우, 상대의 의식이 반대 측면에 집중되어 있기 때문에 중앙에 공간이 있으면 바로 중앙을 노릴 수도 있다. 보통은 수비진이 중앙 수비라인을 두껍게 해 수비하므로 공격진은 사이드 체인지 등을 사용해 수비가 얇은 측면을 노린다. 그런데 이렇게 되면 이번에는 수비진의 의식이 측면으로 기울면서 중앙 수비라인이 얇아진다. 그럴 때는 사이드 체인지를 하지 않고 그대로 과감하게 중앙을 노리면 된다.

얇은 부분을 찾아 빠르게 공격을 전개한다

중요한 것은 항상 적극적으로 사이드 체인지를 시도하고, 적극적으로 중앙을 노리는 것이다. 그리고 수비진의 의식이 공격진의 공격 시도 방향으로 기울었을 때 그와 반대인 방향을 노리는 것이다. 사이드 체인지는 상대의 '얇은 부분'을 찾아 재빨리 공격하기 위한 수단이다. 당연히 도중에 중앙에 공간이 생기면 바로 중앙을 돌파한다.

반대 측면에 생긴 공간을 노리는 것이 기본

왼쪽 측면에서 볼을 연결하고 있다. 그러나 상대 수비진이 콤팩트한 상태로 수비하고 있어서 공세를 펼칠 공간이 없다. 측면에서 종 패스를 했지만 전방에 동료 인원이 적어서 상대를 무너뜨리기란 쉽지 않다. 이럴 경우에는 일단 볼을 미드필드로 내린다. 볼을 받은 선수는 반대 측면에 공간이 보이면 사이드 체인지한다.

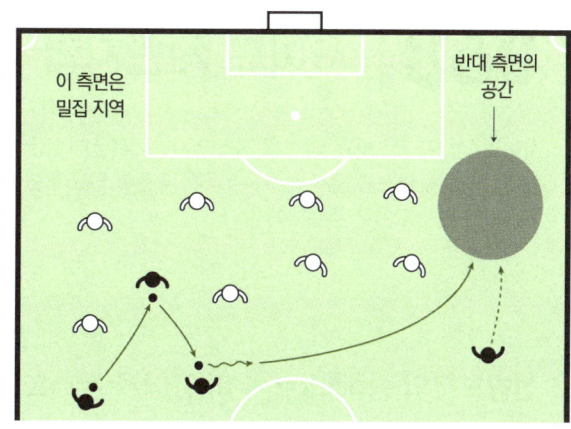

중앙에 공간이 생기면 사이드 체인지할 필요 없어

왼쪽 측면에서 볼을 돌리는 동안에 공간을 찾는다. 미드필더가 볼을 가졌을 때 전체를 바라보니, 중앙에 약간의 공간이 보인다. 이렇게 판단이 서면 과감하게 골문과 최단거리인 중앙을 노려도 된다. 꼭 측면을 통해서 공격해야 하는 것이 아니고, 중앙에 공간이 없을 때 사이드 체인지를 하는 것이다.

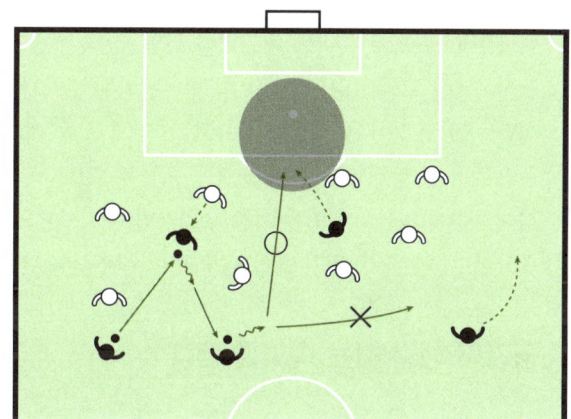

정확한 판단을 위해서는 폭넓은 시야가 필요하다

축구에서의 패스 돌리기는, 사이드 체인지와 마찬가지로 상대 수비조직을 무너뜨려 골을 넣기 위한 것이다. 같은 측면에서 패스를 돌리면 반대 측면에 큰 공간이 생긴다. 그런데 동시에 같은 측면에도 노릴 만한 공간이 보인다면, 이럴 경우에는 골문과의 최단거리가 어느 쪽인지, 득점으로 연결될 가능성이 높은 쪽은 어디인지를 따져서 다음 플레이를 결정한다.

시야가 넓어야 정확한 판단이 가능하다. 축구에 있어서 판단력은 매우 중요하다. 넓은 시야를 확보하는 능력을 평소 훈련을 통해 익히도록 노력하자.

068 | 사이드 체인지의 기능 포인트

사이드 체인지라고 하면 흔히 횡 패스만 사용해서 전개하는 이미지를 떠올리기 쉽다. 그러나 실제로는 한 차례 종 패스를 해서 상대 수비진을 유인할 필요가 있다. 단, 롱 패스를 사용해서 전개하는 것은 난이도가 높으므로 주의해야 한다.

전방으로의 종 패스로 수비 균형을 무너뜨린다

사이드 체인지라고 해서 횡 패스만 의식하면 되는 것이 아니다. 아무런 변화 없이 단순히 횡 패스만으로 사이드 체인지를 하면, 상대 수비조직은 결코 무너지지 않는다. 콤팩트한 상태는 그대로 유지된 채 측면만 뒤바뀔 뿐이다.

이때 중요한 것이 종 패스다. 최대한 중앙으로 종 패스하도록 한다. 전방으로 침투 패스 함으로써 상대 진영의 수비 균형을 흔들 수 있다. 침투 패스의 공략 지점은 CB 선수들 사이, CB와 SB 사이 또는 최종 수비라인과 미드필드 사이와 같은, 지역의 경계가 되는 곳들이다. 여기서 FW가 볼을 받으면 전후좌우에서 상대가 몰려오면서 공간이 생긴다.

공간이 생길 때는 속도를 낸다

FW가 단독으로 돌파가 가능하다면 그대로 진행한다. 그러나 실제로는 수적으로 불리한 상황이므로 쉽지 않다. 그렇다면 일단 미드필드로 돌리는 것이 현명하다. 미드필드에서 볼을 받은 선수는 빈 공간을 찾는데, 중앙으로의 침투 패스로 인해 측면에 공간이 생겼을 가능성이 크다. 이때 바로 사이드 체인지를 하면 효과가 크다.

또한 사이드 체인지에 따라 공간이 생기면 과감하게 속도를 내어 그 공간으로 침투하는 것이 중요한 포인트가 된다. 속도를 내는 타이밍을 팀 차원에서 훈련한다.

침투 패스로 주위의 상대 4명을 유인

왼쪽 측면으로 볼을 보냈지만 상대의 탄탄한 수비조직 때문에 공격할 공간이 없다. 이때 1명이 좁은 공간으로 파고들어 가 측면으로부터 횡 패스로 볼을 받는다. 볼을 받은 선수는 최대한 볼을 키핑하고, 일단 미드필드로 내린다. 상대를 한쪽 측면으로 모는 데 성공하면, 이때 사이드 체인지를 한다.

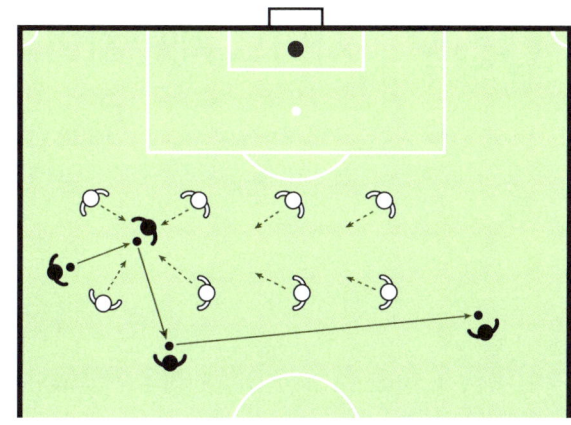

사이드 체인지에서 범하기 쉬운 실수

왼쪽 측면에서 볼을 가진 선수가 상대에게 에워싸이면서, 종방향으로의 공격도 어렵고 지원해줄 동료도 없이 진로가 막혀버렸다. 어쩔 수 없이 백 패스했는데 상대가 압박을 가해 온다. 이때 사이드 체인지를 했는데 볼을 뺏기고 말았다. 이처럼 안일한 횡 패스는 위험하다. 뺏기면 바로 역습을 당할 수 있다.

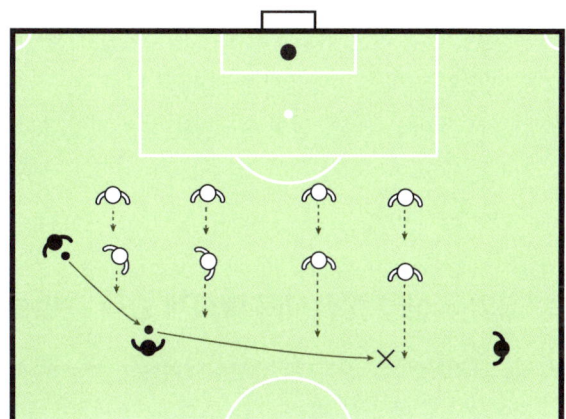

✓ 코칭 어드바이스

침투 패스로 상대를 유인한다

전방으로의 패스, 이른바 침투 패스는 상대 수비조직을 무너뜨리는 데 효과적이다. 특히 지역의 경계에서 침투 패스를 받으면 그 순간 상대는 누구를 마크해야 할지 몰라 우왕좌왕하게 된다. 아마도 여러 명의 상대 선수들이 달라붙어 올 것이다. 그러면 그만큼 공간이 생기게 된다.

이때 선수 1명이 그 공간으로 뛰어 들어가 패스를 받고 다음 상황으로 전개해나가면 된다. 만약 사이드 체인지를 한다면, 볼을 받는 선수는 너무 높은 위치가 아닌 낮은 위치에서 받는 것이 좋다. 위의 그림과 같이 위치가 애매하면 볼을 뺏길 가능성이 크다.

069 | 사이드 체인지의 예 ①

여기서 소개하는 것은 왼쪽 측면에서 종방향의 침투 패스로 상대 수비진을 유인한 뒤 오른쪽 측면으로 사이드 체인지하는 방법이다. 상대의 위험 지역으로 패스해 수비진의 의식을 그쪽으로 집중시킨다.

상대가 목표를 좁힐 수 없게 계속적으로 시선을 옮길 것

패스를 돌릴 때의 기본 중에 '상대가 노리는 대상의 범위를 쉽게 좁히지 못하도록 한다'는 것이 있다. 빠른 템포로 빠르게 연결하면 선제 공격이 가능하므로 실수만 하지 않으면 차단할 기회를 상대에게 주지 않고 바로 골문까지 볼을 연결할 수 있다. 사이드 체인지 또한 마찬가지로 먼저 주도권을 잡는 것이 좋다. 볼을 줄 데가 없어 반대 측면으로 피하는 것이 아니라 견고한 상태의 수비 진영을 전후좌우로 흔들면서 적극적으로 무너뜨리는 이미지다.

CB의 시선을 분산시켜 빠르게 반대 측면을 노린다

일단 중앙으로의 침투 패스로 상대를 유인하고 나서, 미드필드로 볼을 내리고 사이드 체인지한다. 단순히 횡 패스로 연결해서 사이드 체인지하는 것보다는, 이처럼 한 차례 종 패스를 하는 것이 더 효과적이다. 예를 들어 상대 CB의 관점으로 본다면 '오른쪽 측면의 터치라인 부근 → 볼란테와의 사이에 있는 위험 지역 → 미드필드'와 같은 식으로 볼이 빠르게 이동함으로써 반대 측면에 대한 경계가 줄게 된다. 왜냐하면 위험 지역으로 볼이 오면 상대의 긴장감이 고조되면서 반대 측면에 신경을 쓸 여유가 없어지기 때문이다.

또한 볼이 일단 미드필드로 내려가면 이런 긴장감이 일시적으로 완화된다. 이때가 바로 공격진에게는 기회가 된다. 재빠르게 사이드 체인지해서 수비가 얇아진 측면을 찌르며 속공한다. 이처럼 사이드 체인지는 상대의 시선을 분산시켜 상대가 노리는 대상의 범위를 좁히지 못하도록 한다는 의미에서도 유효한 전술이라고 할 수 있다.

사이드 체인지의 예 ①

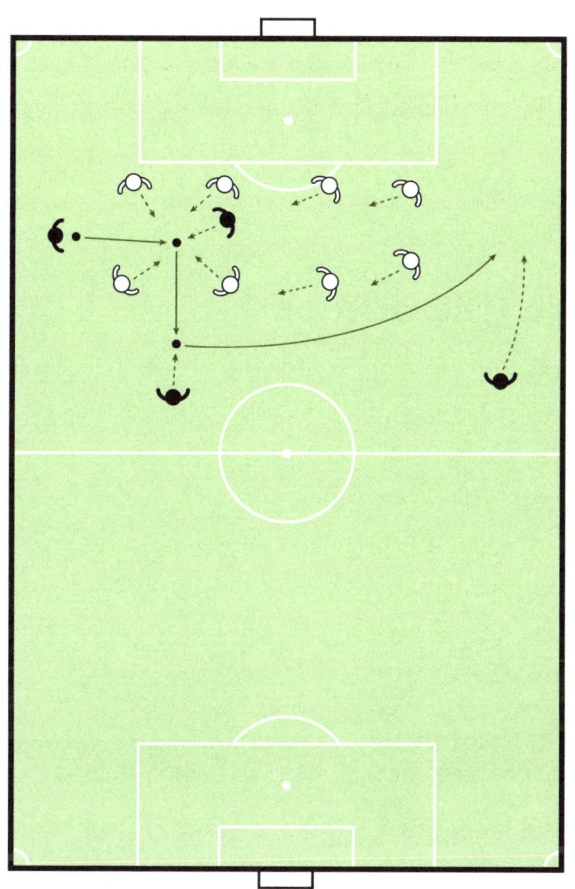

왼쪽 측면에서 볼을 가지고 있지만 상대 수비조직이 탄탄해 진로가 막혀 있다. 상황을 타개하기 위해 지원하러 간 선수가 최종 수비라인과 미드필드 사이에서 볼을 받는다. 좁은 공간이지만 상대로 하여금 마크를 하게 만들기 때문에 수비조직에 균열이 생긴다. 상대가 다가오면 바로 미드필드로 볼을 내린다. 볼을 받은 선수는 반대 측면을 확인하고 인터셉트에 주의하면서 사이드 체인지한다.

POINT

롱 볼을 낮게 찰 수 있는 선수가 없다면, 2대 1 상황을 만든다는 이미지로 짧게 패스를 연결하며 사이드 체인지한다.

070 | 사이드 체인지의 예 ②

사이드 체인지에서 중요한 것은 상대 수비진을 전후좌우로 흔들면서 얇아진 측면으로 재빨리 볼을 전개하는 것이다. 여기서는 짧은 패스를 몇 번 연결한 다음 사이드 체인지하는 방법을 소개한다.

능동적인 패스 연결로 공간을 노린다

측면부터 공격할 때의 공략 포인트는 상대 진영 깊은 위치의 양 측면 공간이다. 종방향으로 깊게 돌파하고 문전으로 크로스를 올리면, 상대 수비진은 문전을 향해 뛰어 들어가면서 헤딩으로 걷어내야 하는데, 이것이 쉽지 않고 마크를 놓치는 원인이 된다. 이러한 이유로 공격진은 측면 공간을 노린다.

그럼 그 공간으로 어떻게 침투할 것인가. 능동적인 사이드 체인지가 그 해답이 될 수 있다. 특히 수비진을 전후좌우로 흔들고 나서 측면으로 침투하면 효과가 크다. 상대 시선을 분산시키고 마지막으로 반대 측면에서 패스받은 선수가 종방향으로 돌파한다(자세한 전개과정은 오른쪽 그림 참고).

좁은 공간으로의 침투 패스는 빠르고 정확해야 한다

핵심 포인트는 패스의 속도와 정확성이다. 특히 미드필드에서 전방으로의 침투 패스는 좁은 공간에 있는 선수에게 주는 패스이기 때문에 조금이라도 어긋나거나 상대 DF에게 타이밍을 읽히면 뺏길 위험이 높다. 또한 마지막에 미드필드에서 측면으로 연결하는 패스에도 세심한 주의를 기울일 필요가 있다. 최악의 상황은 패스가 약해서 차단되는 것이다. 볼이 바로 터치라인 밖으로 나가는 것도 피해야 한다.

패서가 깊은 위치의 공간으로 패스를 줄 수도 있다. 그러나 롱 볼을 차면 그 사이에 상대가 커버할 가능성이 있다. 측면 선수가 낮은 위치에서 패스를 받고, 거기에서 종방향으로 돌파해도 된다.

사이드 체인지의 예 ②

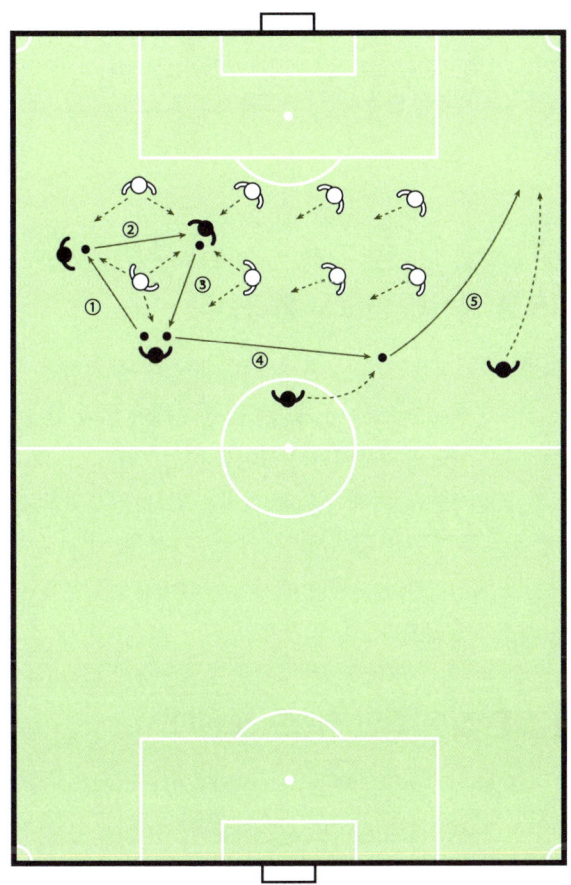

여러 단계를 거쳐 전후좌우로 상대 진영을 흔드는 사이드 체인지다. 왼쪽 측면에서 3명이 삼각형 진형을 만들고 ①~③처럼 빠르게 패스 연결한다. ①이나 ②의 패스를 받은 선수가 단독으로 종방향 돌파가 가능한 상황이라면 그대로 돌파한다. 이것이 어렵다면 ③처럼 일단 미드필드로 돌린다. 이 시점에서 수비진 시선은 왼쪽 측면으로 집중되어 있으므로 그 반대를 찔러 오른쪽 측면으로 전개한다. 한 번의 롱 패스로 사이드 체인지가 불가능하면 ④처럼 패스를 중간에 넣어 반대 측면으로 전개한다.

POINT

반대 측면 선수는 언제든 패스를 받을 수 있도록 대비한다. 위치가 너무 높으면 패서가 볼을 주기 힘들 수 있다.

071 | 사이드 체인지의 훈련 방법 ①

사이드 체인지를 익히기 위한 훈련으로, 필드에 3개의 게이트를 설치해 미니게임을 한다. 같은 측면에서 패스를 연결한 다음, 얇아진 반대 측면 게이트를 빠르게 노린다.

측면에 게이트를 설치해 반드시 통과한다

측면을 붕괴시키는 움직임을 익히는 훈련으로, 필드의 세 지점에 게이트를 설치한다. 공격진은 골을 노리기 전에 반드시 이 게이트를 통과해야 한다. 6대 5처럼 공격진의 인원을 늘리면 반대 측면에서 프리해지면서 사이드 체인지하기가 수월해진다.

다른 측면에서 짧게 패스를 몇 차례 연결해 기점을 만든다. 드리블, 원투, 그리고 제3의 선수가 오버래핑하는 등 측면을 붕괴시키는 방법을 다양하게 시도해보고, 상황이 어려우면 재빨리 사이드 체인지한다. 공격진에게 5초 이내에 게이트를 통과해야 한다는 조건을 붙이면 볼 패스가 빨라진다.

반대 측면은 물론 같은 측면 뒤편도 노린다

예전에 일본 국가대표팀을 맡았던 한스 오프트(네덜란드) 감독이 자주 했던 말이 "한 측면에서 패스 3번 연결하면 바로 사이드 체인지해라."였다. '축구 교수'라는 별명과 함께 일본 현대 축구의 아버지라고 불리는 데트마어 크라머(독일)도 "쇼트 패스를 3번 연결하면 반대 측면이다."를 외치며 선수들을 지도했다고 한다. 이처럼 상대를 확실하게 유인한 뒤 반대 측면으로 패스하는 것이 효과가 크다고 할 수 있다.

한편 남미에서는 또 하나 다른 것을 노리는 전술을 사용하고 있다. 상대를 유인한 뒤 반대 측면이 아니라 같은 측면의 뒤편을 노리는 것이다. 이 경우 매우 좁은 공간을 돌파해야 하므로 고도의 테크닉이 필요하다.

사이드 체인지의 훈련 방법 ①

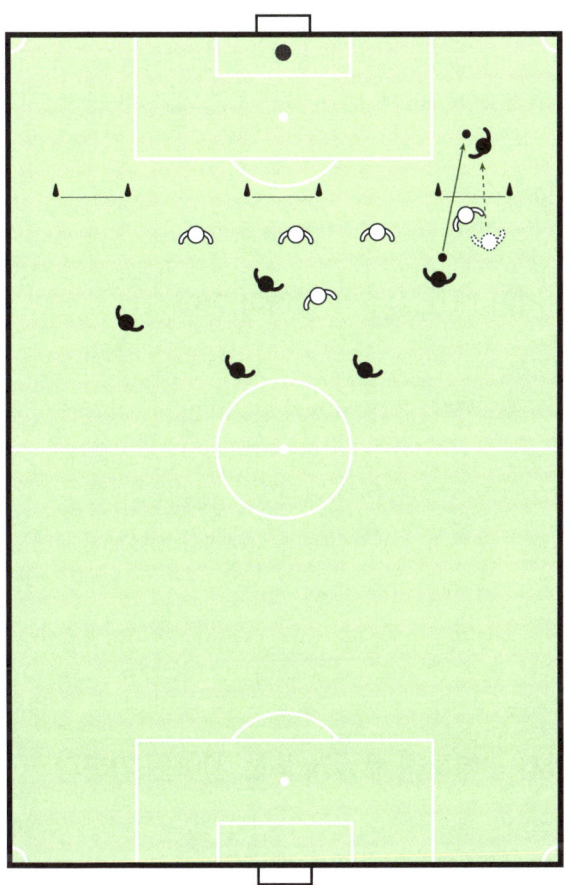

세 지점에 게이트를 설치하고 공격진은 이 게이트를 통과해야 슈팅할 수 있다. 양 측면 게이트는 1점, 중앙 게이트를 통과하고 골을 넣으면 2점이다. 6대 5처럼 공격진 인원을 늘리면, 볼 패스가 활발해지면서 사이드 체인지 훈련이 된다. 게이트를 통과할 때는 드리블이나 패스 둘 다 가능하다. 중앙 게이트를 통과하면 점수를 2배로 주는 것은 항상 중앙을 노리면서 훈련할 수 있도록 조건을 설정한 것이다.

 **POINT**

공격진은 볼을 받고 5초 이내에 슈팅한다. 같은 측면에서 어느 정도 패스가 연결되면 반대 측면을 노린다.

072 | 사이드 체인지의 훈련 방법 ②

여기서 소개하는 훈련은 측면에 4개의 구역을 설정해 미니게임을 실시하는 매우 심플한 방법이다. 측면의 지정 구역을 통과하면 득점이 3배가 되므로 자연스럽게 사이드 체인지를 익힐 수 있다.

상대를 제치려면 패스 실수가 없어야 한다

선수가 집중하면서 즐겁게 훈련에 임할 수 있도록 여러 가지로 다양하게 조건을 설정하는 것이 좋다. 이 훈련에서는 필드에 설치한 4곳의 '통과 지역'을 이용해 골을 넣으면 점수가 3배가 된다는 조건을 설정한다. 이로써 선수들은 철저하게 측면만 노리게 되며, 실제로 어떻게 하면 측면을 무너뜨릴 수 있는지 익히게 된다.

또한 수비진은 어떻게 해서든 공격진이 통과 구역을 지나가지 못하도록 수비한다. 이러한 수비진을 제치기 위해서는 빠르고 정확한 사이드 체인지가 유효하며, 단순한 패스 미스는 용납되지 않는다. 이 훈련을 통해서 사이드 체인지하는 능력을 확실하게 몸에 익힐 수 있다.

반대 측면까지 관찰하며 폭넓게 보는 시야를 기른다

사이드 체인지기 성공히려면 미리 반대 측면이 상황을 확인하는 폭넓은 시야가 필수적이다. 예전에 필자는 아르헨티나의 축구클럽 아틀레티코 리버 플레이트에서 폭넓은 시야를 기를 수 있는 흥미로운 훈련을 본 적이 있다. 아이들이 6대 6으로 미니게임을 하는 동안에 코치진이 골대를 이리저리 옮기는 것이었다. 선수들은 골대가 이동하는 방향을 확인하면서 플레이해야 하므로 자연스럽게 폭넓은 시야를 갖게 된다. 다소 아날로그적 방식이었지만 매우 효율적인 훈련이라고 볼 수 있다.

축구는 상황이 늘 유동적으로 변한다. 그때마다 선수들은 정확한 판단을 내릴 수 있어야 한다. 그러므로 평소에 폭넓은 시야와 창의적인 사고력을 기를 수 있는 훈련을 실시하는 것이 좋다.

사이드 체인지의 훈련 방법 ②

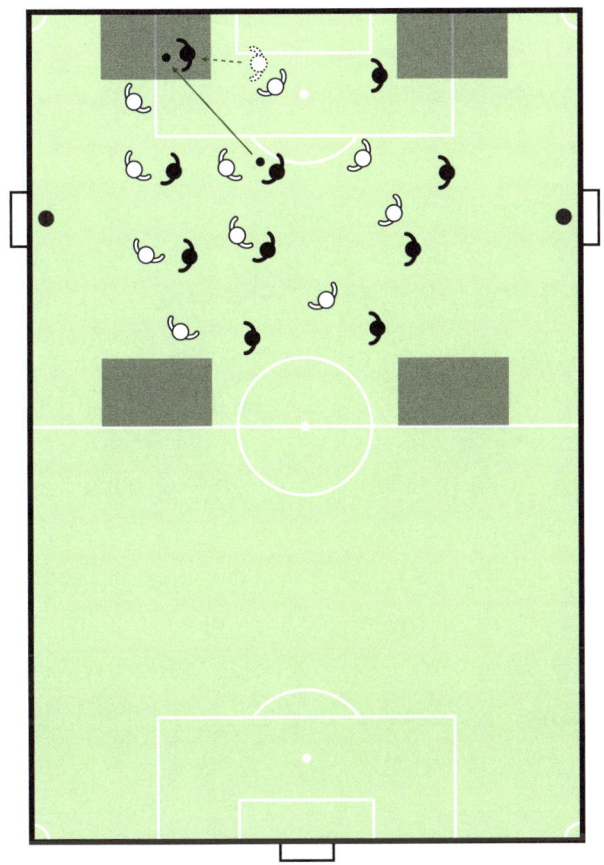

하프코트에서 미니게임을 실시한다. 인원은 몇 대 몇이든 상관이 없으나 인원이 많으면 공간이 좁아져 정확하게 패스해야 연결이 된다. 필드 4곳에 통과 지역을 설치하고, 공격진은 이곳을 통과해서 골을 넣으면 점수가 3배가 되는 조건을 설정한다. 그러면 의식적으로 측면을 활용함으로써 측면을 무너뜨리는 방법과 사이드 체인지를 익힐 수 있다. 선수들이 밀집해 있으므로 빠르고 정확하게 패스하는 것이 중요하다.

POINT

좁은 공간에서 짧은 패스를 빠르고 정확하게 연결할 때는 패스가 거칠어지지 않도록 조심한다. 조금이라도 어긋나면 바로 상대에게 뺏길 수 있다.

073 | 포스트 플레이

대개 센터포워드 선수가 골대를 등진 상태에서 후방으로부터 패스받는 것을 포스트 플레이라고 한다. 이 플레이는 상대 수비진을 끌어들이면서 주위에 공간을 만들어내는 효과가 있다.

전방에서 볼을 받고 후방의 공격 가담을 유도

포스트 플레이(Post play)란 대개 전방에서 CF가 후방으로부터 패스받아 공격 기점이 되어 플레이를 하는 것을 말한다. 골대가 가까운 곳에 공격 기점을 만들면 상대의 마크가 집중된다. 수비진을 어느 한 지점으로 유인하는 데 성공하면 나머지는 주위의 움직임과 마무리 슈팅에 달렸다. 포스트 플레이가 제대로 작동하면 주위에 프리한 선수가 생기게 된다.

따라서 CF는 밀착 마크를 받아도 균형을 잃지 않고, 여러 선수들에게 에워싸여도 쉽게 볼을 내주지 않는 강인한 신체와 키핑 능력이 있어야 한다. CF는 몸으로 끝까지 볼을 지키면서 상대를 유인한다. 주위가 이를 지원하고, 파고들어 가는 선수에게 CF가 패스한다. 이때 볼을 받는 선수는 프리일 가능성이 크다. 골문이 가까우면 그대로 마무리 슈팅하면 된다.

페널티킥까지 생각해 깊은 위치에 기점을 만든다

이런 의미에서 볼 때 CF가 볼을 받는 장소도 매우 중요하다. 너무 미드필드로 내려가지 말고 가급적 깊은 위치에 기점을 만드는 것이 좋다. 페널티 지역 내라면 몸싸움으로 쓰러졌을 때 패널티킥을 얻어낼 수 있다. 또는 패스를 받은 선수가 직접 마무리 슈팅할 수도 있다.

그렇게 따진다면 최대한 페널티 지역 내에서 볼을 지켜내는 것이 가장 이상적이지만 쉬운 일은 아니다. 실제로는 약간 미드필드로 내려가서 상대 CB를 등지는 형태로 볼을 키핑하게 된다.

DF를 등지고 볼을 받는 기본 동작

볼을 받는 방법은 주로 3가지(A, B, C)다. A. 배열한 상태에서 한 차례 뒤쪽으로 뛰는 페이크 동작을 하면서 순간적으로 속도를 낸다. B. 직진하다가 갑자기 각도를 바꾸면서 볼을 받는다. C. 한 번 상대에게 몸을 부딪치고 볼을 받는다. 이런 동작들을 동시에 실시하는 것이 중요하다.

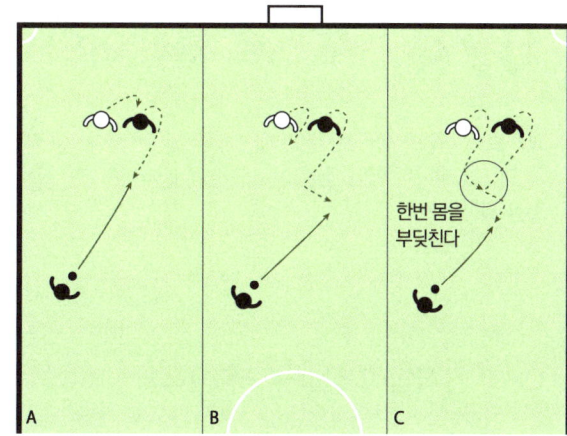

한번 몸을 부딪친다

상대 DF의 틈으로 움직이면서 포스트 플레이

FW 1명이 중앙으로 움직인다. 상대 CB도 이에 맞춰 움직이므로 다른 1명의 FW가 자리를 교체하듯이 움직인다. 상대 CB에게는 이러한 움직임이 2명의 FW가 교차하는 것처럼 보인다. 그러나 실제로는 나중에 움직이는 FW가 뛰는 각도를 갑자기 바꾸면서 볼을 받는다. 상대의 두 CB 사이를 노릴 때는 이렇게 2명의 움직임을 섞으면 효과가 있다.

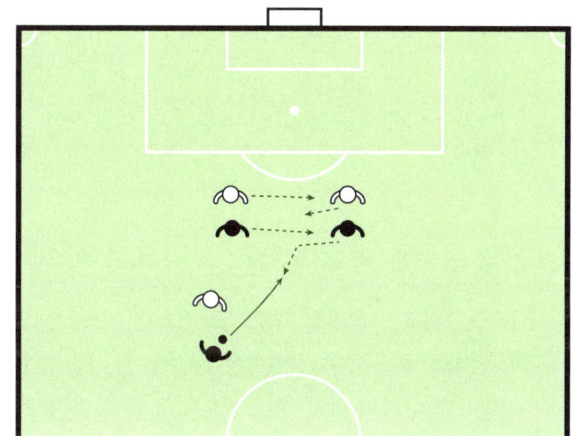

상대 뒤편을 노릴 수 있으면 배후 공간으로 뛰어라

단, 최근의 축구에서는 포스트 플레이가 줄어드는 추세다. 수비력이 향상됨에 따라 전방에 기점을 만들기가 어려워졌기 때문이다. 금방 상대에게 에워싸이고 강한 압박으로 볼을 뺏기는 경우가 많기 때문에 CF는 포스트 플레이보다는 뒤편으로 빠져나가는 플레이를 하는 경우가 많다. 볼을 받기 전부터 상대 CB와 경합하고, 뒷공간으로 파고들어가 스루 패스를 받는다. 또는 순간적인 움직임으로 상대 CB를 제치고 원터치로 문전으로 빠져나가는 것이다. 다시 말하면 CF는 이러한 플레이가 가능하면서 포스트 플레이까지 가능해야 비로소 존재감을 발휘할 수 있다.

074 | 포스트 플레이의 기능 포인트

포스트 플레이를 성공시키려면 CF는 자신을 마크하는 상대와 경합해 최대한 프리한 상태가 된 다음에 패스를 받아야 한다. 물론 상대도 쉽게 물러서지 않으므로 패스를 받기 전에 미리 여러 가지로 작전을 짜보는 것이 좋다.

CF의 움직임이 성패를 좌우한다

패스를 받는 CF는 볼을 받기 전부터 CB와 경합해 다음 플레이로 이행하기 쉬운 자세와 장소에서 볼을 받아야 한다. 최종 수비라인의 뒤편을 노리거나 좌우로 빠지듯이 움직이면 상대 CB는 이 움직임에 따라서 전후좌우로 미세하게 포지션을 조정한다. 느리게 움직이다가 갑자기 속도를 내는 등 완급 조절을 하면 효과가 더욱 크다. 이 타이밍에서 패서가 볼을 주면 상대 CB와 떨어진 상태에서 볼을 받을 수 있다.

CB의 움직임을 잘 보면서 노마크로 패스를 받는다

투톱이 연계하며 움직일 때도 마찬가지다. 완급을 조절하는 동시에 2명이 조금씩 타이밍에 변화를 주면서 움직이면 상대 CB는 표적을 좁히기가 어렵다. CF는 전방에서 볼이 오기만을 기다리지 말고, 미드필드에서 볼을 가진 선수와 이를 마크하는 상대 CB의 상태를 보면서 최대한 자유로운 상태에서 볼을 받을 수 있도록 가장 좋은 타이밍으로 움직인다.

볼을 받는 장소는 최대한 골문과 가까운 곳이 좋다. 원래는 페널티 에어리어 안쪽에서 볼을 키핑하는 것이 가장 좋다. 그런데 여기에 기점을 만드는 것은 상대 수비진 또한 매우 경계하므로 마크 또한 매우 심하다. 따라서 현실적으로 포스트 플레이가 가능한 공략 지점은 최종 수비라인과 볼란테 사이의 공간이 된다.

먼저 움직여 마크를 따돌리고 패스받기

CF가 조금이라도 쉽게 패스를 받기 위해서 먼저 움직이는 방법이 있다. 예를 들어 한번 최종 수비라인의 뒤편을 노리는 움직임을 보이면 상대 CB는 반드시 따라오는데 그 순간 재빨리 다시 움직여서 미드필드로 내려가서 볼을 받는다. 그러면 뒤늦게 따라 움직이는 CB와의 간격이 벌어진 상태에서 패스를 받을 수 있다.

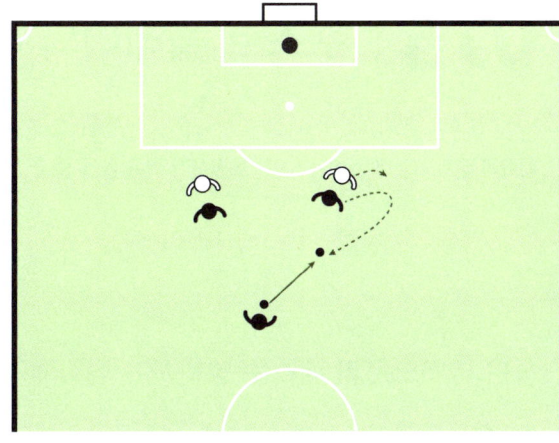

2명의 콤비네이션에서 포스트 플레이로 전개

투톱의 경우 연계해 움직임으로써 상대 CB를 교란시킬 수 있다. 패서와 호흡을 맞춰 종 패스가 들어올 때 2명이 교차한다. 1명이 빠진 공간으로 다른 1명이 들어간다. 이렇게 하면 상대 CB의 대응이 늦어진다. 패스를 받은 선수의 단독 돌파가 가능하면 그대로 돌파한다.

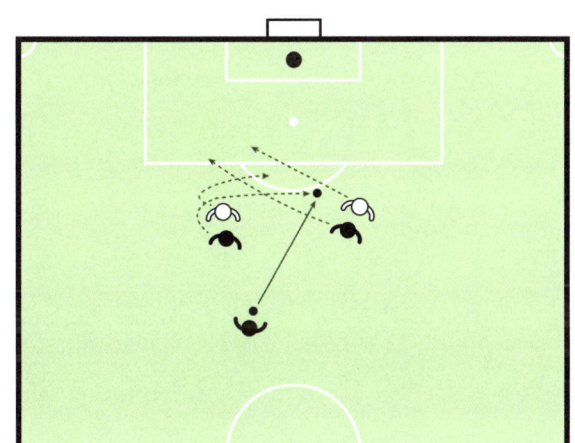

✔ 코칭 어드바이스

뒤편을 노리는 것처럼 가장하며 CB와 동일 선상에서 위치를 잡는다

CB는 볼을 뺏을 기회를 호시탐탐 노리고 있다. 그런데 보란 듯이 볼을 받기 위해 미드필드로 내려가면 뒤에서 강하게 압박을 받으면서 볼을 잃게 된다. CF가 미드필드로부터 패스를 받을 때는 항상 CB와 동일 선상에 위치를 잡고 상대에게 뒤편을 노리고 있음을 보여주면 경합에서 우위를 점할 수 있다.

투톱이면 연계해 움직이는 것이 좋다. 교차하는 것만으로도 CB는 대응이 늦어진다. 이외에도 종적인 관계로 포지션을 잡고 전방 선수가 스루 패스해 이를 후방이 받는 등 여러 패턴이 가능하다.

075 | 포스트 플레이의 예 ①

CF의 포스트 플레이에서 2선 선수가 치고 들어가면서 공격하는 패턴이다. 여기서 중요한 것은 침투 패스의 정확도다. 패스받는 CF가 조절하기 쉬운 볼을 줄 수 있도록 집중해야 한다.

좁은 영역으로의 패스는 정확하고 정밀해야 한다

측면에서 CF로 패스하는 패턴이다. 처음에 볼은 미드필더가 가지고 있다. 이때 종 패스할 수 있으면 하는 것이 좋은데, 이 예에서는 볼란테가 패스 코스를 차단하고 있기 때문에 왼쪽 측면으로 패스하는 것이 최선이 되겠다.

왼쪽 측면으로 볼이 넘어가는 순간 또는 볼이 넘어갈 것이 예상되는 순간에 CF는 바로 움직여야 한다. 그리고 측면에서 다이렉트로 CF에게 침투 패스한다. 이때 주의해야 할 것은 절대로 패스 미스를 범하지 않는 것이다. 종 패스든 측면에서 오는 패스든 볼을 받는 선수가 좁은 공간에서 볼 컨트롤해야 할 경우에는 볼을 주는 선수가 정확하고 정밀하게 패스하도록 노력해야 한다. 볼이 너무 강하면 CF가 컨트롤하기 어렵다. 발끝에 볼이 붙어 있지 않으면 CB나 볼란테에게 바로 뺏기고 만다. 따라서 좁은 공간에 있는 FW에게 패스할 때는 반드시 선수가 받기 쉬운 볼로 줘야 한다.

전술로 확립되면 어느 선수라도 문제없다

CF가 공격형 미드필더에게 패스할 때도 마찬가지로, 뛰어 들어오는 공격형 미드필더가 그대로 문전으로 치고 나갈 수 있도록 패스를 한다. '왼쪽 측면 → CF → 공격형 미드필더'처럼 다이렉트로 연결하는 것이 이상적이며, 훈련을 통해 이러한 흐름을 완벽하게 익혀서 자동적으로 움직일 수 있게 되면 포스트 플레이는 성공할 수 있다. 또한 팀 전술로 확립해 놓으면 어느 선수가 뛰더라도 잘 작동할 것이다.

포스트 플레이의 예 ①

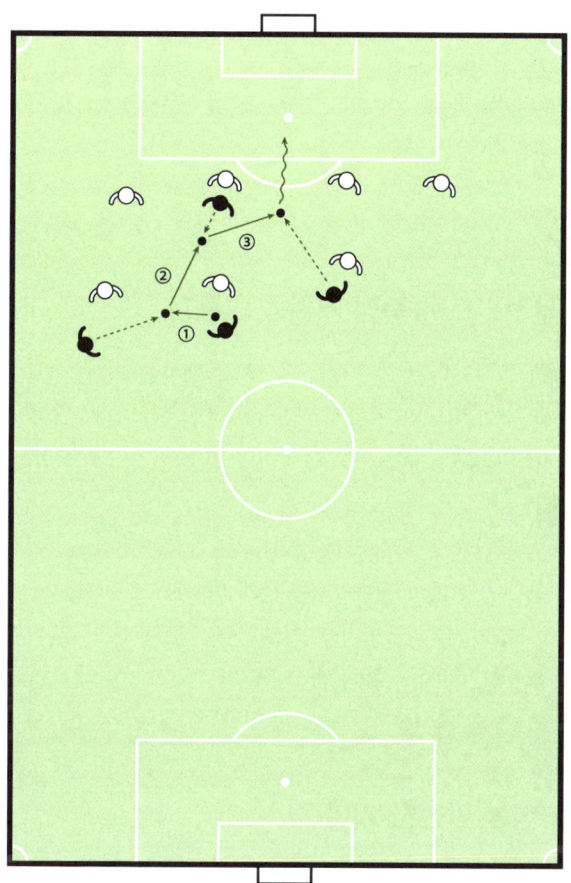

미드필드에서 볼을 가진 선수의 종방향으로의 패스 코스가 막혀 있다. ① 이때 왼쪽 측면에서 다가온 선수에게 패스한다. ② 동시에 CF가 순간적으로 빠르게 볼란테와 최종 수비라인 사이에서 볼을 받는다. ③ CF가 이동함으로써 생긴 중앙 공간으로 공격형 미드필더 등의 2선 선수가 뛰어 들어가고 CF가 빠른 타이밍으로 최종 패스한다. 그대로 문전으로 파고들어 가 마무리 슈팅한다.

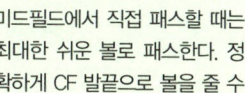

미드필드에서 직접 패스할 때는 최대한 쉬운 볼로 패스한다. 정확하게 CF 발끝으로 볼을 줄 수 있으면 패스가 약해도 상관없다.

076 | 포스트 플레이의 예 ②

여기서 소개하는 포스트 플레이는 침투 패스를 한 뒤 오른쪽 측면에서 다른 선수가 오프 더 볼 무브먼트로 상대 DF의 뒤편을 찌르는 방법이다. 빈 공간을 잘 활용하면 효과적으로 공격할 수 있다.

오프 더 볼 무브먼트로 득점 기회를 만든다

앞 쪽에서 소개한 플레이와 마찬가지로 여기서 소개하는 포스트 플레이 또한 반드시 투톱에서만 가능한 것이 아니라 원톱일 때도 사용이 가능하다. 그러나 원톱이 고립되어 있으면 상황이 어려워진다. 원톱과 공격형 미드필더의 거리가 근접할 때 연계해 실행하면 효과가 있다.

핵심 포인트는 빈 공간을 잘 활용하는 것이다. 여기서는 처음에 FW가 최종 수비라인의 뒤편을 노리고 움직임에 따라 상대 CB를 본래 위치로부터 이동시키는 데 성공했다. 그리고 다른 1명의 FW가 뛰어 들어가 포스트 플레이하고 더욱 깊은 위치를 노리고 오른쪽 측면에서도 뛰어 들어간다. 볼이 없는 FW의 오프 더 볼 무브먼트로 상대 수비조직을 무너뜨릴 수 있게 된 것이다.

침투 패스할 때는 만전을 기할 것

또한 포스트 플레이는 상대가 꺼리는 위치에서 할수록 효과가 크다. 즉 전방으로의 침투는 '하이 리스크 하이 리턴(High risk, High return)' 즉 고위험 고효율의 장소로 패스해야 의미가 있다. 물론 좁은 공간을 노리기 때문에 볼을 뺏길 가능성은 있다. 그러나 동시에 상대를 유인함으로써 주변에 움직임이 자유로운 선수를 만들어낼 수 있다.

어느 플레이나 마찬가지이지만 특히 포스트 플레이에서 침투 패스할 때는 만전을 기해야 한다. 항상 위험이 도사리고 있음을 의식하고, 상대 DF의 자세를 끊임없이 살피면서 CF가 받기 쉽도록 패스해야 한다.

포스트 플레이의 예 ②

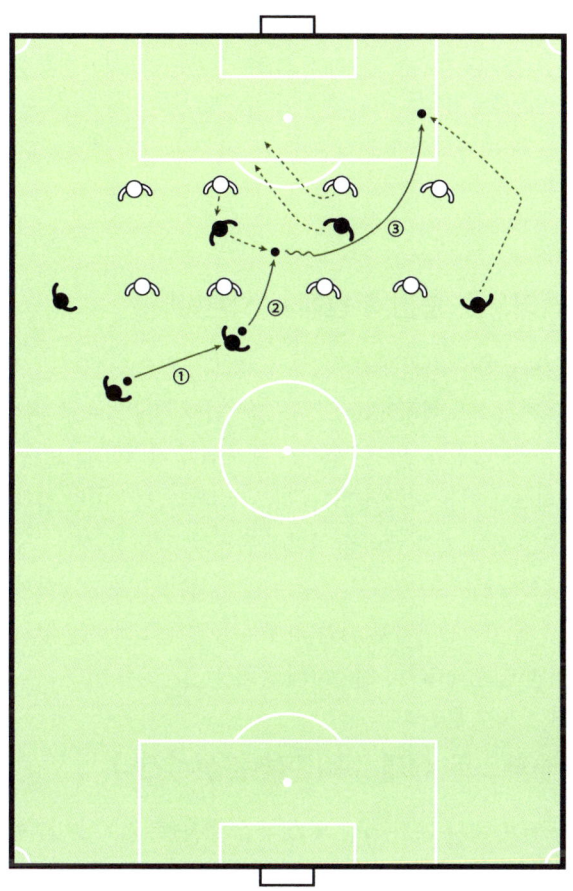

왼쪽 측면에서 중앙으로 ①처럼 볼이 들어오는 순간, 볼을 받기 위해 FW 1명이 오프사이드가 되지 않도록 뒷공간을 노리며 대각선으로 움직인다. 볼을 받아내겠다는 의지를 보여주는 것이 중요하며 그래야 상대 CB가 유인되어 움직인다. 다른 1명의 FW가 빈 공간으로 이동하고 ②의 침투 패스를 받는다. 동시에 오른쪽 측면 선수가 최종 수비라인 뒤편으로 뛰어 들어가고 FW가 ③과 같이 정확하게 스루 패스한다.

POINT

투톱은 볼이 안 오면 돌아가서 다시 움직인다. 서로가 8자를 그리듯이 움직이면 마크를 따돌리기 쉽다.

077 | 포스트 플레이의 훈련 방법 ①

포스트 플레이 감각을 키우기 위한 훈련이다. 심플한 훈련 방법이지만 상황 설정에 변화를 주면 포스트 플레이의 난이도에도 변화를 줄 수 있다. 다양한 패턴으로 시도해보자.

종 패스가 들어오는 순간 주변에서 지원한다

오른쪽의 그림은 실전을 가정해 6대 5로 실시하는 훈련을 나타낸 것이다. 미드필드에 지원 역할 선수 ⓢ를 3명 배치하고 공격을 빌드업해 전방으로 종 패스하면서 골을 노린다. 지원 역할 3명 중 1명만 필드에 들어가 빌드업에 가담한다. 또한 실제 훈련할 때 공격진에게 "종 패스는 지원 역할이 한다."라고 말해 놓으면 지원 역할 선수가 볼을 가졌을 때 전방 선수는 볼을 받을 준비를 하면서 움직일 것이다.

전방으로 종 패스가 들어오면 주위 선수는 제3의 움직임을 담당하는 선수가 되어 패스 코스를 만든다. 페널티 에어리어 라인 밖에서 공격해도 상관은 없으나 중앙 돌파할 때는 최대한 라인의 안쪽에서부터 신속하게 공격을 펼치도록 한다.

횡 패스나 백 패스로 상대 수비진을 분산시킨다

훈련의 핵심 포인트는 횡 패스나 백 패스를 잘 활용해 상대 수비진을 분산시키는 것이다. 상대 볼란테를 유인해 최종 수비라인과 간격을 떨어뜨려 공간을 만드는 것도 중요하다. 그러면 유효한 종 패스가 가능해지기 때문이다.

종 패스를 받는 FW 2명은 항상 상대 DF의 뒤편을 노리고 움직이는 것이 중요하다. 이러한 움직임이 상대 DF를 흔들어 자유로운 상태에서 종 패스를 받을 수 있기 때문이다. FW 2명이 동시에 다르게 움직이고 주변 선수가 더미 동작을 취하는 것도 중요하다.

포스트 플레이의 훈련 방법 ①

지원 역할인 3명은 투터치로, 1명은 필드 안으로 들어가 빌드업에 가담한다. 페널티 에어리어 폭으로 그은 라인 밖에서 공격해도 상관없으나, 빠른 공격 전개를 익히려면 최대한 라인 내에서 공격하는 것이 좋다. 수비진은 볼을 뺏으면 두 골대 중 한쪽으로 빨리 패스한다.

POINT

지원 역할을 포함해 종 패스하는 패턴 등을 사전에 말해 놓으면 연계 플레이의 정확도가 더욱 높아질 것이다.

078 | 포스트 플레이의 훈련 방법 ②

여기서는 보다 실전에 가까운 형태로 포스트 플레이를 익히는 훈련 방법을 소개한다. 포스트 플레이를 실시하는 투톱(또는 원톱과 공격형 미드필더)이 패스받기 전에 취하는 동작을 다양하게 생각해내는 것이 중요하다.

2대 2 상황을 설정해 CF 간의 연계를 높인다

볼을 뺏으면 즉시 전방으로 롱 패스하는 훈련이다. CF의 경우 상대 CB와의 경합을, 그리고 후방 선수는 볼을 뺏은 다음의 롱 패스하는 방법과 공격 가담 타이밍을 효과적으로 익힐 수 있다.

핵심 포인트는 CF가 볼을 받기 전에 취하는 동작이다. 그냥 멈춰서 그 장소에 머물러 있으면 막상 마이볼이 됐을 때 빠르게 반응할 수 없다. CF 2명의 거리, CB와의 거리를 의식하고 포지션을 잡아야 한다. 상대 CB들의 간격을 떨어뜨려 공간을 만들어내는 동작도 중요하다. 2명이 교차하면서 8자로 움직이는 등 CF끼리 연계하며 여러 형태를 시도해보는 것이 좋다.

팀 수준에 맞춰 조건 설정에 변화를 준다

후방 선수는 정확하게 롱 패스한 다음 전방을 지원할 수 있도록 빠르게 공격 가담한다. 이때 중앙 및 측면 지역에 들어갈 수 있는 인원을 공격진과 수비진의 각각 몇 명으로 한다는 등의 몇 가지 조건들을 설정한다. 몇 명으로 할 것인지는 팀 수준에 맞추어 지도자가 결정한다. 원톱을 사용하는 팀이라면 원톱과 공격형 미드필더를 종방향으로 배열하는 등 보다 실전에 가까운 상태를 설정해 실시한다.

훈련에서 얻고자 하는 것이 무엇인지 목표가 명확하면, 그에 알맞은 훈련 방법을 고안해내는 것도 필요하다.

포스트 플레이의 훈련 방법 ②

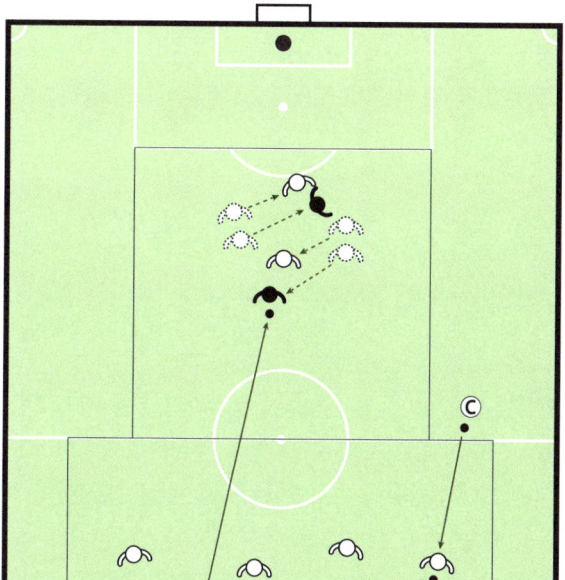

풀코트 중 한쪽 편에는 6대 6, 다른 한 편에는 CF대 CB의 2대 2를 설정한다. 코치가 6대 6의 공격진(백)에게 볼을 건넨다. 수비진(흑)은 볼을 뺏으면 바로 CF에게 종 패스한다. 첫 단계에서는 첫 번째 종 패스의 경우 오프사이드가 되지 않는다는 조건으로 실시한다. CF가 볼을 받으면 공격과 수비진 각 1명씩 양 측면 지역으로 들어갈 수 있다는 식으로 지원 조건에도 변화를 준다.

CF 2명은 언제 볼이 오더라도 대응할 수 있도록 항상 준비한다. 지원하러 온 선수를 잘 활용해 골을 노린다.

079 | 점유

경기 중의 볼 점유율이 높으면 경기를 우세하게 이끌 수 있다. 이를 위한 전술이 바로 점유다. 핵심 포인트는 패스 코스를 항상 2개 이상으로 만드는 것인데 결코 쉬운 일은 아니다.

주도권을 장악하면 승리 확률은 높아진다

볼 점유율이 높다는 것은 경기 중에 상대보다 더 많이 볼을 소유하고 있었다는 뜻이다. 즉 경기를 장악했다는 것이다. 극단적으로 생각하면 볼을 가지고 있을 때는 상대에게 골 기회가 없다는 뜻이 되며, 경기 내내 100% 볼 점유율을 달성한다면 실점은 당연히 0이다. 볼 점유율이 높으면 높을수록 경기에서 우위를 점할 수 있다.

볼을 가지고 있을 때 종 패스 한 번으로 득점 기회가 생길 가능성은 매우 희박하다. 그래서 볼을 키핑하면서 전후좌우로, 그리고 짧고 길게 패스를 연결하면서 기회를 엿본다. 복싱으로 말하자면 잽으로 상대를 흔드는 것과 마찬가지이며, 절대 패스 연결이 주목적이 아니다. 골을 넣기 위해 점유한다는 사실을 잊지 말아야 한다.

상대가 표적을 좁히지 못하도록 패스 돌리기는 정확해야 한다

또한 패스 연결을 살 해야 힘을 들이지 않고 상대의 피로도를 높일 수 있다. 수비의 기본 원칙에 '맨 처음 볼에 도전하는 일차 수비수를 정한다'는 규칙이 있다. 그런데 만약 공격진이 완벽하게 패스를 돌리면 상대 수비진은 표적을 좁힐 수가 없어 쉽게 일차 수비수를 정할 수 없게 된다. 단, 각 선수들의 기술력이 높지 않으면 이렇게까지 완벽한 점유는 사실상 불가능하다. 따라서 지도자는 선수들의 능력을 파악해 어떤 축구를 할 것인지 결정해야 한다.

삼각형 진형을 만들어 패스 코스를 확보한다

패스를 돌릴 때의 기본 포지션으로 삼각형 진형이 있다. 볼을 가진 선수에 대해 2명이 지원해 패스 코스를 2군데 만드는 것이다. 둘 중 1명에게 볼이 가면 볼을 받은 선수에 대해 또다시 다른 삼각형 진형을 만들어 지원한다. 축구에서 이 삼각형 진형은 기본

기본은 3명이
삼각형 진형을 만드는 것

패스를 정확하게 연결하지 않으면 점유율을 높일 수 없다. 정확한 패스 연결을 위해서는 볼을 가진 선수 주변으로 다른 선수들이 빨리 지원에 들어가 패스 코스를 만들어야 한다. 2명이 지원해 볼을 가진 선수와 삼각형 진형을 만들면 2개의 패스 코스가 생긴다. 여러 패스 코스를 만드는 것이 중요하다.

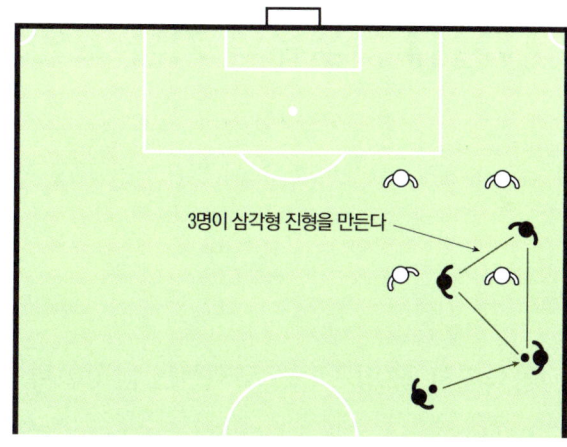

3명이 삼각형 진형을 만든다

삼각형 진형에 덧붙여
먼 장소에 1명을 더 배치

삼각형 진형을 만들면 2개의 패스 코스가 생기는데, 선수 간의 거리가 가깝기 때문에 짧은 패스밖에 하지 않을 것이라 예상하기 쉽다. 이때 예상과 다르게 길고 짧은 패스들을 섞으면 상대는 표적을 좁히기가 어려워 다음 패스가 어디로 향할지 예측할 수 없게 된다. 삼각형 진형과는 별도로 좀 떨어진 장소에 여러 패스 코스를 만들면 효과가 더욱 높아진다.

삼각형 진형에서 멀리 떨어진 장소에 1명

중의 기본이므로 어릴 때부터 철저하게 훈련해 몸이 자연스럽게 반응할 수 있도록 만드는 것이 좋다.

080 | 점유의 기능 포인트

점유를 실행하려면 패스 코스 확보를 의식하고 선수 간의 거리를 적절히 유지하는 것이 중요하다. 너무 자유롭게 움직이면 패스 코스나 거리가 모두 무너질 수 있으므로 주의해야 한다.

움직이지 않아도 되는 포지션은 움직이지 말 것

삼각형 진형을 만들어 패스 코스를 확보할 때는 각 선수들의 거리를 생각해야 한다. 거리가 너무 가까우면 수비하기가 쉽다. 지원하러 가는 선수는 볼을 가진 선수와 자기 자신, 자기 자신과 또 다른 지원 선수 1명, 그리고 기타 주변에 있는 모든 선수들(상대 팀까지 포함)의 포지션을 염두에 두면서 어디에서 볼을 받는 것이 가장 좋을지 판단해야 한다.

축구에서 자유로운 발상은 경우에 따라 필요할 때가 있지만, 그렇다고 움직임이 너무 자유로우면 삼각형 진형을 이루기가 어렵다. 기본적인 흐름에 따라 볼이 잘 연결되고 있다면 움직이지 않아도 되는 포지션은 굳이 움직이지 않는 것이 좋다. 지원하는 선수가 상황에 맞게 포지션을 미세 조정하도록 한다.

항상 종방향으로 공격한다는 의식으로 점유해야 한다

점유율 축구를 지향하는 팀에서 흔히 볼 수 있는 현상은 횡 패스나 백 패스가 많아지면서 종방향으로 공격을 시도하는 횟수가 줄어든다는 것이다. 종방향으로의 공격은 시도 타이밍이 중요한데, 점유하는 동안에는 항상 이를 노리는 것이 좋다. '공격은 종방향으로 신속하게'라는 축구 이론이 있다. 틈이 보이면 최대한 빠르게 종 패스해 승부한다.

막힌 상황에서는 한 번 뒤로 내리고 앞으로 패스

골을 넣으려면 골문에 근접해야 하므로 한 번은 반드시 종 패스를 해야 한다. 그러나 상대도 종 패스를 경계한다. 쉽게 종 패스를 줄 수 없을 때는 후방으로 한 번 내린 다음에 종 패스를 노린다. 특히 측면을 무너뜨리면 기회가 생기므로, 때로는 위험을 감수하면서라도 강제로 종방향을 노리는 것도 필요하다. 측면에서 오는 침투 패스는 상대 DF도 대응하기가 어렵다.

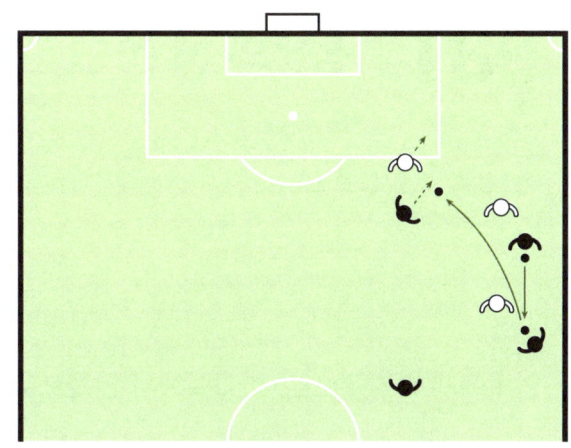

뒤로 내리고 횡 패스하면 기회를 놓친다

측면으로 볼이 왔는데 종방향이 막혀 있어서 후방으로 다시 내리고 바로 사이드 체인지하는 것은 별로 좋지 않다. 점유는 골을 넣기 위한 것이지 옆이나 뒤로 패스하기 위한 것이 아니다. 종방향을 노릴 수 있을 때는 적극적으로 노린다. 도망치는 자세면 상대에게 포진되어 바로 볼을 뺏기고 말 것이다.

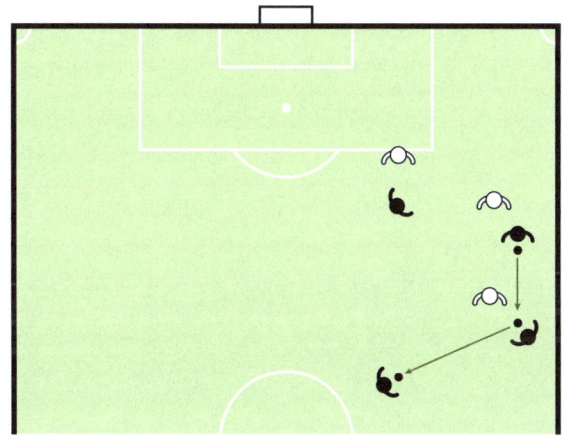

✓ 코칭 어드바이스

집요하게 종방향을 노린다

축구에서 흔히 볼 수 있는 것이 측면이 막혀서 후방으로 내릴 때 사이드 체인지하기 위해 쉽게 횡 패스하는 장면이다. 상대 수비진에 압도되어 바로 도망치듯이 패스하는 것이다.

반면 최고 수준의 팀들은 측면이 막히면 전방과 후방에 있는 선수가 곧바로 이동해 패스 코스를 확보한다. 그리고 한 번 후방으로 내린 볼을 받은 선수가 이 움직임을 놓치지 않고 종방향으로 패스한다. 평범한 팀들이 한 번 내린 다음 다시 시작하는 것에 비해 최고 수준의 팀들은 무슨 수를 써서라도 종방향으로의 전개를 고집한다. 공격은 한시라도 빠르게 종방향으로 전개하는 것이 유리하기 때문이다.

081 | 점유의 예 ①

CB에서 시작되는 패스 돌리기로 점유하는 예를 소개한다. 핵심 포인트는 패스 코스가 확보되도록 주변 선수가 계속적으로 움직이는 것이다. 안쪽에서 바깥쪽으로, 바깥쪽에서 안쪽으로 패스를 돌리는 것도 중요하다.

안쪽에서 바깥쪽으로, 바깥쪽에서 안쪽으로 패스 연결

상대 수비조직이 갖춰져 있을 때 최종 수비라인으로부터 패스를 연결해 공격을 빌드업하는 예다. CB가 옆으로 2개 패스를 연결시켜 SB로 볼을 넘긴다. 이때 종방향으로 돌파가 가능하면 좋겠지만, 상대가 심하게 마크하기 때문에 아직은 종방향으로 전개할 상황은 아니다. 지원하러 온 볼란테에게 볼을 넘기는 것이 더 현명한 선택이다.
볼이 움직이면 사람도 연동해 움직여야 한다. 그러면 상황에 변화가 생기면서 새로운 패스 코스와 공간이 창출된다. 측면에서 볼란테로 볼이 넘어올 때, 공격형 미드필더와 다른 1명의 볼란테가 지원하면 이후 플레이의 선택폭이 넓어진다.
요약하자면 볼 점유란 이러한 과정들의 연속이다. 즉, 안쪽에서 바깥쪽 또는 바깥쪽에서 안쪽으로 변화를 주면서 패스를 연결해 상대의 틈을 노린다. 그러면서 어느 한 순간 종 패스해 승부한다. 단조로운 리듬이 아니라 완급을 조절하며 패스를 연결하면 상대는 수비하기가 매우 어렵다.

발을 멈추지 않으면 패스 코스는 생긴다

오른쪽의 예에서 볼란테가 오른쪽 SB를 지원하기 위해 이동함으로써 미드필드에 공간이 만들어지는데, 여기에 다른 선수가 들어가면서 공간을 효율적으로 활용하고 있다. 각 선수들이 부지런히 움직인다면 공간은 생기기 마련이다. 여기서는 오른쪽 SB로부터 온 패스를 오른쪽 볼란테가 받았는데, 만약 가능하다면 그대로 넘겨 공간으로 침투한 왼쪽 볼란테가 패스를 받아도 괜찮다.

PART 3 팀 전술 실전 활용과 훈련 프로그램

점유의 예 ①

CB가 볼을 가지고 있다. 바로 종방향을 노릴 수 있으면 좋겠지만, 전방 선수가 상대에게 마크를 받고 있다. 수비조직이 잘 갖춰져 있어 쉽게 종 패스할 상황은 아니다. CB가 할 수 있는 플레이는 횡 패스로, 우선은 옆의 CB에게 패스한다. 여기서도 종방향을 노릴 수 없으므로 오른쪽 SB에게 패스한다. '측면부터 공격하는 것'이 공격의 기본이지만 '측면으로 몰고 가는 것' 또한 수비의 기본이다. 공수 모두 측면이 승부처가 되기 때문에 작은 판단 미스 하나로 승패가 갈린다.

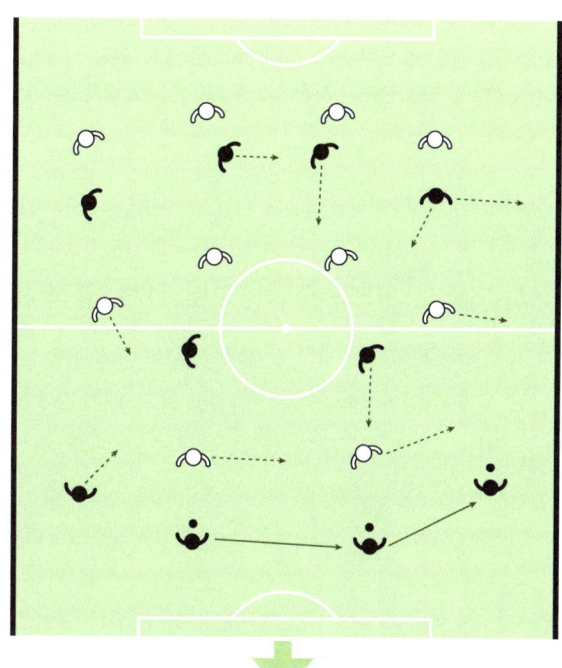

볼을 가진 오른쪽 SB의 종방향 패스 코스가 막혀 있다. 그러나 CB와 오른쪽 볼란테가 지원하러 들어가면 횡 패스와 백 패스가 가능하다. 오른쪽 SB → 오른쪽 볼란테로 볼이 연결되면 FW, 왼쪽 볼란테가 지원하면서 볼란테 2명과 FW에 의한 삼각형 진형이 완성된다. 점유란 이 과정들의 연속으로, 볼 움직임에 맞춰 선수들이 움직이면서 패스 코스를 만들어 가는 것이다.

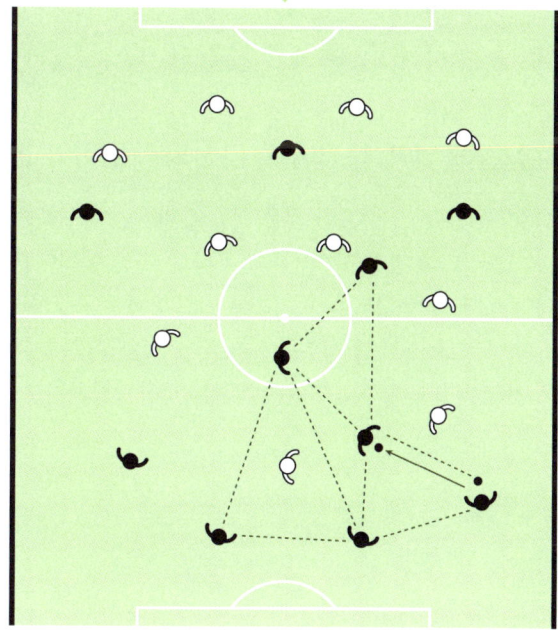

POINT ⚽

볼을 뺏기 위해서는 종 패스가 필요하다. 볼을 돌리며 틈을 엿보다가 기회가 포착되면 적극적으로 공세를 펼친다.

195

082 | 점유의 예 ②

점유를 높일 수 있는 방법 중의 하나로, 선수 1명을 건너뛰고 멀리 있는 선수에게 한 번에 패스하고 그 사이에 있던 선수가 지원하러 들어가는 예를 소개한다. 마크를 밀리게 하는 패스 워크 중 하나다.

시간을 보내다가 종방향으로 전개, 공격 시 완급 조절이 중요

최종 수비라인에서 시간을 보내다가 한 번에 전방으로 종 패스하는 패턴이다. CB나 SB가 최종 수비라인에서 패스 연결할 때 상대가 높은 위치에서 압박을 해오는 경우 외에는 기본적으로 서두르지 말고 천천히 패스한다. 패스 워크는 완급 조절이 중요하다. 평온하게 횡 패스로 연결하다가 이때다 싶은 순간에 바로 종 패스한다.

이 예에서는 미드필더 1명을 건너뛰고 CB에서 FW로 직접 침투 패스를 한다. 이때 모든 선수들이 속도를 내야 한다. 전방에서 볼을 가진 FW는 밀착 마크를 받게 되므로 우선은 주변 선수들이 바로 지원하러 가야 한다. FW도 지원하러 온 선수들에게 원터치나 투터치로 빨리 볼을 넘겨야 한다. 이때 FW로부터 리턴 패스를 받는 선수는 최대한 골문으로 향하면서 볼을 받아야 한다. 어렵게 전방으로 들어온 종 패스이므로 최대한 마무리 슈팅까지 이어갈 생각으로 공격하는 것이 좋다.

상황에 맞게 움직이고, 분산되지 말아야 한다

이 플레이에서 중요한 것은 최종 수비라인에서 천천히 패스를 연결하고 있는 순간에도 미드필드나 전방 선수들은 멈추지 말고 늘 움직이면서 볼을 유인하는 것이다. 축구 경기에서 "무빙(Moving)!"이라는 지시가 자주 등장하는데, 이는 말 그대로 움직이라는 것이다. 그렇다고 각 선수들이 따로따로 움직이는 것은 곤란하다. 팀 상황을 보면서 그 시점에 가장 필요한 움직임을 취하는 것이 중요하다.

점유의 예 ②

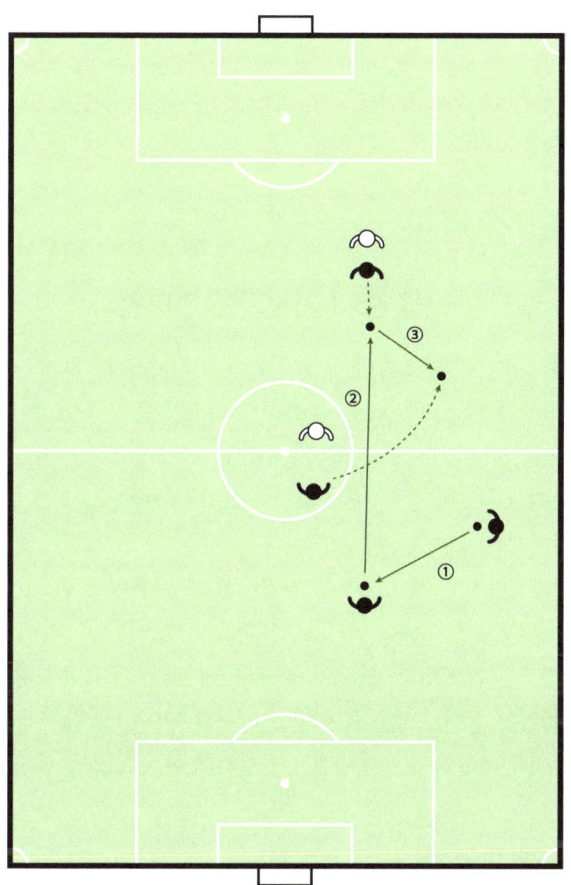

① 오른쪽 SB가 CB에게 쇼트 패스한다. 전방을 주시하던 CB는, 활발하게 움직이는 FW가 볼을 받을 수 있을 것으로 판단, 곧바로 ② FW에게 종 패스한다. 높은 위치에서 볼을 받은 FW는 뒤에서 상대 CB의 밀착 마크를 받게 되므로 ③ 주변 선수가 신속히 지원해 FW로부터 리턴 패스를 받는다(종 패스 때 건너뛰었던 볼란테가 이때 공격 가담해 리턴 패스를 받으면 된다). 이러한 의외성이 상대 수비를 무너뜨리는 요인이 된다.

POINT

최종 수비라인에서 패스를 돌릴 때는 느려도 되지만, 전방으로 종 패스하면 바로 속도를 내야 한다. 완급 조절이 중요하다.

083 | 점유의 훈련 방법 ①

점유를 높이는 효과적인 훈련 방법으로 단순하지만 알찬 패스 돌리기를 소개한다. 바깥쪽에서 패스를 돌리는 팀과 안쪽에서 패스 차단을 노리는 팀으로 나누어 실시하는데, 고도의 집중력을 가지고 훈련해야 효과를 볼 수 있다.

단순하지만 알찬 훈련을 통해 기본기를 연마한다

점유율 축구가 성공하려면 정확한 패스 연결이 매우 중요하다. 오른쪽 위의 그림은 그러한 능력을 키우기 위한 것으로, 바깥쪽에서 패스를 돌리면 안쪽이 패스 차단을 노리는 훈련이다. 여기서는 5대 2로 설정했는데 6대 2나 6대 3도 가능하다. 이 훈련의 주된 목적은 어디까지나 물 흐르듯이 매끄럽게 패스를 연결하는 능력을 높이는 데 있으므로 바깥쪽이 유리하게끔 조건을 설정해야 한다.

이 훈련은 필자가 현역 시절 요미우리 클럽에서 자주 했던 훈련으로, 겉보기에는 단순해보이지만 내용은 매우 알차다. 바깥쪽 선수들이 패스를 매끄럽게 잘 돌리면 안쪽 선수들이 볼 뺏기가 매우 어렵다. 인사이드, 아웃사이드를 잘 활용해 원터치, 투터치로 빠르게 패스를 돌리면 상대가 발끝으로 치고 들어갈 타이밍을 잡기가 힘들다. 안쪽 선수들에게는 버겁지만 바깥쪽 선수들에게는 확실하게 볼 컨트롤 능력을 키울 수 있는 좋은 훈련이 된다.

조금씩 인원을 늘려 훈련을 발전시킨다

아래 그림은 업그레이드 버전으로, 남미 팀에서 많이 하는 훈련이다. 바깥쪽 9명은 패스를 돌리면서 중앙의 콘에 볼을 맞히는 것을 목표로 한다. 안쪽 3명은 콘을 지키면서 볼을 뺏는 것이 목표다. 서서히 바깥쪽 선수를 늘리면서 12대 3까지 진행한다.

바깥쪽 인원이 늘어나면 안쪽 3명은 중앙의 콘 수비를 최우선해 볼 차단에 나서지 않게 된다. 그러므로 중앙 수비에 집중하는 상대를 어떻게 유인해 중앙을 무너뜨려 볼로 콘을 맞힐 것인지가 관건이 된다.

점유의 훈련 방법 ①-A (5대 2)

5대 2의 패스 돌리기. 바깥쪽이 패스를 돌리고, 안쪽이 차단한다. 바깥쪽은 프리터치로, 20번 연결하면 1점 획득이다. 안쪽이 차단하면 뺏은 선수와 뺏긴 선수가 자리를 바꾼다. 안쪽 2명은 둘 사이로 볼이 통과하면 1점 실점하므로 2명의 의식을 통일하면서 플레이한다.

POINT

플레이 공간이 넓어지면 바깥쪽이 유리해지므로 너무 벌어지지 않도록 한다. 안쪽은 따로 움직이지 말고 연계하며 움직인다.

점유의 훈련 방법 ①-B (9대 3)

남미 팀에서 많이 하는 훈련이다. 바깥쪽은 패스를 돌리며 중앙의 콘(=골문)을 볼로 맞히는 것이 목표다. 안쪽은 콘을 지키면서 볼을 뺏는 것이 목표. 안쪽이 볼을 차단하면 볼을 뺏긴 선수와 양옆의 2명, 총 3명과 안쪽 팀 3명이 자리를 바꾼다. 바르셀로나도 이와 유사한 5대 3 훈련을 실시하고 있는데, 중앙에 선수를 배치하고 이 선수를 경유해 패스를 돌리는 훈련이다.

POINT

안쪽 3명의 연계를 어떻게 무너뜨리느냐가 관건이다. 시간을 들여 유인하거나 순간적으로 속도를 내는 등의 완급 조절이 필요하다.

084 | 점유의 훈련 방법 ②

미리 설정한 좁은 구역 안에서 두 팀이 같은 인원수로 미니게임을 실시한다. 필드 안에 설치한 2개의 게이트에 볼을 통과시키는 훈련이다.

미니게임으로 마크를 따돌리는 방법을 익힌다

좁은 구역에서 7대 7(+프리맨 2명)로 실시하는 미니게임으로, 빠른 상황 판단과 정확한 플레이가 요구된다. 설치된 게이트로 슈팅하는 것이 아니라 볼을 통과시켜 동료에게 패스 연결해야 한다. 인원수가 같기 때문에 각 선수가 1대 1로 서로 마크하게 되며, 프리로 볼을 받기 위한 오프 더 볼 무브먼트가 중요하다. 이 훈련을 통해 상대의 마크를 따돌리는 동작을 익힐 수 있다. 또한 동료의 움직임에 따라 자신은 일부러 멈추는 등의 완급 조절 동작과 공간을 만들어내는 움직임을 훈련할 수 있다.

패스 연결이 단조로워지지 않도록 주의한다. 예를 들어 A, B, C의 3명이 서 있다면 A → B → C가 아니라 A → C → B처럼 변화를 주어 연결하는 것이 좋다. 상대가 밀착 마크를 해올 때는 이런 패스 워크가 효과적이다. 한 번 건너뛴 B에게 리턴 패스를 하면 상대가 미처 예상하지 못해서 뒤늦게 대응하게 된다.

삼각형 진형을 만드는 것도 매우 중요하다. 이 삼각형 진형 또한 작거나 크게 하는 등으로 거리에 변화를 주면 상대를 당황하게 만들 수 있다. 삼각형의 크기를 축소·확대해 가며 골대로 향한다.

상대가 가까이에 없으면 드리블로 돌파한다

점유율 축구를 지향한다 하더라도 상대가 가까이에 없으면 적극적으로 드리블 돌파를 시도해야 한다. 오히려 때때로 드리블 돌파를 해줘야 점유 면에서도 더 좋은 효과를 낼 수 있다.

점유의 훈련 방법 ②

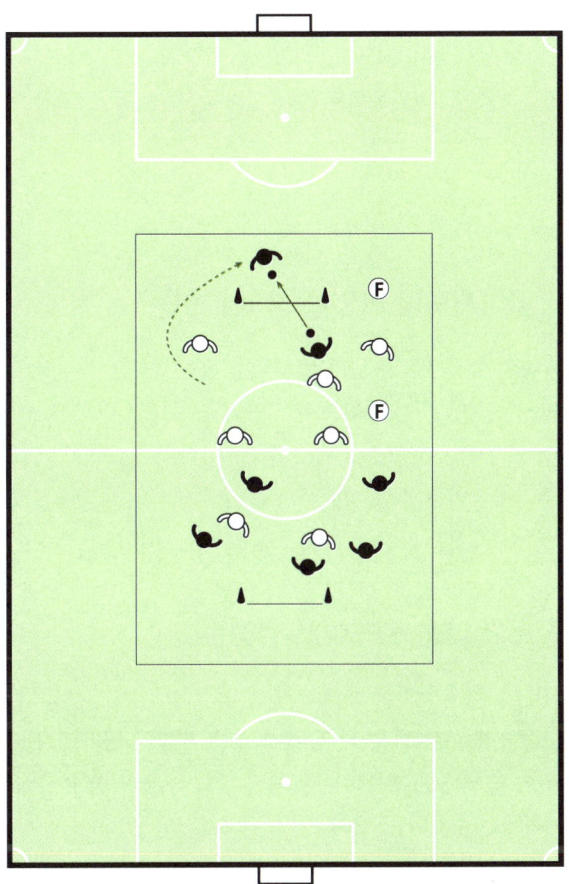

7대 7(+프리맨 2명)의 공방. 콘으로 게이트(골대)를 설치한다. 서로 이 게이트를 노리게 되는데, 좁은 구역에 선수들이 밀집되어 있기 때문에 정확하게 패스를 연결할 필요가 있다. 공수 전환이 빈번하게 이루어지는 동안 각 선수들은 항상 자기 팀과 상대 팀의 포지션을 관찰하고 있어야 한다. 게이트를 통과해서 동료에게 연결이 되거나, 10번 패스 돌리기에 성공하면 1점 획득이다.

POINT

볼 소유자를 빨리 지원하는 방법뿐만 아니라 자신이 자유로워지는 움직임과 동료에게 공간을 만들어주는 움직임도 익힐 수 있는 훈련이다.

085 | 라인 컨트롤

최종 수비라인을 올리거나 내리는 것을 라인 컨트롤이라고 한다. 최종 수비라인의 선수들 전원이 움직이는 경우도 있고 최종 수비라인에 남은 선수 1명이 움직이는 경우도 있다. 오프사이드 트랩을 거는 것만이 그 목적은 아니다.

상대가 멀리 떨어지도록 라인을 상하로 이동

상대가 볼을 가지고 있을 때 팀 전체가 라인을 올린다. 롱 볼이 들어오면 일단 라인을 내려서 확실하게 대응한다. 이때 최종 수비라인과 상대의 전방이 경합을 벌여 오프사이드 트랩을 걸 수 있으면 능동적으로 걸도록 한다. 상황에 따라 최종 수비라인을 상하 조절할 때 최종 수비라인의 선수들 전원이 협력하며 실시하는 경우도 있고 개인으로 실시할 수도 있다. 이 모든 것을 통틀어 라인 컨트롤(Line control)이라고 한다.

볼 소유자를 보고 다음 플레이를 결정한다

상대 발끝에서 볼이 떨어져 있을 때 라인을 상하 조절하는 것이 좋다. 볼이 이동하는 사이에 라인을 밀어올리고, 그다음 볼을 가진 상대 선수가 플레이하는 공간과 패스 코스를 차단한다. 이와 동시에 오프사이드 트랩에 걸리지 않기 위해 상대 전방 선수 또한 따라오기 때문에 상대를 골문에서 멀어지게 할 수 있다.

상대가 볼을 가진 상태라도 상대 선수의 자세를 보고 라인을 상하 조절하는 것도 가능하다. 상대가 오른발잡이인지 왼발잡이인지, 그리고 몸의 방향과 각도 등을 자세히 관찰하다 보면 패스가 어느 방향으로 나갈 것인지 대충 감을 잡을 수 있다. 또한 같은 자세라도 개인의 능력에 따라 패스를 할 수 있는 선수와 하지 못하는 선수가 있다. 이러한 정보들을 종합해서 지금은 패스가 안 나올 것이라는 판단이 서면 과감하게 라인을 올릴 수 있다.

오판하면 실점 위험이 커질 수 있다

그러나 라인을 올린다는 것은 후방에 공간을 만든다는 것과 마찬가지다. 패스하는 선수의 능력과 뒷공간으로 파고들어 가는 선수의 속도를 정확하게 파악하지 않으면 치명적

안에서 바깥으로 이동하는 FW는 오프사이드 트랩을 걸기 쉽다

어떤 상황이든지 최종 수비라인은 가급적 대비하고 있어야 한다. 중앙에서 바깥으로 이동하는 FW는 오프사이드 트랩을 걸기 쉽다. 설령 오프사이드 트랩을 걸 수 없더라도 대응할 시간적 여유가 있다. 상대가 바깥에서 크로스를 올리더라도 문전에서 걷어내면 된다. 문전으로 파고들어 오는 상대를 막는 것이 중요하다.

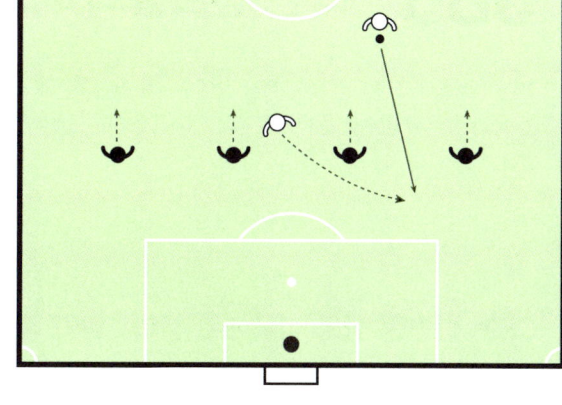

중앙 부근으로의 패스는 오프사이드 트랩을 걸기 어렵다

문전으로 뛰어 들어오는 선수에게로 볼이 올 때는 오프사이드 트랩이 확실할 때를 제외하고는 반드시 밀착 마크하고 있어야 한다. 수비팀은 상대가 골문까지 최단거리로 돌파하는 것만은 무슨 일이 있어도 막아야 한다. CB는 물론 SB도 중앙을 지킨다는 생각을 가지고 플레이해야 한다.

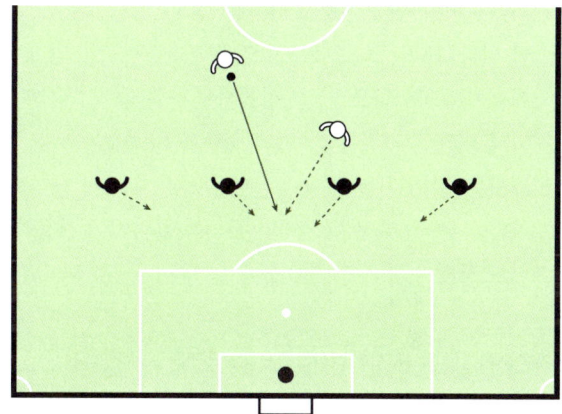

인 실수로 이어질 가능성도 있다.

2013년 8월 일본과 우루과이의 국가대표팀 경기에서 이를 보여준 플레이가 있었다. 일본의 최종 수비라인이 높은 위치를 유지하고 있을 때 우루과이의 최종 수비라인이 롱 패스를 해왔다. 패서였던 선수는 자세가 안 좋았고 몸의 각도를 생각하면 롱 패스할 수 있는 상황이 아니었다. 그럼에도 롱 패스를 해온 것이다. 일본의 최종 수비라인은 이에 대응하지 못했고 뒷공간을 내주며 실점을 했다. 라인 올리기에는 이러한 위험이 도사리고 있다는 것을 기억해야 한다.

086 | 라인 컨트롤의 기능 포인트

라인 컨트롤에서 중요한 것은 항상 상대 FW와 경합하면서 뒤편을 내주지 않는 것이다. 라인을 올리는 목적은 상대 선수를 골문으로부터 멀어지게 하는 것인데, 만약 위험할 때는 라인을 내릴 필요도 있다.

CB는 빈번한 상하 이동으로 상대 FW와 경합한다

상대의 패스 돌리기에 대해 CB가 계속 똑같은 위치에서 대응하는 것은 위험하다. 상대 FW는 항상 뒷공간을 노리면서 CB와 경합한다. 그러므로 CB는 FW와 나란히 있으면 안 된다. FW는 오프사이드 트랩의 아슬아슬한 경계에서 끊임없이 승부를 걸어온다. 실패를 반복하더라도 한 번 성공하면 바로 골이 되기 때문이다.

이에 비해 수비진은 한 번의 실수가 치명상이 된다. 수비진은 아슬아슬한 승부를 반복해서는 안 된다. 수준이 높은 선수들은 수비에 있어서도 부지런히 움직이며 FW를 견제한다. 이렇듯 축구는 신체와 두뇌를 끊임없이 사용해야 하는 스포츠다. 볼이 없는 곳에서도 상대와 늘 경합해야 한다.

라인을 올리면 반드시 볼 쪽으로 갈 것

수비진은 항상 '위기는 피해야 한다'는 의식을 가져야 한다. 요점은 '상대가 백 패스 → 라인을 올린다 → 상대가 다음 패스를 노린다 → 다시 라인을 원래로 돌린다'의 과정을 반복하는 것이다. 계속 올리거나 계속 내린 상태로 있는 것은 곤란하다. 균형을 잘 유지하면서 상하 조절하는 것이 최고의 라인 컨트롤이다.

또한 라인을 올릴 때는 팀 전체가 올라가야 상대의 플레이 공간을 좁힐 수 있다. 그리고 반드시 볼 쪽으로 가야 한다. 라인을 올리면 볼을 가지고 있는 선수는 플레이의 선택폭이 줄어들어 당황하게 되는데, 이때 치고 들어가 볼을 뺏으면 된다.

상대가 횡 패스 또는 백 패스하는 순간을 노린다

라인을 올리는 타이밍은 볼이 움직이고 있는 순간이다. 특히 상대가 횡 패스나 백 패스할 때가 바로 라인을 올릴 기회다. 볼이 굴러가는 동안에 라인을 확 밀어 올려서 상대 전방 선수를 골대로부터 멀어지게 한다. 그 직후 최종 수비라인의 뒤편으로 상대가 종 패스하더라도 오프사이드 트랩에 걸려들 확률이 높다. 수비수 간의 간격을 벌리지 말고 좁혀서 라인을 올리는 습관을 들이는 것이 좋다.

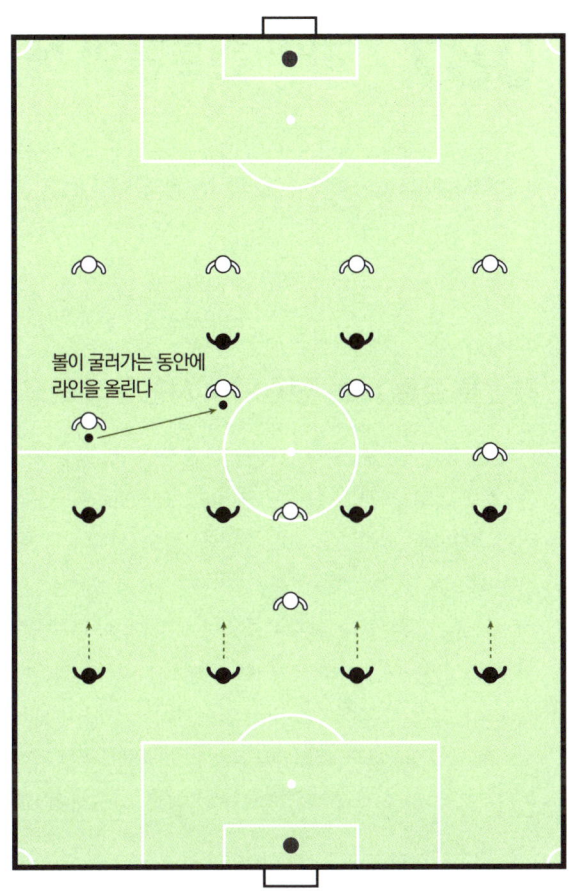

볼이 굴러가는 동안에 라인을 올린다

POINT ⚽

상대의 전방은 물론, 2선 선수들의 움직임도 예의 주시한다. 종 패스를 따라서 상대가 뛰어 들어가면 확실하게 따라붙는다.

✔ 코칭 어드바이스

위기는 무조건 피하는 것이 상책, 위험할 때는 내린다

라인 컨트롤은 절대 만능 해결책이 될 수 없다. 문전에 만들어진 공간으로 상대 미드필드 선수가 엇박자로 뛰어 들어가게 되면 바로 GK와 1대1 상황이 된다. 수비의 기본은 위기 회피다. 실점할 것 같으면 바로 라인을 내려 대응하는 게 낫다. 볼의 움직임과 볼을 가진 선수의 자세, 전방과 공격형 미드필더 선수들의 움직임 등을 종합해서 문제가 없다고 판단이 되면 라인을 올린다. 기본적으로 볼이 움직이는 타이밍에 라인을 올리는 것이 좋다. 볼이 굴러가는 동안에는 상대가 패스하는 일은 절대 없기 때문이다.

087 | 라인 컨트롤의 예

최종 수비라인을 올리는 타이밍의 예를 소개한다. 상대가 횡 패스나 백 패스를 할 때가 바로 라인을 올릴 타이밍이다. 팀 전체가 공통 의식을 가져야 한다는 사실을 잊지 말아야 한다.

라인을 올릴 때는 전원의 의사통일이 중요하다

라인을 올릴 때 늦게 움직이는 선수가 있으면 상황이 매우 위험해진다. 여기서 소개하는 예로 설명하자면, 상대가 백 패스했을 때 최종 수비라인과 볼란테가 함께 라인을 올려야 하는데, 왼쪽 SB가 집중력을 잃고 상대 CF보다 골대와 가까운 장소에 남았다고 가정해보자.

백 패스를 받은 상대 선수에게로 볼란테가 바로 접근하지만 상대 선수가 볼란테를 재빨리 제치고 종 패스한다. 그러면 전방에는 상대 CF가 온사이드 포지션(Onside position)에 남아 있기 때문에 그대로 GK와 1대 1 상황이 돼버린다. 측면도 아닌 문전에서 쉽게 상대를 놓치는 것은 매우 곤란하다. 라인을 올릴 때는 팀 전체의 의식을 통일할 필요가 있다. 특히 최종 수비라인에서 움직임이 늦어지면 바로 위기로 이어진다는 사실을 반드시 기억하자.

한 선수가 지휘하면 조직적인 움직임이 가능하다

이럴 때 라인 컨트롤을 지휘하는 선수가 있으면 이러한 사태를 막을 수 있다. 필드를 전체적으로 둘러보고 이때다 하는 타이밍에서 "올려!"의 지시를 내릴 수 있는 선수가 있으면 조직적인 라인 컨트롤이 가능해진다. 이러한 지휘자가 존재할 때 최종 수비라인이 오랫동안 높은 위치를 유지하는 것이 가능하다. 물론 한 번의 롱 패스로 위험한 장면이 연출되기도 하지만 말이다.

라인 컨트롤의 예 ①

최종 수비라인은 공간이 없이 항상 모여 있는 것이 이상적이다. 그리고 CB는 상대 CF와 일렬로 서지 않는다. 일렬로 위치하면 상대가 뒷공간으로 패스해서 경쟁이 벌어질 때 경합에서 질 우려가 있다. 이러한 요소들에 주의하면서 볼 소유자를 예의 주시한다. 그림과 같은 상황에서, 볼 소유자가 오른발잡이라면 볼란테가 패스 코스를 차단하고 있으므로 패스하지 못한다. 왼발잡이라면 CB와 SB의 사이를 노릴 수 있는 상황이다.

볼을 잡은 선수가 백 패스한다. 이 순간 팀 전체가 일치해서 라인을 올린다. 각 선수가 연동하면서 같은 호흡으로 올릴 수 있으면 좋지만, 그렇지 않을 경우에는 라인 컨트롤을 지휘하는 선수가 "올려"라고 지시를 내린다. 이 역할은 필드를 전체적으로 바라볼 수 있는 CB가 맡는 것이 좋다. 이와 연동해서 볼란테가 백 패스를 받는 상대 선수에게 도전한다. 라인을 올리면 반드시 볼 쪽으로 쫓아갈 것.

POINT

조직적으로 라인 컨트롤을 하지만, CB와 상대 CF의 경합 등 자잘한 1대 1 공방에서 이기는 것이 중요하다.

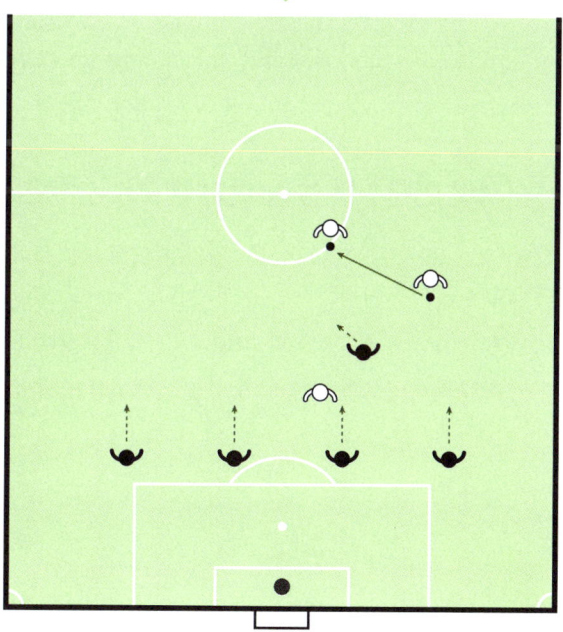

088 | 라인 컨트롤의 훈련 방법 ①

1대 1의 상황을 설정해 라인 컨트롤의 감각을 익히는 훈련 방법을 소개한다. 1인 상황으로 연습해서 감을 익히면 그다음은 2인, 3인으로 인원수를 늘려서 연동해 라인 컨트롤을 해본다.

처음에는 혼자 움직이면서 상하 조절 감각을 익힌다

처음에는 1대 1로 훈련하며, 상황에 따라 라인을 상하 조절하는 감각을 익힌다. 인원수가 늘어나도 1대 1 경합은 늘 존재하기 때문에 초반에 확실히 익혀두는 것이 좋다.

CB가 주의해야 할 것은 CF의 동작과 함께 패스하는 선수의 특징과 자세를 파악하는 것이다. 왼발잡이인지 오른발잡이인지, 어떤 상황일 때 패스하는지 등을 파악하고 있으면 '아직 볼이 나올 때가 아니다'라는 순간을 알아차리게 되면서 CF를 마크하기가 수월해진다.

또한 CF가 깊은 위치에 있어 명백하게 오프사이드일 때는 라인을 내리지 말고 높은 위치에서 머무는 것이 좋다. 경험이 많아 경합에 노련한 CB일 경우 뒷공간을 노리는 CF를 일부러 따라다니면서 패스하는 순간에 라인을 올릴 때가 있다. 그러나 이는 고도의 개인기로, 타이밍이 애매하면 자칫 오프사이드 여부를 판단하기 어려울 때가 있다. 수비진은 라인 컨트롤뿐만 아니라, 보다 명확한 플레이를 선택하는 것이 좋다.

서서히 인원수를 늘려 여러 명으로 연동한다

1대 1로 라인을 상하 조절하는 감각을 익혔다면 그다음에는 2대 2, 3대 3 등 서서히 인원을 늘려서 조직적인 라인 컨트롤을 연습한다. 2명, 3명이 서로 연계하고 라인에 균열이 생기지 않도록 조심한다. 이때 각 선수들은 자유롭게 움직이는 것이 아니라, 여러 명이 하나의 라인을 형성해 상하 이동을 반복하는 감각을 익히도록 한다.

라인 컨트롤의 훈련 방법 ①

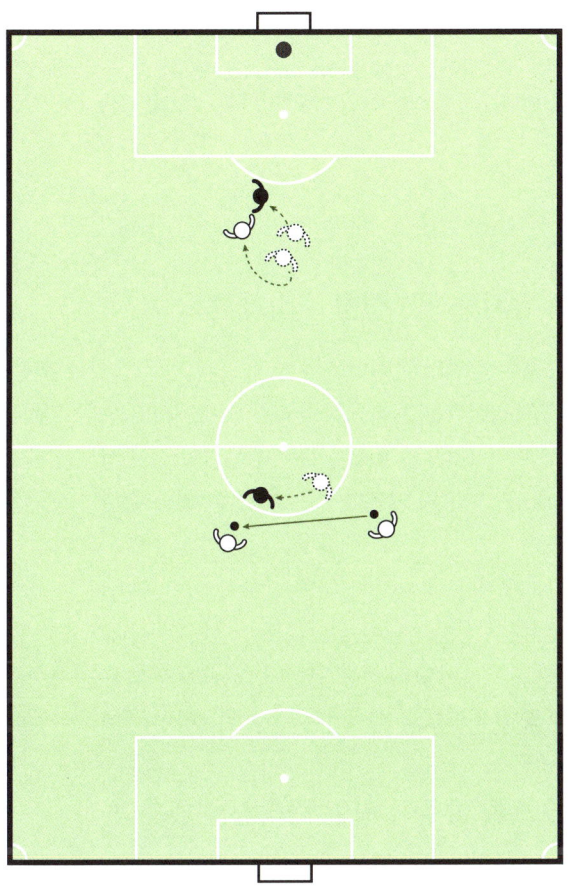

필드의 반쪽 지역에 1대 1을 설정한다. 다른 반쪽은 패스를 주는 지역으로, 2대 1을 실시한다. 공격진은 볼란테와 CF, 수비진은 볼란테와 CB이다. 패스를 주는 지역에서 볼란테가 볼을 가지면 공격진은 종 패스를 노린다. 수비진은 공격진이 종 패스를 못하도록 막는다. 패스를 받는 지역에서는 CB와 CF가 종 패스에 대비해 준비한다. CF는 가만히 머물러 있지 말고 전후좌우로 움직이면서 CB의 마크를 따돌린다. 익숙해지면 2대 2, 3대 3으로 인원수를 늘려나간다.

POINT

라인의 균열은 반드시 생기게 마련이다. 균열이 생기면 바로 하나의 라인으로 수정하는 습관을 들이는 것이 중요하다.

089 | 라인 컨트롤의 훈련 방법 ②

여기서는 전방 선수가 압박하면서 상대 볼을 뺏으려는 사이에 그 움직임을 보면서 라인 컨트롤하는 훈련을 소개한다. 상대가 종 패스할 수 있는 상황이 되면 라인을 내릴 필요가 있다.

라인을 높게 유지하려면 전방 수비가 중요

이 훈련은 최종 수비라인의 움직임은 물론 패스의 기점을 막는 훈련이기도 하다. 공격진 4명에 수비진 3명이라는 수적으로 불리한 상황에서 3명이 어떻게 연계해 볼을 가진 선수를 압박하느냐가 과제다. 패스를 주는 쪽은 수비진이 상대를 제압하고 있는 동안에는 절대로 종 패스가 나오지 않는다. 즉 그동안은 최종 수비라인을 높은 위치로 유지할 수 있다.

그러나 압박에서 벗어나 종 패스가 나올 상황이 되면 수비진은 라인을 서로 맞추며 내려야 한다. FW 1명이 전방에 남아 있더라도 이 선수가 플레이에 가담하지 않을 수도 있다. 그렇게 되면 오프사이드 트랩에 걸리지 않는다. 침투하는 선수와 자리를 교체하더라도 충분히 대응할 수 있도록 패스하는 순간에는 라인을 내리는 것이 좋다.

팀 전체가 호흡을 맞추어 라인 움직임을 맞춘다

상대가 종 패스할 때 어느 타이밍에서 라인을 내리면 효과가 클까? 최종 수비라인이 그 감을 잡기 위해서는 이 훈련에서 공격진이 뒷공간으로 파고들어 가는 것에 주력해야 한다. 실제 경기에서는 최종 수비라인, 미드필드, 전방이 각각 자신들의 라인을 컨트롤해야 할 뿐만 아니라 종방향으로의 연계까지 고려해야 한다. 최종 수비라인은 내리는데 미드필드는 올리거나, 미드필드는 내리는데 전방은 올리는 등 따로따로 움직여서 상대에게 공간을 허용하는 일은 최대한 피해야 한다.

라인 컨트롤의 훈련 방법 ②

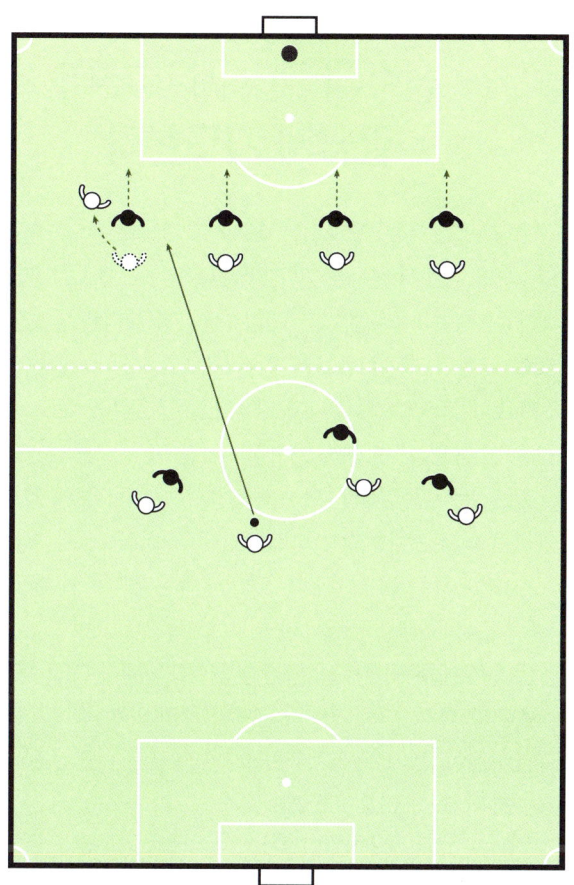

앞 쪽의 훈련에서 필드 양쪽 지역에 인원수를 늘린 상태다. 패스를 주는 지역은 공격진 4명 대 수비진 3명. 패스를 받는 지역은 공격진 4명 대 수비진 4명이다. 패스를 받는 지역의 수비진은 라인 컨트롤에 신경을 쓰도록 한다. 패스가 오지 않을 때는 과감하게 라인을 올린다. 패스가 나오는 지역에서 볼을 가지고 있는 선수에게 수비진이 압박을 가할 수 있다면 라인을 올릴 수 있다. 상대 FW는 자신이 오프사이드 트랩에 걸리지 않으려면 포지션을 내려야만 한다. 반대로 패스하는 순간이 되면 수비진은 라인을 서로 맞추면서 내린다. 상대보다 먼저 움직이는 것이 중요하다.

POINT

전방의 수비가 중요하며 볼 소유자를 잘 마크하고 있으면 라인을 올릴 수 있다. 팀 전체로 라인을 끌어올리는 것이 중요하다.

축구 코칭 칼럼 3

선수의 개성에 맞추어
알맞게 지도한다

예전에 칠레 청소년 팀과 일본 도쿄 베르디의 청소년 팀이 대결했을 때의 일이다. 경기 시간을 5분 남기고 베르디가 0-1로 지고 있었다. 이때 플레이하던 베르디 선수들이 모두 눈길을 벤치 쪽으로 돌렸다. 그들은 감독으로부터 뭔가 지시가 나오기를 기다리고 있었던 것이다. 벤치에서 "공격적으로 나가라."라는 지시가 나오자 선수들은 분위기를 180도 바꾸어 위험을 감수한 맹공세를 펼쳤고, 그 결과 1-1 동점을 만드는 데 성공했다.

한편 같은 시간 칠레의 청소년 팀 감독도 벤치에서 튀어나와 선수들을 향해 큰소리로 뭔가를 외치고 있었다. 경기가 끝나고 난 뒤 그때 무슨 지시를 내렸는지 감독에게 물었다. 그러자 감독은 "멋대로 플레이하기만 해 봐! 내 말대로 플레이하란 말이야!"라고 호통을 쳤다고 한다.

일본 선수들은 팀에서 정한 규칙을 착실히 이행하는 데는 능숙하지만 스스로 판단하는 능력은 떨어지는 편이다. 이에 비해 남미 선수들은 팀의 규칙을 준수하기보다는 스스로 판단해 플레이하는 것을 선호하며, 그 능력 또한 뛰어나다. 이 일화를 통해 알 수 있듯이 지도자들은 선수들이 가진 개성을 고려하면서 이에 알맞게 지도해야 한다.

PART 4
세트피스 전술의 이해와 활용

090 | 코너킥 수비의 기본 ① 대인 방어

상대가 코너킥을 할 때 수비하는 방법 중의 하나가 대인 방어다. 공중전에 강한 선수가 있을 때 효과를 발휘하며, 상대가 자유로운 상태로 슈팅하지 못하게 하는 이점이 있다. 상대의 블록에 주의해야 한다.

세트피스에는 두 가지 수비 방법이 있다

공격진에게 세트피스는 골을 넣을 수 있는 아주 좋은 기회다. 정확하게 볼을 찰 수 있는 뛰어난 키커, 키가 커서 공중전에 강한 선수가 있으면 상대의 수비와 상관없이 마무리 슈팅까지 연결할 수 있다. 나머지는 슛이 실제로 골문으로 들어가느냐 안 들어가느냐의 문제다.

이에 대한 수비진의 수비 방법은 두 가지가 있다. 대인 방어와 지역 방어다. 1명의 선수가 1명의 상대 선수를 마크하는 대인 방어는 문전에서 적군과 아군의 숫자가 같아진다. 그러나 이렇게 되면 수비진 입장에서는 수적 우위를 점할 수 없으므로 매우 불안해질 것이다. 수적 우위를 점해야 한다는 수비의 기본 원칙은 세트피스에서도 그대로 적용된다. 따라서 세트피스에서 대인 방어로 수비할 때는 상대보다 3~4명 정도 많이 배치해야 한다.

니어사이드에 볼을 차내는 스톤을 배치

상대를 마크하지 않는 선수들 중 1명을 '스톤(Stone)' 역할로 볼이 통과할 가능성이 가장 큰 니어사이드(Near side)에 배치한다. 여기서 스톤이란 자유롭게 움직이는 '프리맨'이면서 말 그대로 돌처럼 니어사이드로 들어오는 볼을 차내는 역할을 담당하는 선수를 말한다. 따라서 키가 큰 FW 등 공중전에 강한 선수를 기용하는 것이 좋다.

스톤 역할로 공중전에 더 강점이 있는 CB가 아닌 FW를 기용하는 이유는 CB의 경우 문전에서 상대를 마크해야 하기 때문이다. 이외에 니어, 파의 골포스트 선수들(파의 배치 여부는 팀에 따라 다름) 중 니어에는 가장 앞에서 쇼트 코너(Short corner, 코너킥 시 문전으로 볼을 올리는 것이 아니라 가까이에 있는 동료에게 짧게 패스하는 것)에 대비하는 선수를 배치하는 것이 기본이다.

코너킥의 대인 방어 수비

상대보다 3~4명 정도 더 많이 문전에 배치한다. 이때 반드시 배치해야 하는 것이 니어사이드에서 마크를 전혀 맡지 않고 자유롭게 움직이는 프리맨 선수, 이른바 '스톤'이다. 이 스톤은 가급적 움직이지 말고 머리를 넘지 않는 낮은 볼은 반드시 걷어낸다. 그밖에 상대가 쇼트 코너를 해올 때 대응할 수 있는 선수를 니어에 2명 배치한다. 그중 1명은 니어포스트도 수비한다. 실점을 확실하게 막으려면 파포스트에도 1명 배치한다.

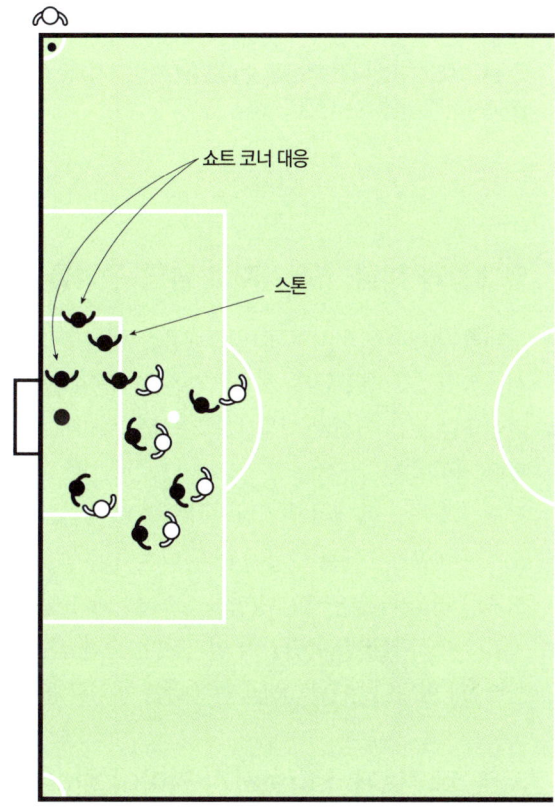

POINT
쇼트 코너일 때는 가장 앞의 선수와 니어포스트에 있는 선수가 뛰어나간다. 스톤은 움직이지 말아야 한다.

문전의 선수들은 마크를 놓치지 말 것

대인 방어의 장점은 공중전을 비롯해서 대인 방어에 강한 선수가 팀에 있으면 상대가 프리하게 마무리 슈팅하지 못한다는 것이다. 각 선수들이 자신이 마크하는 선수를 놓치지만 않으면 문전에서 상대가 프리해지는 일은 없다. 단, 공격진도 다양한 전술로 수비진을 공격해온다. 흔히 볼 수 있는 것이 처음에 밀집해 수비진을 한 곳으로 유인하는 방법이다. 공격진 전원이 뛰어들지 않고 몇 명은 수비진의 움직임을 블록한다. 그러면 수비진은 대응이 늦어져 공격진을 뒤따라가게 되면서 마크를 놓치기 쉽다. 이렇게 마크가 밀릴 수 있다는 단점도 있음을 유념해두는 것이 좋다.

091 | 코너킥 수비의 기본 ② 지역 방어

상대가 코너킥을 할 때 지역 방어로 수비하는 방법이 있다. 장점은 각각 자기가 맡은 구역으로 들어온 볼을 대응하면 되기 때문에 수비 범위가 명확하다는 것이다. 반면 각 구역의 경계로 볼이 들어가면 대응하기 어렵다는 단점도 있다.

담대함과 책임감을 가지고 담당 구역을 지킨다

상대의 세트피스에 지역 방어로 대응할 때는 문전에서 7~8명이 동일한 간격으로 포지션을 잡고, 각 선수들은 자기가 맡은 구역을 책임지고 수비한다. 뒷걸음질하면서 볼을 걷어내는 것은 어렵기 때문에 각자 앞을 바라보고 걷어낼 수 있는 범위가 바로 자신의 담당 지역이 된다.

공중전과 대인 플레이에 강한 선수를 가장 위험 지역인 골대 정면에 배치하고, 니어포스트와 파포스트에는 그렇지 않은 다른 선수들을 배치한다. 단, 포스트에 있는 선수들도 공중전을 비롯한 개인 경합을 해야 할 때가 있다. 세트피스는 선수들이 밀집된 좁은 공간 안에서 격렬한 육탄전이 벌어진다. 순간 겁을 내거나 우유부단해지면 바로 당하고 만다. 나 아니면 누구도 해낼 수 없다는 책임감과 담대함으로 임해야 한다.

서로 쳐다보거나 양보하지 말아야 한다

특히 지역 방어로 수비할 때 조금이라도 움직임이 늦어지면 바로 뒤처지게 된다. 공격진은 가속하면서 뛰어 들어오는데 수비진이 그냥 서 있는 상태에서 대응한다면 아마도 공중전에서 십중팔구 패배하고 말 것이다. 따라서 수비 선수들도 처음에는 골문보다 조금 뒤로 물러서 있다가 똑같이 뛰어 들어가는 것이 좋다. 또 하나 주의할 점은 절대 서로 양보하지 말아야 한다는 것이다. 자기가 처리해야겠다고 판단이 서면 주저하지 말고 소리를 외치면서 볼로 접근한다.

코너킥은 니어사이드로 빠르게 볼이 들어오는 것이 가장 위협적이므로 지역 방어를 할 때에도 니어사이드에 스톤을 배치한다.

코너킥에 대한 지역 방어

팀에서 결정한 인원수를 문전에 배치하고 각 선수가 맡은 지역을 책임지고 수비한다. 기본적으로 자기가 앞을 보면서 걷어낼 수 있는 볼은 책임지고 걷어낸다. 후방의 볼은 후방 선수에게 맡긴다. 공중전에 강한 스톤을 니어에 배치하는 것은 대인 방어와 같다. 니어포스트에도 1명을 배치하고 필요하다면 파에도 배치한다. 쇼트 코너일 때는 니어포스트의 선수와 문전의 2선 중에 맨 앞에 있는 선수가 움직인다. 스톤은 절대 움직이지 않는다.

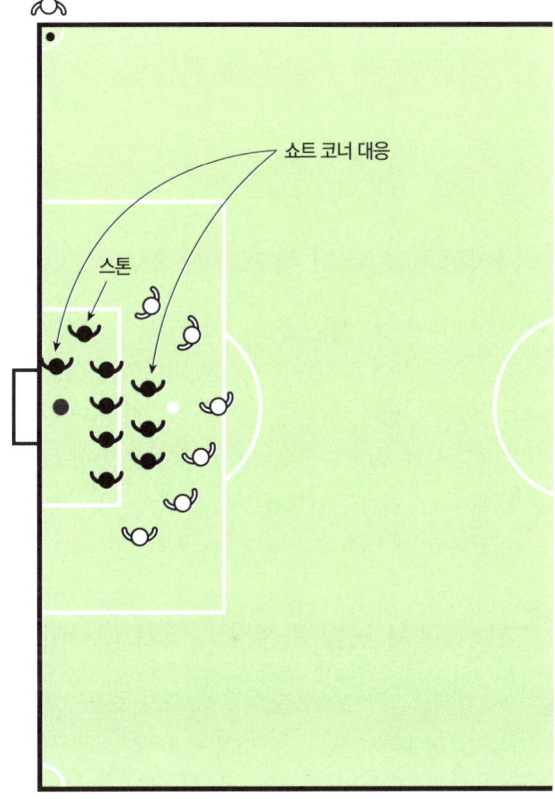

POINT ⚽

니어포스트와 파포스트에 들어가는 선수는 꼭 헤딩에 강한 선수가 아니어도 된다. 물론 경합에서는 확실하게 싸울 것.

몸을 바싹 붙여 상대 균형을 무너뜨린다

자신이 맡은 지역이 명확하므로 판단 미스만 하지 않는다면 볼이 왔을 때 걷어내기 수월하다. 또한 대인 방어의 경우 선수 교체를 하면 마크 담당에 혼란이 올 수 있지만 지역 방어는 그렇지 않다. 평소 훈련했던 대로 수비하면 된다.

그러나 지역의 경계로 빠르게 볼이 들어오면 대응하기가 어렵다. 공격진이 목표한 대로 볼을 차고 거기에 가속하면서 뛰어 들어가면 프리한 상태로 마무리 슈팅까지 할 가능성이 크다. 이때는 최대한 상대에게 다가가 몸을 바싹 붙이면서 상대의 균형을 무너뜨려야 한다.

092 | 코너킥 공격의 기본

코너킥은 공격진이 득점할 수 있는 절호의 기회다. 키커는 골대의 니어사이드나 파사이드로 정확하게 볼을 보내야 한다. 핵심 포인트는 상대 GK가 닿지 못하는 곳을 노리는 것이다.

니어로 빨리 뛰어 들어가 상대보다 먼저 볼을 건드린다

2011년 여자 월드컵 결승전을 떠올려보자. 일본이 결승전까지 올라가 미국과 맞붙게 되었다. 1-2로 지고 있는 상태에서 맞이한 연장 후반전이 끝날 무렵, 일본이 코너킥으로 동점골을 넣었다. 키커인 미야마 아야가 니어사이드로 낮고 빠르게 볼을 보내자, 뛰어 들어간 사와 호마래 선수가 오른발 아웃사이드로 골문을 갈랐다. 니어사이드는 상대가 경계하는 곳이지만 빠르게 볼을 보내서 바로 뛰어 들어가면 상대보다 먼저 볼을 건드릴 수 있다. 발이 아니라 헤딩도 가능하다. 무엇보다 GK를 꼼짝할 수 없게 만든다.

코너킥에서 노릴 지점은 니어와 파사이드

코너킥에서 키커는 GK가 몸을 날리지 못하는 볼을 차는 것이 기본이다. GK는 니어사이드를 경계하고 있다. 이 때문에 파사이드로 볼이 오면 시선과 함께 몸까지 이동시켜야 하므로 대응이 늦어진다. 붕 뜨는 볼은 좋지 않다. 빠르게 파사이드로 볼을 차면 GK가 따라잡을 수 없다. 어느 경우든 노린 곳으로 정확하게 볼을 찰 수 있는 키커가 있어야 코너킥이 성공할 수 있다. 당연히 팀에서 가장 킥을 잘 차는 선수가 키커로 나서야 한다.

상대 GK가 커버하기 힘든 구역

문전으로 보낸 볼을 GK가 직접 잡는다면 모처럼의 기회가 사라지고 만다. 게다가 바로 이어지는 역습으로 위기를 맞을 수도 있다. 그러므로 키커는 GK가 잡을 수 없는 장소를 노려야 한다. 그중 하나가 니어로, 스톤의 키를 넘기는 볼을 찬다. 다른 하나는 파로, GK는 시선과 몸을 크게 이동시켜야 하기 때문에 재빨리 대응하기 어렵다.

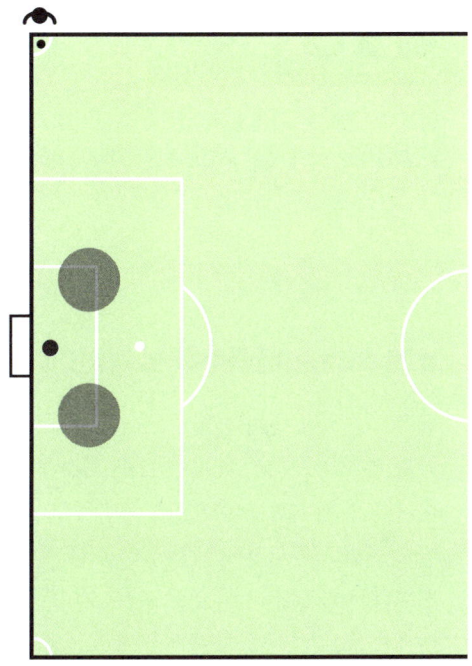

니어를 노리는 것처럼 보이면서 파를 이용한다

수비진의 뒤편을 치는 패턴으로, 문전에 4명이 있다면 그중의 3명이 키커의 도움닫기에 맞춰 동시에 니어로 뛰어 들어간다. 순간적으로 상대는 니어를 방어하려고 할 것이다. 그러나 진짜 목표는 파로, 남은 1명이 프리로 마무리 슈팅한다. 파로 뛰어 들어갈 선수가 처음에는 가장 앞에 있다가 3명이 니어로 뛰어 들어가면 이때 동시에 파로 뛰어 들어가는 패턴도 있다.

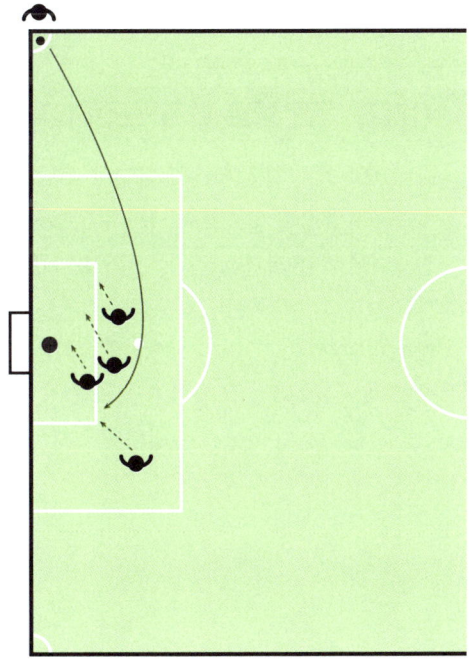

093 | 코너킥의 공격 패턴 ①

여기서 소개하는 사인 플레이는 쇼트 코너로 시작하는 패턴이다. 한 번 볼을 내림으로써 상대 DF 라인을 올리는 것이 핵심 포인트로, 마지막에 DF 라인의 뒤편을 치는 패스로 마무리 슈팅한다.

쇼트 코너는 빠를수록 효과적이다

공격진은 사인 플레이(Sign play, 감독의 사인에 따라 진행하는 치밀한 경기 운영)를 몇 가지 준비해 코너킥 때마다 공략 지점에 변화를 주면 효과적이다. 아무리 공중전에 강한 선수가 있더라도 문전으로 평범하게 볼을 올려서는 절대 골을 넣을 수 없다. 상대 또한 강인한 신체조건을 가진 선수를 문전에 배치하기 때문이다.

변화를 주기 쉬운 것이 바로 쇼트 코너다. 특히 상대 수비조직이 아직 덜 갖추어졌을 때 빠르게 쇼트 코너를 하면 문전에 프리한 선수를 만들기 쉽다. 상대의 준비가 갖춰진 상태에서 쇼트 코너를 할 때는 키커와 문전 선수 모두 마치 너무나 뻔한 코너킥을 할 것처럼 연기하는 것이 좋다.

키커가 어떤 볼을 찰지 완전히 파악하고 있어야 한다

쇼트 코너의 장점은 상대를 움직일 수 있다는 점이다. 여기서는 페널티 에어리어의 모서리에서 볼을 받음으로써 니어사이드와 니어포스트에 있었던 선수를 유인하고 상대의 집중력이 약한 파를 노린다. 상대가 다급하게 라인을 올리면 이번에는 문전에 생긴 공간을 노린다. 이것이 바로 상대의 뒤편을 치는 쇼트 코너로, 빠르고 정확하게 패스를 연결하고 오프사이드에 주의한다면 마지막에 프리로 마무리 슈팅을 할 수 있게 된다. 코너킥 때는 공격진도 마찬가지로 최대한 집중해야 한다. 키커가 어떤 볼을 찰 것인지 각 선수가 확실하게 파악한 상태에서 플레이를 시작해야 한다.

코너킥의 공격 패턴 ①

처음에 니어에는 아무도 없다. 키커의 도움닫기에 맞춰서, 선수들이 후방에서 페널티 에어리어의 모서리 쪽으로 뛰어 들어온다. 당연히 상대는 당황하며 따라 나온다. 이때 슈팅이나 문전으로 크로스를 올릴 수 있다면 올린다. 이 시점에서 상대는 니어사이드와 문전으로 의식을 집중한다. 이때 뒤편을 치기 위해 더 깊은 곳으로 볼을 보낸다(강한 볼로 그대로 통과시킨다). 처음에 파사이드에 있던 선수가 내려와 이 볼을 받는다.

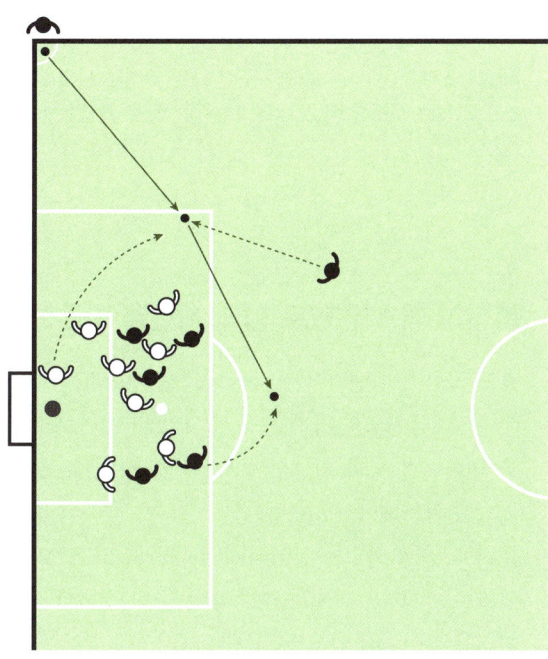

파사이드의 페널티 에어리어 밖으로 볼이 건너감에 따라 수비진은 라인을 올린다. 이후는 타이밍 싸움으로, 볼을 잡은 선수가 슈팅하는 척하며 밀집한 선수들 머리 너머로 뜬 공을 패스한다. 문전으로 뛰어 들어가서 이 볼을 받는 선수는 처음에 니어의 페널티 에어리어 모서리로 뛰어 들어간 선수로, 오프사이드 트랩에 걸리지 않게 라인을 보면서 뛰어 들어간다.

POINT ⚽

사인 플레이를 미리 정해 놓더라도 즉각적 판단에 따라 다르게 플레이할 수도 있다. 중요한 것은 골을 넣는 것이기 때문이다.

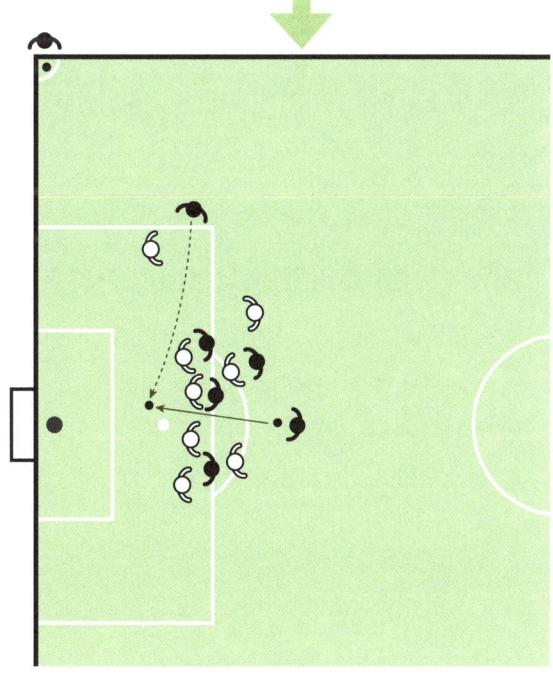

094 | 코너킥의 공격 패턴 ②

이번에 소개하는 사인 플레이 또한 쇼트 코너로 시작하는 공격 패턴이다. 이 사인 플레이는 키커가 스스로 리턴 패스를 받고, 니어의 빈 공간으로 제3의 선수로 하여금 침투하는 것을 노린다.

복잡한 패스 연결로 상대 시선을 따돌린다

쇼트 코너에서는 키커가 리턴 패스를 받을 때 오프사이드 트랩에 걸리지 않도록 조심해야 한다. 근처 선수에게 볼을 줬다가 다시 바로 리턴 패스를 받으면 오프사이드 포지션을 벗어나지 못할 가능성이 있다. 키커는 곧바로 하프라인 방향으로 이동해 온사이드 위치를 확보해야 한다.

문전에 있는 선수는 안이하게 뛰어들지 말고 이때다 하는 타이밍이 올 때까지 기다리고 있어야 한다. 키커가 리턴 패스를 받으면 파사이드의 가장 바깥쪽에 있는 선수가 먼 거리를 뛰어 GK 앞을 통과해서 니어사이드로 이동한다. 키커는 여기로 패스한다. 뛰어 들어가는 타이밍과 패스의 질에 따라서는 이때 그대로 통과하면 GK가 반응할 수 없어서 골이 될 가능성도 있다.

상대가 집요하게 따라와서 프리한 상태가 아닐 때는 이번에는 니어사이드에서 후방으로 패스한다. 지그재그로 복잡하게 패스를 연결해서 상대의 시선을 따돌려 마크에서 벗어나려는 목적이 있다.

지역 방어로 수비하는 상대는 장거리를 뛰면 효과적이다

지역 방어로 수비하는 상대는 이렇게 여러 단계를 거치는 쇼트 코너에 취약하다. 지역의 경계에서 짧고 정확하게 패스를 연결하거나 공간을 향해 먼 거리를 질주하면 지역 방어하는 상대는 세트피스 때 대응하기 힘들다. 이처럼 복잡한 쇼트 코너는 지역 방어로 철벽 수비하는 상대를 무너뜨릴 때 쓰는 카드다.

코너킥의 공격 패턴 ②

키커의 도움닫기에 맞춰 후방에서 니어의 페널티 에어리어 안쪽으로 1명이 뛰어 들어간다. 포스트에 있던 상대 선수가 급하게 커버하러 들어오므로, 패스를 받은 선수는 온사이드 위치를 확보한 키커에게 리턴한다. 키커가 너무 늦게 움직여서 페널티 에어리어 안쪽으로 뛰어 들어간 선수의 리턴 패스가 빨라지게 되면 키커가 오프사이드 트랩에 걸리므로 조심한다.

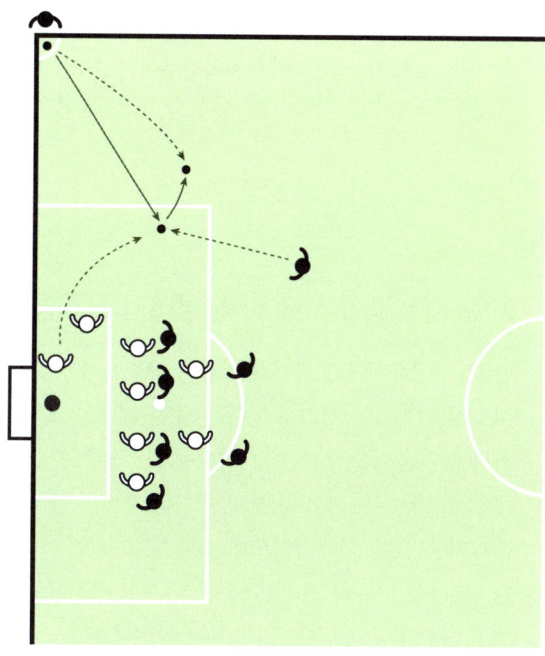

키커가 리턴 패스를 받으면 패스한 선수는 종방향으로 뛰어 들어가면서 다시 볼을 받으려고 한다. 이 움직임에 상대가 걸려들면 니어에 공간이 생긴다. 볼을 가진 선수가 바로 슈팅이 가능하면 그대로 슈팅한다. 그렇지 않을 때는 파사이드에서 1명이 니어의 빈 공간으로 치고 들어간다. 여기로 패스해서 상대를 또다시 유인한다. 그리고 후방의 프리한 상태인 선수에게 정확하게 백 패스한다.

> **POINT** ⚽
> 파의 가장 바깥쪽에서 뛰어 들어가는 선수는 GK 앞을 통과하는데, 이곳으로 패스할 때 만약 볼이 그대로 통과하면 바로 골이 될 가능성도 있다.

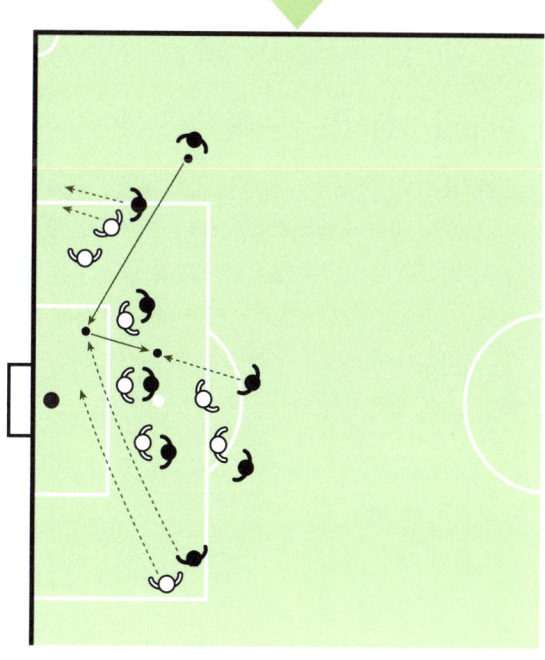

095 | 코너킥의 공격 패턴 ③

여기서는 문전에서 상대 마크를 블록해 동료가 프리한 상태로 슈팅하는 사인 플레이를 소개한다. 뛰어 들어가는 선수는 정말로 슈팅하겠다는 분위기를 풍기는 것이 중요하다.

공략 지점을 수시로 바꿔 상대가 표적을 좁히지 못하도록 한다

만약 코너킥 때마다 키커가 똑같은 장소에서 차고, 문전에서도 똑같이 뛰어 들어간다면 어떻게 될까? 한 경기를 치르는 동안 많게는 10번이 넘는 코너킥을 하게 되는데, 그때마다 똑같은 패턴으로 코너킥을 한다면 상대는 수비하기가 수월해질 것이다.

꼭 쇼트 코너가 아니더라도 공략 지점에 변화를 주어 상대를 흔드는 것이 좋다. 여기서 소개하는 것은 니어사이드로 상대를 끌어들이고 실제로는 파사이드를 노리는 패턴이다. 오른쪽 그림의 선수 A~D는 단순히 문전으로 뛰어 들어가는 것이 아니라 몇 가지 역할을 수행해야 한다. 먼저 자기를 마크하는 상대를 파사이드로부터 떨어지게 한다. 또 가능하면 A는 스톤 앞으로 뛰어 들어가 스톤의 움직임을 봉쇄해, 만약 문전으로 볼이 낮게 들어가도 스톤이 걷어내지 못하게 한다.

마무리 슈팅하는 선수를 다른 선수가 지원한다

C와 D는 E를 마크하는 상대를 블록하는 중요한 역할을 맡게 된다. 블록한다며 상대 몸을 잡으면 반칙이 돼버린다. 그것보다는 눈앞에서 교차해 시야를 차단하여 E를 가려주는 전략이다. 선수 A~D는 '내가 골을 넣겠다'는 분위기를 온몸으로 풍기지만, 실제로는 E가 프리한 상태로 마무리 슈팅할 수 있게 돕는 것이다. E는 상대가 방심하도록 처음에는 파사이드의 가장 바깥쪽에서 그냥 서 있어도 된다. 플레이가 시작되면 그때부터 볼을 확실하게 주시하면서 움직이면 된다.

코너킥의 공격 패턴 ③

처음에는 문전에 4명이 나란히 선다. 그중 1명은 파사이드에서 흘러나오는 볼을 노리는 포지션에 위치를 잡는다. 선수 E는 마치 '나는 뛰어 들어가지 않을 것이며, 흘러나오는 볼을 노리고 있다'는 듯이 가만히 서 있으면서 상대를 방심케 한다. 다른 선수들은 '내가 골을 넣고 말겠다'는 분위기를 내면서 상대와 격렬하게 자리다툼을 벌인다. 키커가 도움닫기를 하는 타이밍에 맞춰 선수 A~D는 문전으로 뛰어 들어가는데, 이때도 죽기 살기로 골을 넣겠다는 움직임을 보여야 한다.

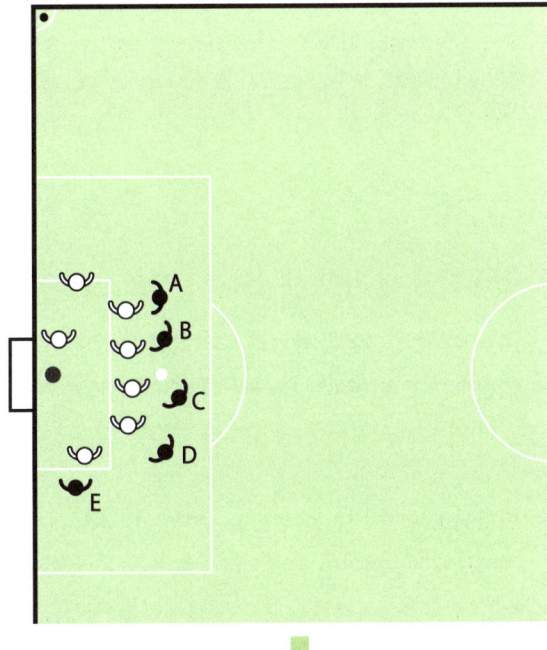

문전으로 뛰어 들어가는 선수는 상대를 니어로 유인한다. A와 B처럼 바로 돌진해도 되지만 C와 D처럼 교차하면 상대를 더 많이 흔들 수 있다. 특히 이 패턴에서는 E를 프리한 상태로 만들기 위해 C와 D가 교차하면서 자기를 마크하는 상대를 유인함과 동시에 E를 마크하는 상대의 움직임을 블록한다. E는 파사이드를 미끄러지듯이 크게 돌면서 프리한 상태로 볼을 받는다.

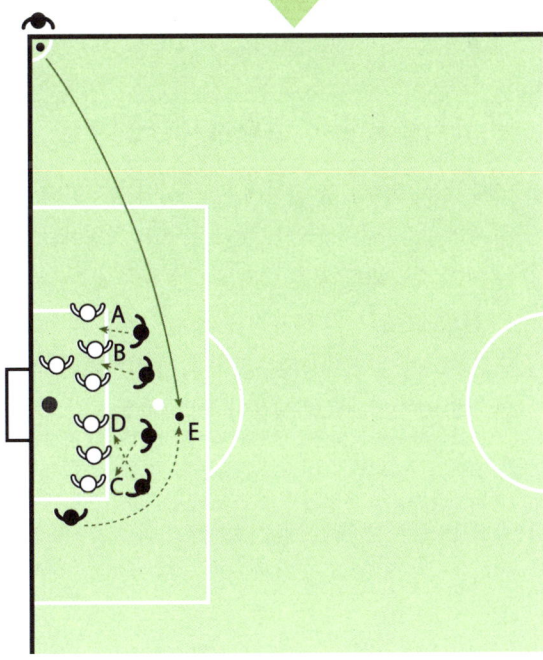

> **POINT**
>
> 선수 A~D는 뛰어 들어가는 것으로 플레이가 끝나는 것이 아니고, 문전에서 슈팅으로 흘러나오는 볼에 대비한다.

096 | 직접프리킥의 수비

자기 진영 페널티 에어리어 부근에서 상대 팀에게 직접프리킥을 내주게 되었을 때, 벽을 만들어서 방어하는 방법을 소개한다. 벽은 볼과 니어포스트를 연결한 가상선의 바깥쪽에 1명이 서고, 틈이 없도록 만들어야 한다.

집중력을 유지한 채 신속히 벽을 만들어야 한다

직·간접에 상관없이 페널티 에어리어 주위에서의 프리킥은 수비벽을 만들어 대응한다. 인원수는 볼의 위치에 따라 달라지는데 GK의 지시 하에 신속히 만들어야 한다. 수비조직이 다 갖춰지기도 전에 상대가 시작할 때가 있으므로 집중력이 흐트러지지 않게 철저히 대응해야 한다.

반칙이 나오면 심판은 휘슬을 분다. 여기서 일단 경기가 중단되지만 공격진은 바로 재개해도 된다. 심판이 다시 한 번 휘슬을 불면 아웃 오브 플레이가 되며, 이때 공격진은 심판이 휘슬을 다시 불 때까지 플레이를 재개할 수 없다. 즉 첫 번째 휘슬은 플레이가 아직 진행되는 상태이므로 수비진은 볼에서 눈을 떼서는 안 된다. 두 번째 휘슬이 울리면 당황하지 말고 침착하게 벽을 만드는 작업을 진행한다.

팀 규칙을 만들어 상황에 대응한다

이때 벽 사이에 틈을 만들지 않는 것이 중요하다. 상대가 슈팅할 때 점프하게 되면 확실히 점프한다. 키커 중에는 낮게 깔면서 슈팅하는 선수도 있다. 특히 필드가 미끄러울 때는 낮게 슈팅해 발밑을 노리는 선수들이 많다. 하나의 기준으로서, 바닥이 미끄러울 때는 점프하지 않는다는 규칙을 만들어 놓는 것도 나쁘지 않을 것이다. 슈팅이 아닌 문전으로의 크로스가 예상되는 프리킥에서는 미리 약속해 오프사이드 트랩을 거는 등 하나의 전술로 기억해두면 도움이 될 것이다.

프리킥에 대응한 벽 만들기

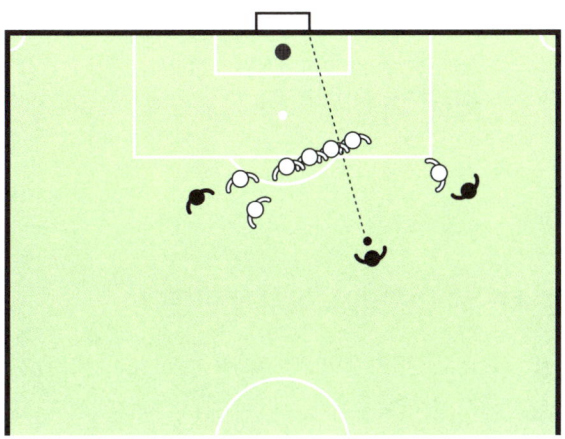

상대가 직접 골을 노릴 때 벽을 만드는 방법이다. 지시는 GK가 내린다. 먼저 볼과 니어포스트를 직선으로 연결한 다음 그 바깥쪽에 1명을 배치한다. 인원수는 상황에 따라 결정한다. 슈팅 순간에 뛰어 들어가는 선수도 미리 정해 놓는다. 주의해야 할 것은 공격진이 직접 슈팅을 하지 않고 페이크 모션으로 나올 수도 있다는 사실이다. 최대한 라인을 높게 유지해 상대를 골문에서 멀리 떨어뜨려야 한다.

 **POINT**

상대가 바깥쪽을 감아서 니어를 노릴 수 없도록 반드시 1명을 바깥쪽에 배치한다. 벽에만 의존하지 말고 GK는 자신의 시야도 확보할 것.

 코칭 어드바이스

틈이 생기지 않게 몸을 밀착한다

보통 키가 큰 선수가 벽을 만드는데, 위의 그림과 같은 경우에는 오른쪽부터 키 큰 선수를 배치한다. 몸을 딱 붙여서 벽을 만드는 게 중요하며 절대로 틈이 생기지 않도록 한다. 우수한 키커는 벽의 틈을 노리기도 한다.

또한 GK의 시선을 분산시키기 위해 2명이 볼 포지션에 서서 한 차례 짧게 패스를 주고받고 나서 노리는 경우도 있다. 직접프리킥은 상대가 볼을 터치하면 바로 경기가 재개되므로 뛰어 들어가는 선수는 항상 대비하고 있어야 한다. 그리고 상대가 볼에 닿는 순간 뛰어 들어가면서 몸을 던져 슈팅 코스를 차단해야 한다.

097 | 직접프리킥의 공격

상대 진영에서 직접프리킥을 얻어냈다면 직접 슈팅이 가능한지 여부를 키커가 판단한다. 만약 직접 슈팅이 가능하다면 여러 명이 키커를 가장하는 등 상대 GK가 표적을 정할 수 없게 만든다.

GK의 시야를 차단해 반응이 늦어지게 만든다

상대 수비조직이 갖춰지고 GK가 만반의 준비를 하고 대기하고 있다. 이럴 때는 킥의 정확도가 매우 높아야 골로 이어질 수 있다. 반대로 수비조직이 갖춰지기 전에 볼을 차게 되면 골 확률이 그만큼 높아진다. 실제로 수비진이 벽을 만들고 있는 사이에 키커가 슈팅해 골이 들어간 장면을 본 사람들도 많을 것이다. 이는 반칙이 아니며 엄연히 규정으로 정해져 있다(오른쪽 내용 참조).
볼을 차는 데 시간이 걸려 그 사이에 벽이 완성되었다면 상대 GK가 킥에 집중하지 못하도록 다른 방법을 고려한다. 예를 들어 2명이 볼 포지션에 서서 어느 쪽이 차는지 알 수 없게 한다거나, 볼을 살짝 움직여서 GK의 시선을 이동시킨다거나, 벽 앞쪽에 동료가 앉는다거나, 벽 사이로 들어가 시야를 차단한다는 식이다. GK는 볼이 나오는 위치가 보이지 않으면 반응이 늦어진다. 볼이 시야에 들어왔을 때는 이미 늦어서 손을 쓸 수 없다. 공격진은 GK를 무력화시킬 수 있는 직접프리킥을 목표해야 한다.

반드시 후방에 선수를 남겨 역습에 대비한다

벽 앞쪽에 동료가 앉을 때는 볼을 뺏긴 후의 역습에 주의해야 한다. 킥이 벽에 부딪혀 루스볼이 될 때는 앉아 있는 선수의 움직임이 늦어질 수밖에 없다. 그대로 상대가 역습 공격을 하면 수적으로 불리한 상태로 대응해야 한다. 직접프리킥 등 세트피스를 할 때에는 반드시 2~3명을 후방에 남기는 것을 잊지 말아야 한다.

수비진이 만든 벽 사이로 공격진이 끼어 들어간다

골포스트와 볼을 연결한 연장선상의 공간은 수비진에게 중요한 포인트가 된다. 니어에 벽을 만들면 GK는 대체로 파 쪽으로 포지션을 잡는다. 즉 오른쪽 그림처럼 벽 안으로 동료가 끼어들고, 킥하는 순간에 움직이면 틈이 생기면서 기회를 만들 수 있다. 이러한 움직임만으로도 GK의 의식은 니어 쪽으로 기울 것이다.

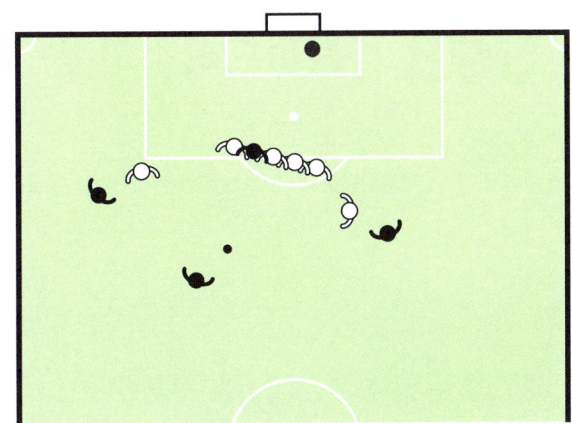

좌우 키커 중 누가 찰지 헷갈리게 만든다

볼 앞에 2명이 서서 좌우 선수 중 누가 찰지 알 수 없게 한다. 먼저 도움닫기한 선수가 페이크 동작을 해서 GK를 움직이고, 이때 진짜 키커가 반대쪽을 노린다. 또한 벽 앞에 동료가 앉아서 GK의 시야를 가리는 것도 효과가 있다. 볼이 나오는 위치가 안 보이면 반응이 늦어지기 때문이다.

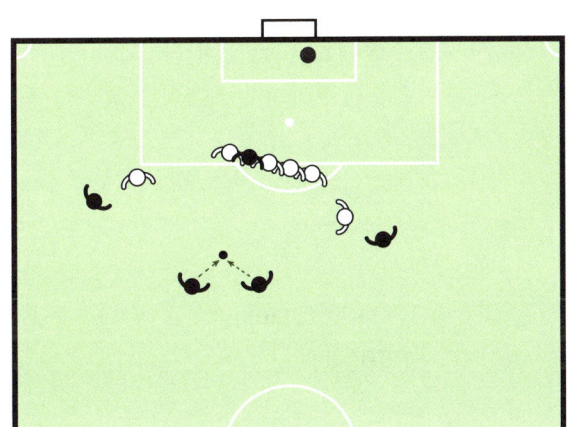

✔ 코칭 어드바이스

수비조직이 갖춰지기 전에 빨리 시작한다

상대 수비조직이 갖춰지기 전에 시작해야 골 확률이 높아진다. 심판이 휘슬을 불고 반칙을 얻어내면, 다시 휘슬이 울리지 않을 때까지 공격진은 바로 플레이를 재개할 수 있다. 그러므로 빨리 볼을 놓고 플레이를 시작하는 것이 좋다. 시간이 지체되면 상대가 벽을 완성하면서 수비조직을 갖추게 된다. 따라서 두 번째 휘슬이 울려서 아웃 오브 플레이가 되기 전에 빨리 공격을 재개하는 것이 좋다. 단, 동료가 확실하게 반응해야 한다. 공격진 또한 준비가 되지 않았는데 시작해봤자 소용이 없기 때문이다.

098 | 간접프리킥의 공격 패턴 ①

여기서는 간접프리킥으로 골을 노릴 때 쓸 수 있는 사인 플레이를 소개한다. 키커로 가장한 선수가 그대로 상대 DF를 유인하고, 그 틈에 다른 선수가 공간을 노리는 사인 플레이다.

상대를 유인해 생긴 공간을 활용한다

간접프리킥은 볼이 골문으로 들어가기 전에 반드시 키커가 아닌 다른 선수와 한 번 접촉해야 하므로 여러 가지 패턴을 만들어낼 수 있다. 그러나 막상 경기 중에 갑자기 간접프리킥에 변화를 줄 수는 없는 노릇이다. 훈련을 통해서 선수와 볼의 움직임을 몇 번씩 확인해 정확도를 높여야 한다.

공격진이 목표로 하는 것은 GK를 비롯한 상대 수비조직의 균형을 무너뜨리는 일이다. 예를 들어 완성된 벽에 틈이나 공간이 생길 곳은 없는지 보고 벽의 틈으로 파고들어 간다. 그리고 들어간 선수가 키커의 도움닫기에 맞추어 벽 뒤편으로 뛰고, 그곳으로 붕 뜨는 루프 패스를 보내는 것도 하나의 공격 패턴이 될 수 있다. 단, 벽 뒤편으로 빠지는 선수는 오프사이드에 주의해야 한다.

호흡을 맞추며 이동해 상대 라인을 내린다

여기서 소개하는 예는 상대의 오프사이드 라인을 내리게 하는 공격 패턴이다. 볼 포지션에 선 선수가 차는 척하며 볼을 가볍게 터치하고 그대로 수직으로 뛰어나간다. 상대가 이 움직임에 속는다면 오프사이드 라인을 내릴 것이다. 단, 종방향으로 뛰는 타이밍이 너무 빠르거나 오프사이드 라인을 넘었을 때 키커가 패스하는 것처럼 보이지 않으면 상대는 속지 않을 것이다. 따라서 종방향으로 뛰어나가는 선수와 키커의 호흡이 잘 맞아야 한다.

타이밍이 잘 맞으면 속아 넘어간 상대가 따라오므로 공간이 만들어진다. 이곳으로 다른 선수가 뛰어 들어가고 키커가 패스를 한다. 성공하면 그대로 문전까지 치고 나가면서 GK와 1대 1 상황이 될 수 있다.

간접프리킥의 공격 패턴 ①

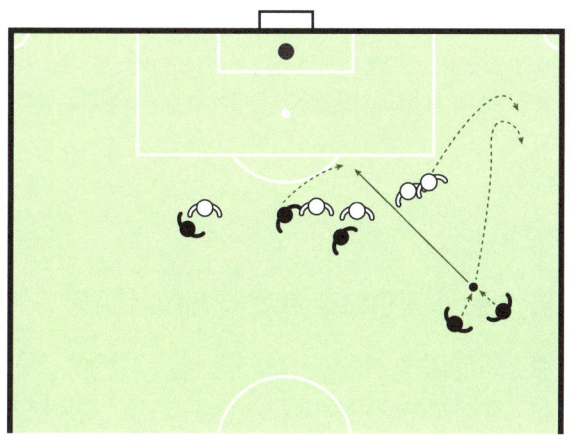

오프사이드 라인을 내리게 해 빈 공간을 활용하는 패턴이다. 볼 포지션에 2명의 선수가 서고, 1명이 종방향으로 뛰면서 상대를 유인한다. 빈 공간을 향해 중앙에서 다른 선수가 뛰어 들어간다. 키커가 패스를 하고 그대로 문전까지 치고 들어가면서 마무리 슈팅한다. 맨 처음 종방향으로 뛰는 선수가 상대를 유인하지 못하면 공간은 만들어지지 않는다. 상대가 오프사이드 라인을 내리도록 하는 것이 핵심으로, 마무리 슈팅하는 선수는 벽보다 뒤에서 패스를 받는다.

POINT

우리 팀이 움직이면 반드시 상대 팀도 움직이게 되어 있다. 훈련을 통해 볼과 선수가 움직이는 패턴을 반복적으로 익혀 정확도를 향상시키도록 한다.

상대 수비조직을 무너뜨리려면 각 선수가 연동해야 한다

이때 볼 주위에 있는 선수만 움직이는 것이 아니라 각 선수들이 연동함으로써 다 함께 움직여야 상대 수비조직을 무너뜨릴 수 있다. 단, 불필요한 동작으로 동료의 공격을 방해해서는 안 된다. 평소 훈련을 통해서 각 선수가 다른 선수들이나 볼의 움직임을 파악하고 있어야 한다. 그리고 실제 경기 중에 간접프리킥을 얻으면 어느 패턴을 사용할 것인지 미리 팀 차원으로 정해 놓는다. 그러면 실전에서도 선수들이 원활하게 움직일 수 있다.

099 | 간접프리킥의 공격 패턴 ②

여기서 소개하는 사인 플레이는 상대를 어떻게 속이느냐가 포인트다. 키커를 가장한 선수가 다시 패스를 받을 것처럼 위장하지만 사실은 다른 선수가 프리한 상태로 슈팅하는 플레이다.

상대의 반대를 치는 움직임으로 프리 상태에서 슈팅

골대 정면에서 간접프리킥을 얻어냈을 때의 공격 패턴 중 하나다. 상대가 예상하지 못했던 선수가 슈팅하게 되므로, 얼마나 프리한 상태에서 슈팅할 수 있느냐가 관건이다. 정확한 중거리 슛이 가능한 선수가 있으면 유리하다.

볼 포지션에 2명의 선수가 서 있다. 1명은 도움닫기할 거리를 확보하고 1명은 볼 근처에 서 있다. 이 시점에서 수비진은 볼 근처에 있는 선수가 가볍게 원터치하고 거리를 확보한 선수가 뛰어 들어가면서 슈팅할 것이라고 예상한다. 세트피스의 공격 패턴을 구상할 때는 이렇게 수비진의 관점에서 생각하는 것이 필요하다. '수비진은 이렇게 움직일 때 그 반대를 노린다'는 발상으로 공격을 디자인한다.

여기서는 거리를 확보한 선수가 그대로 종방향으로 뛰어나가면서 상대의 이목을 집중시킨다. 볼 포지션에 있는 선수는 뛰어나간 선수에게 종 패스할 것처럼 보이다가 실제로는 작게 횡 패스를 한다. 바로 이때 조용히 후방에 서 있던 중거리 슛에 강한 선수가 뛰어 들어가는 것이다.

슈팅을 노리는 선수는 미리 대비하고 있어야 한다

간접프리킥에서 중요한 것은 누가 슈팅할지 상대가 눈치채지 못하도록 하는 것이다. 그러므로 뛰어 들어가면서 중거리 슛을 날리는 선수는 처음에는 '나와는 아무 상관이 없고, 다만 역습에 대비해 후방에 서 있을 뿐'인 것처럼 아무렇지도 않은 듯이 있어야 한다. 그러나 실제로는 벽이나 GK의 위치를 확인하고 중거리 슛을 날릴 만전의 준비를 하고 있다. 그렇게 상대를 완벽하게 속이고 프리한 상태로 마무리 슈팅하게 되면 반드시 골대 안으로 정확하게 중거리 슛을 날려야 한다. 벽에 맞혀 역습당하는 일이 없도록 주의하자.

간접프리킥의 공격 패턴 ②

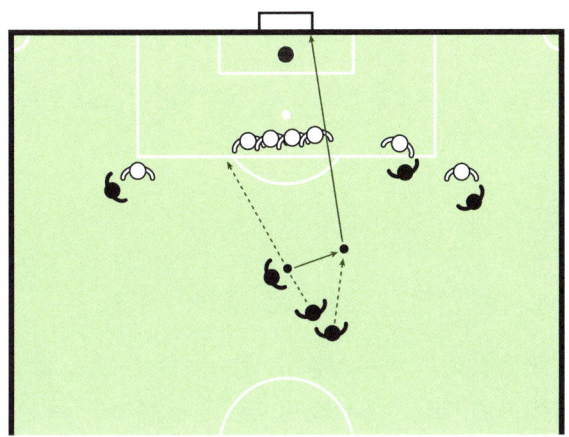

전혀 경계를 받지 않는 제3의 선수가 슈팅하는 패턴이다. 볼 포지션에 2명이 서고, 1명이 볼을 차는 페이크 동작을 하면서 종방향으로 뛰어나간다. 이때 수비진의 이목은 볼과 종방향으로 뛰어나간 선수에게 집중된다. 이때 남아 있는 다른 1명이 종방향으로 패스할 것처럼 보이다가 옆으로 패스한다. 여기에 후방에서 가만히 서 있던 선수가 뛰어 들어가면서 중거리 슛을 날린다.

옆으로 패스할 때 벽의 바깥쪽으로 패스해 슈팅 코스를 확보한다. 뛰어 들어가는 선수는 상대가 눈치채지 않도록 준비한다.

상대가 반응하면 플레이를 변경한다

상대의 반응이 빨라 슈팅 코스가 차단되면 맨 처음 종방향으로 뛰어나간 선수를 향해 벽의 뒤편으로 붕 뜨게 패스해도 된다. 그러므로 선수는 그저 단순히 종방향으로만 뛰는 것이 아니라 패스가 올 것까지 예상하고 움직여야 한다. 구체적으로는 상대 최종 수비라인의 움직임을 보면서 오프사이드 트랩에 걸리지 않는 아슬아슬한 타이밍에 뒤편으로 빠져나가도록 한다.

100 | 스로인의 패턴 ①

자기 진영 깊은 위치에서 얻어낸 스로인은 의외로 쉽지 않다. 이렇게 어려운 상황에서 스로인을 해야 할 때 상대 진영으로 확실하게 볼을 보낼 수 있는 플레이를 익혀보자. 무엇보다 정확성이 중요하므로 침착하게 플레이해야 한다.

위험한 지역에서는 안전을 우선으로 플레이한다

자기 진영에서 볼을 뺏기는 상황은 실점 위기를 초래할 수 있으므로 조심해야 한다. 특히 자기 진영에서 스로인(Throw-in)을 할 때는 볼을 뺏기지 않도록 각별히 주의해야 한다. 그 이유는 스로인을 던지는 선수가 터치라인 바깥에 있기 때문에 필드 안에서 수적으로 불리해지기 때문이다. 이때 상대가 역습을 해오면 매우 위험하다. 자기 진영 깊은 위치에서는 상대가 강한 압박을 가해오는데, 특히 종방향의 패스 코스로 들어가는 선수가 밀착 마크를 받는다. 자주 볼 수 있는 패턴은 여기에 붕 뜬 볼이 들어가 백 헤딩으로 후방에 흘리거나 원터치 플리킹으로 후방에 흘렸는데, 흘린 볼을 상대에게 뺏기고 역습 공격을 당하는 상황이다.

수비진은 위험한 지역에서는 안전하게 플레이하는 것이 좋다. 자기 진영 깊은 위치에서의 스로인은 심플하게 연결하고 롱 볼로 전방에 보내는 것이 안전하다. 볼은 최대한 빨리 골문으로부터 멀어지게 하는 것이 좋다.

받기 쉽게 스로인한다

그 방법으로, 종방향으로 스로인해서 볼을 받은 선수가 다이렉트로 백 패스하고 이것을 프리한 선수가 멀리 차내는 방법이 있다. 간단해 보이지만 첫 스로인이 볼 받는 선수의 발끝으로 확실하게 들어가지 않으면 다이렉트로 전개할 수 없다. 만에 하나 볼이 발끝에서 멀어지면 바로 등 뒤에서 마크하고 있는 상대의 먹잇감이 되고 만다. 스로인을 하는 선수는 볼을 받는 선수가 오른발잡이인지 왼발잡이인지 등을 고려하면서 선수가 볼을 받기 쉽게 스로인해야 한다.

스로인의 패턴 ① (자기 진영)

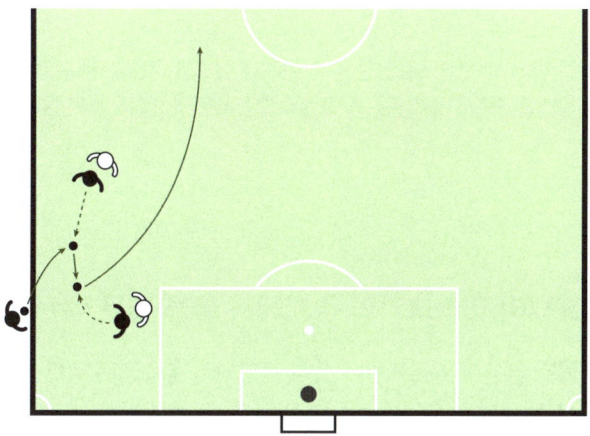

자기 진영 깊은 위치에서 던지는 스로인은 최소한의 인원으로 실시한다. 상대는 인터셉트를 노리기 때문에 여기서 볼을 뺏기면 바로 위기가 된다. 간단한 방법으로는 한 차례 종방향으로 패스하고, 이 볼을 받은 선수가 다이렉트로 후방으로 돌리면 이때 프리한 선수가 다시 다이렉트로 전방으로 차는 패턴이다. 핵심 포인트는 볼을 받는 선수가 다이렉트로 백 패스할 수 있는 위치로 침착하게 스로인하는 것이다.

> **POINT**
>
> 스로인을 한 선수가 바로 리턴 패스를 받고 자신이 직접 종방향으로 차도 된다. 이때는 빠른 동작이 필요하다.

스로인할 때는 단순 실수를 피해야 한다

또한 볼을 받은 선수도 정확하게 백 패스해야 한다. 직접 터치라인이나 골라인을 넘기는 단순 실수는 피해야 하며, 그러려면 역시 첫 스로인이 정확해야 한다. 스로인을 한 선수가 그대로 리턴 패스를 받고 다이렉트로 롱 볼을 차는 장면도 흔히 볼 수 있는데 이 플레이가 의외로 어렵다. 다만 상대 인원수가 적어서 플레이에 시간적으로 여유가 있을 때는 당황하지 말고 적은 인원으로 차분하게 대응하는 것이 좋다.

101 | 스로인의 패턴 ②

상대 진영 깊은 위치에서 얻어낸 스로인은 공격 팀에게 절호의 찬스가 된다. 여기서는 스로인으로 득점 기회를 만들 수 있는 두 가지 패턴을 소개한다. 평소 반복 훈련함으로써 몸에 익히도록 한다.

일본 국가대표팀이 이라크와의 경기에서 골을 넣은 패턴

오른쪽 위의 그림은 일본 국가대표팀이 상대 진영에서 종종 실시했던 스로인 패턴이다. 성공한 예로는 이라크와의 2014년 월드컵 아시아 최종예선전을 들 수 있다. 오른쪽 측면에서 스로인을 따낸 일본은 오카자키 신지가 골라인 부근을 옆 방향으로 뛰면서 상대의 뒤편으로 침투하자, 고마노 도모카즈가 그곳으로 정확하게 스로인했다. 이 볼을 받은 오카자키가 문전으로 크로스를 올리고, 뛰어 들어간 마에다 료이치가 니어사이드에서 헤딩으로 골을 성공시켰다.

볼 받는 선수의 움직임에 맞추어 스로인한다

핵심 포인트는 스로인으로 볼을 받을 선수가 완급을 조절하면서 움직이는 것이다. 가만히 서 있다가 갑자기 속도를 내어 상대의 뒤편을 노린다. 그리고 이러한 동료의 움직임을 놓치지 않고 그곳으로 스로인을 한다. 주의할 점은 직접 골라인을 넘기는 식의 컨트롤 미스를 범하지 않는 것이다.

오른쪽 그림의 패턴 역시 스로인하는 선수와 받는 선수가 서로 타이밍을 맞추어야 성공할 수 있다. 주도권을 쥐는 것은 패스를 받는 선수로, 상대와 경합하는 와중에 순간적으로 상대의 움직임을 제쳐야 한다. 스로인을 하는 선수는 이 움직임을 놓치지 말고 타이밍을 맞춰야 한다. 어느 경우든 루스한 뜬 볼처럼 받는 선수가 컨트롤에 신경을 써야 하는 볼은 반드시 피해야 하며, 다이렉트로 플레이가 가능하도록 쉽게 볼을 스로인해야 한다.

스로인의 패턴 ②-A (상대 진영)

맨 처음 페널티 에어리어 부근에 있던 선수가 포지션을 내리면서 상대를 유인한다. 빈 공간을 향해 측면에서 문전으로 뛰어 들어가듯이 움직이고, 쫓아가는 상대의 머리 너머 뒷공간을 향해 스로인한다. 이때 뛰어 들어가는 선수는, 처음에는 터치라인 부근에 서 있다가 중앙에 공간이 생기는 순간에 바로 전속력을 다해 뛰어 들어간다. 직접 골라인을 넘기지 않도록 전방으로 정확하게 스로인하고, 볼을 받는 선수는 쫓아오는 상대 뒤편에서 받는다.

스로인의 패턴 ②-B (상대 진영)

2명의 타깃맨이 교차해서 상대를 현혹시키는 패턴이다. 둘 중 하나가 먼저 움직이면 공간이 생긴다. 그곳으로 뛰어 들어간 선수에게 볼을 스로인한다. 처음에는 서로 가까이에 있다가 같은 타이밍에서 서로 다른 방향으로 뛰어나가는 패턴도 가능하다. 스로인하는 선수는 이러한 움직임에 맞추어 정확하게 스로인한다. 판단이나 움직임이 늦어지면 상대가 바로 마크해온다. 스로인은 자신의 타이밍이 아니라 스로인을 받는 선수의 움직임을 보고 결정해야 한다.

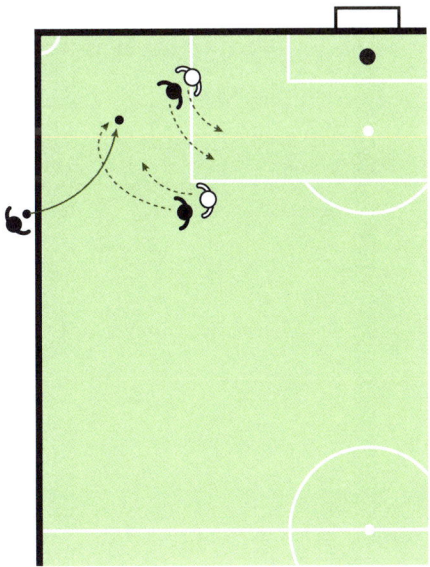

축구 코칭 칼럼 4

청소년 선수에게는
수준 높은 시범을
보여주는 것이 중요하다

훈련할 때 그 의도와 목적을 말로 설명하면 제대로 전달되지 않을 때가 많으므로 어느 훈련이든 '시범'을 보여줄 수 있는 모델을 두는 것이 좋다. 코치나 선배가 눈앞에서 플레이하는 모습을 실제로 보면, 아이들은 훈련의 의도와 목적을 바로 이해하고 그대로 따라해보면서 지금 막 눈으로 본 새로운 전술과 기술을 자기의 것으로 만든다. 성장기 선수들은 새로운 것을 스펀지처럼 흡수해내는 능력이 있다. 자기보다 실력이 월등한 선수들의 플레이를 따라하면서 무서운 속도로 성장해나간다.

스스로 시범을 해보이지 못하는 지도자들도 있을 것이다. 그런 지도자들에게 해주고 싶은 조언은, 필자의 경험으로 비춰보면 훈련에 자주 OB를 부르는 팀의 실력이 향상되는 경향이 강하다는 것이다. 함께 플레이하면서 선수들은 선배들을 따라하고 그들에게 도전한다. OB와 지도자가 의사소통하는 모습을 직접 보는 것 또한 선수들에게는 좋은 자극이 될 것이다. 아이들은 우리도 모르는 사이에 성장한다. 어려운 상황에 도전해보고 어른들의 세계를 간접적으로 경험하면서 어린 선수들이 훌륭한 성인 선수로 자립해나가는 것이다.

PART 5
사이드백의 기본 기술과 응용 플레이

102 | 사이드백의 역할과 기본 기술

측면에서의 공방으로 승패의 향방이 결정되는 현대 축구에서 사이드백이 해내야 하는 역할은 매우 많다. 강한 압박에도 굴하지 않는 볼 키핑 능력과 공격에 있어서의 종방향 돌파, 그리고 고도로 정밀한 크로스 능력이 요구된다.

공격을 빌드업할 때 볼은 SB를 경유한다

최종 수비라인에서 패스를 연결해 공격을 빌드업할 때 볼은 대부분 SB를 거치게 된다. 상대도 이 사실을 잘 알고 있기 때문에 현대 축구에서 SB는 심한 압박의 표적이 된다. 때문에 정확한 볼 컨트롤 능력과 최종 수비라인에서 여러 선수들에게 에워싸여도 볼을 뺏기지 않는 기술력이 있어야 SB 역할을 감당할 수 있다.

그뿐만 아니라 종방향으로 돌파하는 능력과 크로스, 최종 패스의 정교함도 있어야 한다. 상대 수비진은 측면에서 어떻게든 볼을 뺏으려고 하고, 이와 반대로 공격진은 어떻게든 측면에 공격 기점을 만들려고 한다. 즉 현대 축구에서 측면 공방은 승패를 가르는 중요한 포인트 중의 하나라고 할 수 있다.

위험을 감지하면 소리를 내며 협력할 것

공격력도 중요하지만 SB가 가장 중시해야 할 것은 역시 수비다. 실점하지 않는 것이 무엇보다 중요하다. SB는 폭넓은 시야로 필드 전체를 살피고 상황에 맞는 적절한 판단을 내릴 수 있어야 한다.

경기에서는 자기가 마크하는 상대 측면 선수의 움직임을 철저하게 막는 것은 물론 문전이 위험할 것 같으면 재빨리 중앙으로 커버하러 간다. 볼을 가지고 있는 상대를 잘 관찰하면서 상대가 다음에 어떻게 나올지, 패스가 어디로 갈 것인지 등을 항상 머릿속으로 생각하며 플레이한다. 다른 동료들과 늘 소리를 내며 협력하는 것이 중요하다.

가장 위험한 문전 구역까지 커버

각 포지션의 선수는 자신이 담당하는 지역을 확실하게 지키는 것이 중요하다. 왼쪽 SB는 최종 수비라인의 왼쪽 측면, 특히 자신의 뒷공간을 내주지 않도록 한다. 또한 문전이 무너지면 실점 위기가 오므로 CB를 지원하는 것 또한 중요하다.

POINT

무엇보다도 중요한 것은 실점하지 않는 것이다. 문전 가까이에 프리한 상대 선수가 있다면 즉시 마크한다.

✔ 코칭 어드바이스

공격 가담도 중요하지만 수비가 최우선이다

측면에 있는 상대에게 유인되어 CB와의 사이에 공간이 생기면 위험해진다. 물론 측면으로 패스가 갈 것 같으면 확실하게 마크한다. 그러나 상황을 잘 관찰해 두 CB 사이로 뛰어 들어가려는 상대가 있을 때나 문전에 공간이 생겼을 때 등은 중앙으로 가서 커버해야 한다.

높은 포지션을 유지해 공격을 전개하는 것도 중요하지만 SB가 가장 우선시해야 할 것은 실점을 막는 것이다. 측면뿐만 아니라 가장 위험한 문전 상황도 항상 주시하며 필요에 따라 CB를 지원해야 한다.

103 | 사이드백의 수비 ① 1대 1

사이드백에게 가장 우선적으로 중요한 것은 확실하게 수비하는 것이다. CB와 마찬가지로 1대 1 상황에서 상대에게 지면 안 된다. 여기서는 SB가 1대 1 상황에서 수비할 때 어떻게 대응해야 하는지에 대해 알아보자.

다음 플레이를 예측해 적절한 포지션을 취한다

1대 1 공방은 눈앞의 상대가 볼을 받기 전부터 이미 시작된다. 중요한 것은 볼을 주는 상대를 잘 관찰하는 것이다. 오른발잡이인지 왼발잡이인지, 패스 능력이 뛰어난지, 받는 선수와의 거리와 각도는 어떤지 등의 정보를 종합적으로 판단해 다음 플레이를 예측하는 것이다. 이렇게 예측한 상대의 다음 플레이에 대해 자신이 대응할 수 있는지 없는지 그 여부를 판단해야 한다. 예를 들어 패스를 주고받는 상대 선수들 사이의 거리가 짧은데, 자신과의 간격을 급하게 좁혀 버리면 빠른 원투 등으로 자신의 뒷공간을 허용할 수 있다. 그러면 1대 1 상황이 되기도 전에 상대가 제칠 수 있으므로 이러한 상황은 반드시 피해야 한다.

페인트에 속지 말고 볼의 움직임을 관찰한다

상대가 트래핑하는 순간을 노리는 것이 수비의 기본 원칙이다. 단, 너무 빨리 뛰어 들어가면 상대가 원터치로 쉽게 제칠 가능성이 있다. 움직임을 한 방향으로만 제한해 상대가 볼을 받고 트래핑이 발끝에서 떨어지면 뛰어 들어가는 이미지다.

상대에게 볼이 넘어가 1대 1이 되면 페인트에 속지 않도록 조심한다. 상대는 몸 전체를 사용해 흔들어오지만 꾹 참고 볼만을 바라봐야 한다. 두 다리를 모으지 말고 무릎을 낮춰 중심을 낮게 잡으면서 자신의 간격을 확보한다. 그리고 조금이라도 볼이 상대 발밑에서 떨어지면 바로 도전한다.

상대와 볼의 각도에 따라 움직임을 결정

상대가 측면에서 패스를 받을 때 패스를 주는 선수와 각도가 없을 때는 종방향으로 나가지 못하도록 A처럼 간격을 좁히는 것이 좋다. 주고받는 선수 사이에 각도가 있을 때는 뛰어 들어가지 말고 B처럼 머문다. 간격을 좁히면 상대가 배후로 패스해 뒤편을 내줄 수 있기 때문이다.

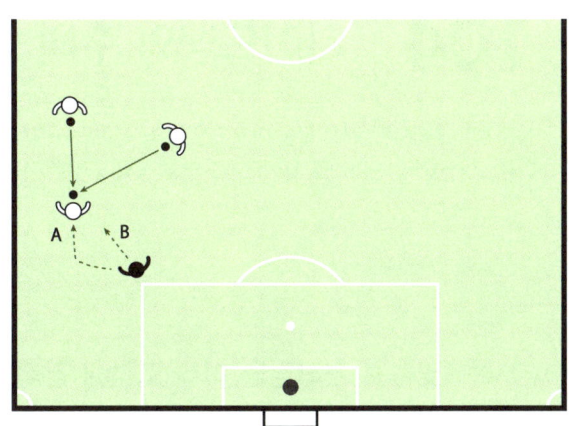

패스를 주는 선수의 거리에 따라 움직임을 결정

패스받는 선수는 물론, 주는 선수도 자세히 관찰한다. 주고받는 선수들 사이에 거리가 있을 때는 상대가 패스할 때 A처럼 간격을 좁힌다. 그러나 주고받는 선수들의 거리가 짧으면 뛰어 들어갔을 때 상대가 짧고 빠른 패스로 연결하면서 뒤를 노릴 위험이 있다. 패스받는 선수에게 지원하는 상대 선수가 있으면 머문다(B).

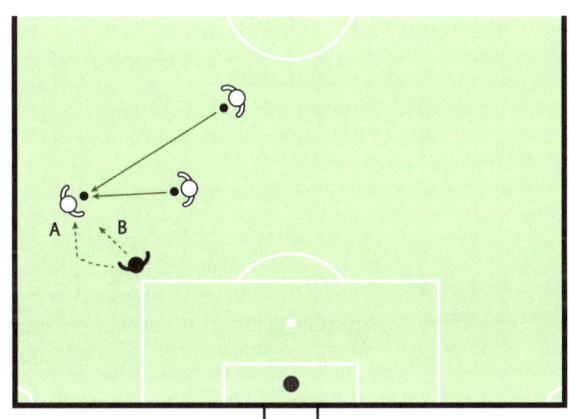

✔ 코칭 어드바이스

패스 각도가 있으면 좁히지 말고 머문다

패스를 주고받는 상대 선수들이 종적인 관계일 때는 간격을 좁혀도 된다. 상대는 종방향으로 돌파하지 못하고 백 패스 또는 중앙으로 드리블하거나 패스할 수밖에 없다. 이 움직임에 대응할 수 있는 거리를 유지하면서 뺏을 수 있겠다는 판단이 드는 순간에 도전한다.

각도가 있을 때는 거리를 두고 머무는 것이 좋다. 무리하게 간격을 좁히면 상대가 제칠 가능성이 있다. 상대가 종방향으로 전개할 것인지, 중앙으로 나갈 것인지 등 상대의 다음 플레이를 정확하게 예측한 다음 대응하는 것이 좋다.

104 | 사이드백의 수비 ② 포지셔닝

상대 팀이 반대 측면에서 볼을 가지고 있을 때 사이드백은 어느 포지션에 위치하는 것이 좋을까? 다른 포지션과 마찬가지로 사이드백도 항상 상황에 맞춘 적절한 포지셔닝을 해야 한다.

자세를 낮추고 거리감을 미세 조정해 간격을 유지한다

CB와의 거리를 고려해, 벌어지면 좁히고 좁아지면 벌리는 식의 아코디언처럼 움직인다. 측면에서 상대와 1대 1이 되면, 양발을 모아 정면으로 대립하는 일이 없도록 하되 다리 틈으로 볼이 빠지지 않도록 주의해야 한다. 자세를 낮추고 상대와의 거리를 미세 조정하며 상대 발끝에서 볼이 떨어지면 바로 도전할 수 있는 간격을 유지하면서 대응한다.

자기가 맡은 측면에서 돌파당하지 않도록 해야 하며 문전으로 최종 패스를 하지 못하게 막는 것은 물론, 문전으로 가서 CB를 돕는 것도 중요한 임무다. 특히 반대 측면에서 크로스가 들어올 때는 패스를 주고받을 가능성이 있는 여러 선수들의 움직임을 보면서 적절하게 포지셔닝을 해야 한다.

반대 측면으로부터의 크로스는 문전으로 가서 대응한다

반대 측면에서 볼을 가진 선수가 크로스를 올리려고 할 때 SB인 자신과 CB 사이로 뛰어 들어오는 상대 선수가 있고 후방에는 자신이 원래 마크해야 할 상대가 있다고 가정해보자. 이럴 때는 문전으로 뛰어 들어오는 선수를 쫓아가야 한다. 어떤 상황에서든 우선해야 할 것은 가장 위험한 선수를 마크하는 것이다. 문전으로 뛰어 들어오는 선수가 없다면 오프사이드 라인보다 조금 높은 곳에 있으면 된다. 어느 상황이든지 높은 위치에서 상대의 볼을 뺏는 것이 역습을 전개했을 때 골로 이어질 가능성이 높아지기 때문이다.

사이드백의 기본 플레이 구역

문전이 위험할 때는 중앙으로 커버하러 간다. 특히 반대 측면에서 오는 크로스를 조심한다. 단, 너무 중앙으로 쏠리면 자신이 맡은 측면에 공간이 생겨버린다. 같은 측면의 골포스트까지가 대략적인 플레이 구역이다. 단, 필요하다면 이를 벗어나서도 커버한다.

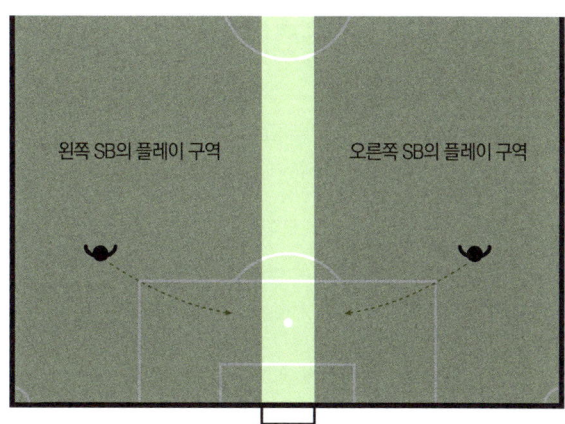

디펜스 라인보다 위쪽으로 포지셔닝

반대 측면에서 크로스가 들어올 때는 오프사이드 라인보다 조금 더 높게 포지셔닝한다. 파 쪽으로의 크로스는 공중에 떠 있는 시간이 길기 때문에 상대가 패스하고 난 다음에도 대응할 수 있다. 또한 니어 쪽으로 크로스가 들어올 때는 CB가 라인을 올려 오프사이드 트랩을 걸 수 있다.

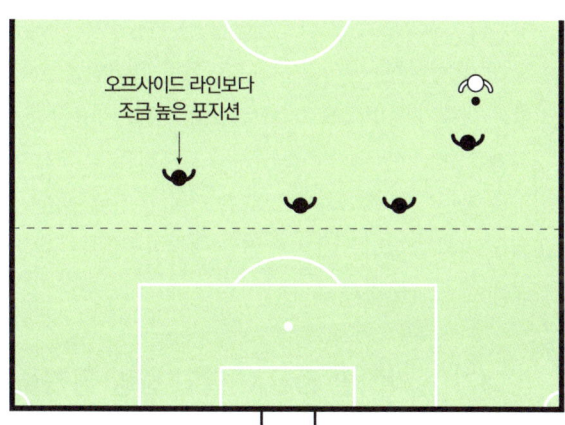

✓ 코칭 어드바이스

최우선해야 할 것은 실점하지 않는 것

우선은 맡은 측면을 책임지고 수비할 것. 1대 1 상황에서 지면 안 된다. 문전에서 최종 패스를 내주지 않아야 한다. 그러나 무엇보다도 실점을 막는 것이 가장 중요하다. 문전이 위기에 빠졌을 때는 중앙을 커버한다.

반대 측면에서 크로스가 들어올 때는 패스를 주는 상대와 문전으로 뛰어 들어가는 상대를 잘 살펴보고 가장 위험해 보이는 곳을 커버한다. 파 쪽으로의 크로스는 볼이 공중에 떠 있는 시간이 길기 때문에 오프사이드 라인보다 조금 더 높게 포지셔닝한다. 이때는 같은 측면 CB의 뒤편, 자신의 앞쪽으로 뛰어 들어가는 상대를 조심한다.

105 | 사이드백의 수비 ③ 커버링

사이드백은 자신이 담당하는 측면 지역만 수비하면 되는 것이 아니다. 가장 중요한 것은 골을 지키는 것이므로 상황에 따라서는 CB가 비운 구멍을 커버하기 위해 중앙으로 가는 움직임도 필요하다.

SB는 CB와 연동해 자리바꿈을 할 때도 있다

각 선수가 경기 중에 벌어지는 1대 1 경합에서 모두 이길 수 있으면 좋겠지만 쉬운 일은 아니다. 게다가 수적으로 불리한 상태에서 대응해야 할 때는 상대를 막기가 더욱 힘들다. 중요한 것은 당하고 난 다음 어떤 움직임을 취하느냐다. SB에게 흔히 일어나는 상황은 상대가 종방향으로 돌파했는데 이를 따라잡을 수 없는 경우다. 이럴 때는 CB가 커버한다. 하지만 그렇다고 SB가 그 자리에 멈춰서 나머지 플레이를 구경만 할 수 있는 것은 아니다. CB가 측면으로 간 만큼 문전에 공간이 생긴다. SB는 이곳으로 전력 질주해 커버해야 한다. SB는 측면만 수비하면 되는 것이 아니라, CB와 연계해 때로는 포지션을 서로 바꾸면서 대응해야 한다.

상대가 돌파하면 멈추지 말고 중앙 공간을 커버한다

미드필드의 높은 포지션에서 돌파당할 경우 실점에 대한 위기감이 상대적으로 적기 때문에 움직임이 줄어들 수 있다. 커버하러 들어오는 CB를 너무 의지하는 경향이 있을 수도 있다. 그러나 후방 선수를 아무리 믿는다고 해도 자신이 맡은 측면을 돌파당했다면 책임을 지고 CB의 지역으로 들어가야 한다. 오른쪽의 그림은 문전으로 들어가는 플레이의 한 예다. 다만, 볼란테가 이미 문전을 커버하고 있을 경우 SB는 그대로 종방향으로 상대를 쫓아가도 된다. 그리고 CB와 수적 우위 상태를 만들어 확실하게 볼을 빼앗아야 한다.

CB가 커버하고 SB는 중앙으로 돌아가야

측면에서 상대가 볼을 가지고 있다. SB가 간격을 좁히니 곧바로 상대 지원 선수가 옆으로 붙어 왔다. 그리고 템포 있게 짧은 패스를 2번 연결해 원투로 뒷공간을 파고들어 온다. SB는 뒤늦게 움직여서 이를 따라잡지 못한다.

SB가 상대에게 뒤편을 내주면 CB가 커버한다. SB는 그 자리에 멈춰 서지 말고 CB와 위치를 바꿔 문전으로 들어간다. 돌파당했다고 해서 움직임을 멈춰서는 안 되며, CB의 측면 커버링으로 생긴 중앙 공간을 SB가 메워야 한다.

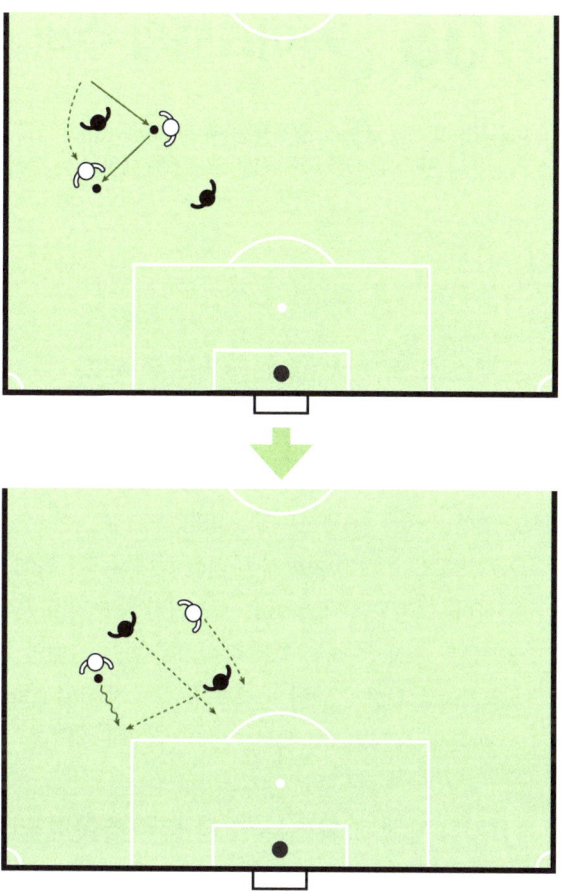

 코칭 어드바이스

돌파당해도 포기하지 말고 들어가야 한다

SB뿐 아니라 어느 선수든지 상대에게 돌파당하고 나서의 움직임이 매우 중요하다. 바로 따라잡을 수 있으면 따라간다. 자신이 따라잡을 수 없는 곳을 주위 동료가 커버해주면 그 선수가 이동해서 생긴 공간을 자신이 커버해야 한다. 수비할 때는 서로 돕는 것이 중요하며 1명이 당하면 포지션을 이동해서 대응하면 된다. 최악의 상황은 움직임을 멈추고 플레이를 멈추는 것이다. 측면을 돌파당해도 문전을 지키면 실점을 막을 수 있다. 돌파당했다고 지레 포기해서는 안 된다.

106 | 사이드백의 수비 ④ 크로스 볼

여기서는 상대의 크로스 볼에 대한 사이드백의 수비 방법을 소개한다. 자신의 측면을 돌파당했을 때의 수비나 반대 측면에서 올라오는 크로스에 대한 수비 모두 상황에 맞게 판단해서 대응한다.

크로스를 막기 위해 최단거리로 뛴다

자기 측면에서 경합할 때는 무조건 끈질기게 볼에 따라붙어서 상대가 크로스 볼을 올리지 못하게 한다. 드리블로 돌파당하지 않고 상대가 문전으로 패스하지 못하도록 막겠다는 강한 의지가 SB에게는 필요하다.

크로스 볼을 올리지 못하게 하려면 상대의 페인트에 일일이 반응하지 말고 볼만 지켜봐야 한다. 그리고 상대가 볼을 움직이면 재빨리 도전한다. 상대가 뒤편으로 볼을 보내서 따라잡을 수 없을 때는 볼을 쫓아가지 말고 상대의 크로스 볼을 막을 수 있는 장소까지 최단거리로 재빨리 뛰어 들어간다. 힘들게 볼을 쫓아가다가 상대에게 제쳐지는 것보다는 크로스 볼을 올리지 못하도록 막는 것이 수비로는 더 바람직하다.

반대 측면에서 올리는 크로스는 중앙으로 가서 대응한다

반대 측면에서 크로스 볼이 올라올 때는 CB와의 거리를 좁혀 중앙으로 간다. 얼리크로스 등 상대가 전방으로 패스할 때는 오프사이드 라인보다 조금 위쪽으로 포지션을 잡는다. 왜냐하면 니어사이드로 뛰어 들어가는 상대에 대해 CB가 라인을 올리면 오프사이드가 되기 때문이다. 이러한 움직임에 늦게 대응해서 파사이드에 1명이 남는 일이 없도록 한다.

파사이드로 크로스가 올라오면 절대로 자기 앞으로 상대가 뛰어 들어오지 못하게 해야 한다. 크로스 볼에 대해 적절하게 포지션을 잡고 먼저 선점해 걷어내는 것이 중요하다.

자기 측면을 돌파당했을 때의 수비

뒷공간으로의 패스로 상대가 뛰어들어왔다. 크로스를 올리지 못하는 타이밍에 발끝을 막는 게 가장 좋지만 이미 많이 늦었다. 이때는 최단거리로 돌아가서 크로스 궤도로 진입한다. 또는 최대한 다리를 뻗어 코너킥으로 만든다.

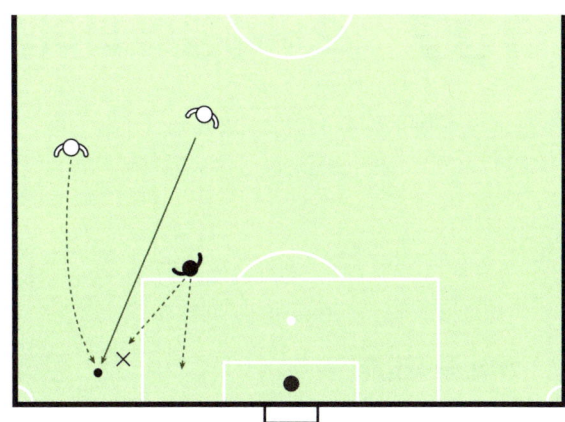

반대 측면으로부터의 크로스 볼에 대한 수비

문전의 가장 위험한 장소를 커버한다. 가장 중요한 것은 A의 마크다. B에게 오는 크로스는 공중에 떠 있는 시간이 길기 때문에 크로스가 올라온 다음에 대응해도 충분하다. 또한 CB가 라인을 올릴 가능성이 있기 때문에 조금 높게 포지션을 잡는다.

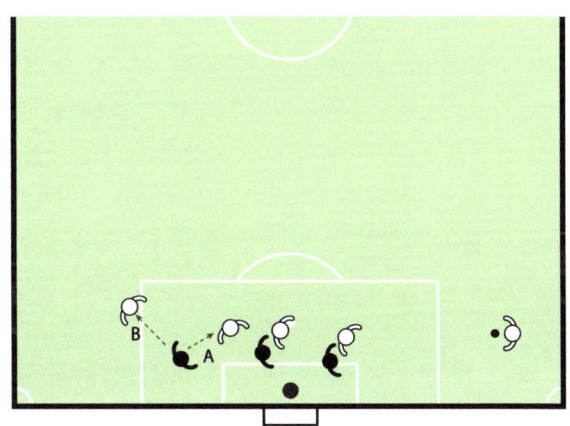

✓ 코칭 어드바이스

2명을 대응해야 할 때는 골대와 가까운 선수를 마크한다

자기 측면을 돌파당했을 때는 먼저 전력으로 쫓아가서 상대가 크로스를 올리지 못하게 막아야 한다. 이미 늦었다고 포기해서는 안 된다. 전력으로 크로스 궤도로 진입해 몸을 날려 블록한다. 상대가 중앙 쪽으로 내주는 크로스를 시도한다면 충분히 도달할 가능성이 있다.

반대 측면에서 크로스가 올라올 때는 볼과 가까운 상대를 우선적으로 마크한다. 가장 바깥쪽에 있는 선수에게로 올리는 크로스는 공중에 떠 있는 시간이 길고 선수 또한 골과 멀리 떨어져 있다. 크로스가 올라간 후에라도 충분히 대응할 수 있다.

107 | 오버래핑의 타이밍

사이드백의 역할 중 하나가 공격 가담이다. 그러나 무턱대고 오버래핑하면 소용이 없다. 전방 동료 선수의 상황이나 자기 앞 공간의 상태에 따라 타이밍을 의식하며 다음 플레이를 선택한다.

FW의 움직임에 맞추어 재빨리 크로스한다

공격 가담 시 어떤 플레이를 해야 할까? 볼을 잡으면 종방향으로 빨리 전개해야 할 것인가 아니면 동료의 지원을 기다릴 것인가. 측면을 무너뜨려 크로스 볼을 올릴 것인가 아니면 중앙으로 커트 인해서 자기가 마무리 슈팅할 것인가. 어중간한 플레이가 되지 않기 위해서라도 공격 가담할 때는 머릿속에 확실한 이미지를 그려 놓는 것이 좋다.

이론적인 전략 하나를 들자면, 측면에서 볼을 가졌을 때 FW가 상대 최종 수비라인과 나란히 서 있으면 즉시 크로스 볼을 올리는 것이 좋다. 수비진이 골대로 돌아가면서 크로스 볼을 걷어내기는 힘들다. FW와 타이밍을 맞춰서 GK와 최종 수비라인 사이로 재빨리 크로스 볼을 올리면 틀림없이 기회를 잡을 수 있을 것이다.

패스 주는 선수를 관찰하며 과감하게 공격 가담한다

자기 전방에 공간이 있더라도 볼을 가진 동료의 자세가 나쁘면 패스를 주고받을 수 없다. 자기 상태가 좋을 때 공격 가담하는 것이 아니라, 패스를 주는 동료를 잘 관찰하면서 '지금이라면 확실히 볼을 줄 수 있을 것'이라는 확신이 들 때 과감하게 종방향으로 뛰어나간다. 또한 패스를 받았는데 상대 SB와 CB사이에 거리가 있을 경우에는, 중앙을 향해 드리블로 커트 인하면 상황이 흥미진진해진다. 지원이 늦어지므로 상대 SB를 돌파한다면 큰 기회가 된다. 어느 경우든 갈등하지 말고 과감하게 플레이한다. 판단이 늦어져 볼을 뺏기고 역습 공격을 받는 것이 가장 좋지 않은 흐름이다.

동료 FW가 상대 DF와 일렬이면 크로스

FW의 움직임을 보고 상대 DF와 일렬이면 최대한 빨리 크로스 볼을 올린다. 후방으로 내려가면서 걷어내는 상대 DF보다는 전방으로 나가면서 마무리 슈팅하는 FW가 더 유리하기 때문이다. FW의 움직임이 늦다면 종방향으로 드리블해 시간을 벌면서 뛰어 들어오기를 기다린다.

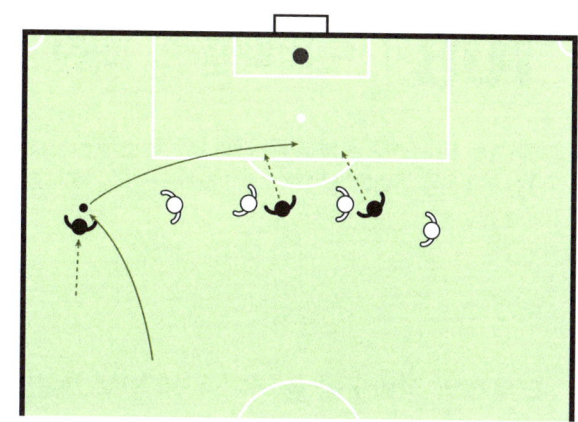

공간이 없을 때는 원투 패스로 돌파한다

크로스 볼을 올리지도 못하고 드리블로 종방향 돌파도 어려운 상황이다. 이때 지원 동료가 다가왔다. 이럴 경우에는 짧은 패스를 리듬에 맞춰 연결하면서 뒷공간으로 빠져나간다. 일단 측면에서 볼을 잡고 SB를 유인한 다음에 원투로 치고 나간다.

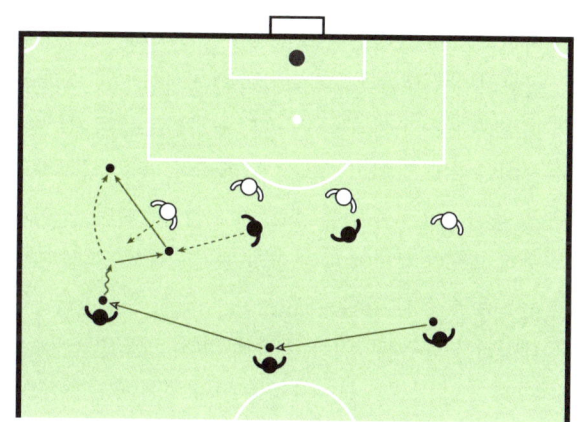

✔ 코칭 어드바이스

반격할 때의 크로스는 파 쪽으로 올린다

공격 가담 시, 크로스 볼을 올릴 때는 확실하게 올리고 커트 인할 때는 확실하게 커트 인한다. 최악의 상황은 플레이 선택에 뜸을 들이다가 여러 선수들에게 에워싸여 볼을 뺏기는 것이다. 상대 진영 깊은 위치까지 돌파해 반격하게 되었다고 가정해보자. 이때는 파 쪽을 노리고 크로스 볼을 올린다. 왜냐하면 수비진의 시선은 볼 포지션 또는 니어 쪽을 향하고 있어서 파 쪽의 경계가 상대적으로 느슨하기 때문이다. 이때 FW가 뛰어 들어가고 여기에 정확하게 크로스 볼이 올라가면 기회가 된다. 무너뜨리는 데 시간이 걸려 상대가 측면으로 몰려오면 사이드 체인지한다.

108 | 오버래핑의 패턴

여기서는 사이드백이 오버래핑할 때의 패턴을 소개한다. 보통 오버래핑은 상대의 바깥쪽을 뛰면서 공격 가담하는 방법이 일반적이다. 따라서 상대의 안쪽으로 오버래핑하는 패턴을 익힌다면 플레이의 폭을 넓힐 수 있을 것이다.

크로스의 정확도를 높이기 위해 반복 훈련한다

공격 가담하는 방법은 여러 가지가 있다. 그러나 아무리 절묘한 타이밍으로 공격에 가담한다 해도 크로스 볼의 정확성이 떨어지면 골로 연결되지 않는다. 움직임과 타이밍도 중요하지만 무엇보다도 마지막에 정확한 크로스 볼을 올리는 것이 중요하다. 크로스는 평소 훈련을 통해 수십 번 반복해 정확도를 높이는 수밖에 없다.

상대와 동료의 위치, 볼 전개, 패스 속도 등 경기와 완벽하게 같은 조건으로 크로스 볼을 올리는 훈련을 하는 것은 거의 불가능하다. 또한 같은 바깥쪽 공격 가담이라도 도움닫기 속도나 각도에 따라 올릴 수 있는 크로스 볼의 종류도 달라진다. 어느 상황에서 어떤 크로스 볼을 올릴 수 있는지, 다양하게 상황을 설정해 무작정 볼을 차보면서 스스로 데이터를 축적해나가는 수밖에 없다. 그러면 실제로 크로스 볼을 올려야 할 장면에서 '그때 그런 식으로 찼었지'라는 식의 경험이 자동적으로 머릿속에 떠오르면서 몸이 반사적으로 반응하게 된다.

안쪽 공격 가담을 습득해 변화를 시도한다

공격 가담 패턴이 똑같으면 상대에게 쉽게 수를 읽히고 만다. 경기 중에 시도가 가능한 상황이라면 오른쪽에 있는 안쪽 공격 가담 패턴을 시도해보는 것도 좋을 것이다. 설령 실패하더라도 움직임에 변화가 생겨 상대를 흔들 수 있다. SB와 CB 사이로 뛰어 들어가면서 볼을 받으면 골대가 훨씬 가깝다. 안쪽 공격 가담에서 마무리 슈팅까지의 전개 또한 평소 훈련을 통해 완성해 놓는 것이 좋다.

바깥쪽 오버래핑의 기본 동작

상대 SB와 CB 사이로 패스가 연결될 때 터치라인 부근에서 공격 가담한다. 패스 속도, 각도, 문전 상황을 보면서 공격을 늦출 것인지 아니면 바로 시도할 것인지를 결정한다. 공격을 늦출 때는 띄우는 크로스 볼을, 바로 시도할 때는 직선 크로스 볼을 올린다.

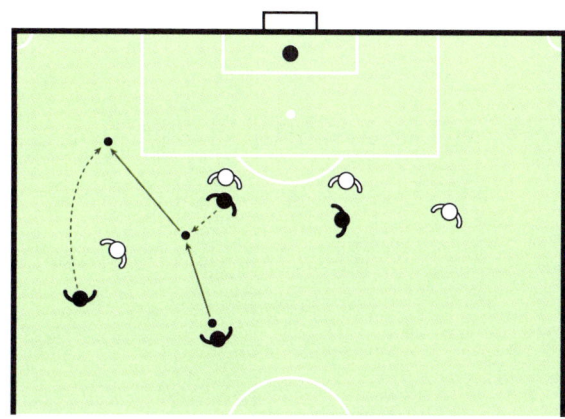

안쪽 오버래핑의 기본 동작

터치라인 부근에 기점이 만들어졌을 때 상대 SB와 CB 사이로 공격 가담하는 패턴이다. 페널티 에어리어 안으로 침투할 때 각도가 없으므로 패스 코스와 슈팅 코스가 제한된다. 퍼스트 터치(First touch)는 돌파할 때 바로 대응해오는 상대 CB 위치를 의식하는 것이 중요하다.

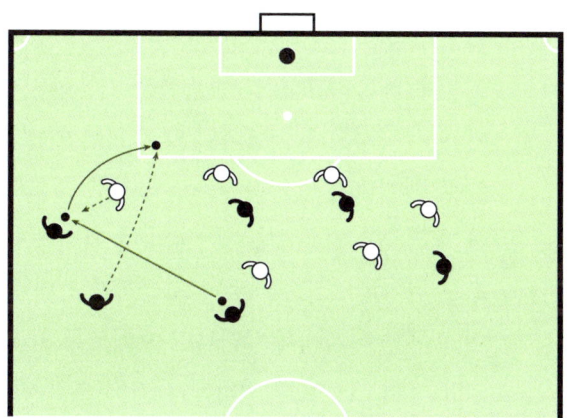

✔ 코칭 어드바이스

유럽이나 남미는 안쪽 공격 가담도 빈번하다

유럽이나 남미에서는 안쪽 공격 가담도 자주 볼 수 있다. 골문까지의 최단거리를 생각하면 안쪽 가담도 효과적이라고 볼 수 있다. 그러나 볼을 받은 다음, 크로스 볼을 올리거나 마무리 슈팅할 때 각도가 나오지 않으므로 킥이 정확해야 한다. 이처럼 안쪽 공격 가담은 정확한 볼 컨트롤이 가능하지 않으면 볼을 받고 난 이후가 어려워진다. 바깥쪽은 보다 넓은 공간을 활용할 수 있지만 그만큼 많은 거리를 뛰어야 한다. 90분 내내 바깥쪽으로 공격 가담을 하려면 선수들의 강인한 체력이 뒷받침되어야 한다.

마치는 말

동료를 존중하며 겸허한 자세로
하루하루 최선을 다해 훈련하는 연습벌레,
혹은 최고의 축구선수를 위하여

　장차 미래에 프로 세계에서 활약할 선수들은 아마도 분명 모두가 '연습벌레'들일 것이다. 이런 선수들은 어릴 때부터 기술을 익히는 데 끈질기게 매달리고 훈련에 훈련을 거듭하면서 성장해나간다. 스포츠 세계에서는 '자고 일어났더니 나도 모르게 실력이 늘어 있었다'는 일은 절대로 일어나지 않는다. 오늘 하기로 계획한 목표량은 반드시 오늘 안에 실행하는 것은 물론, 어제의 나 자신을 이겨내겠다는 굳은 마음가짐으로 한 번이라도 더 많이, 조금이라도 더 길게 연습하는 연습벌레여야 이 혹독한 세계에서 살아남고 오래도록 활약할 수 있다.
　한 가지 기술을 완벽하게 자기 것으로 만들기 위해 몸부림치다 보면 그 사이 얻는 것이 반드시 있게 마련이다. 필자는 스무 살이 되도록 위발 킥에 서툴렀다. 그런데 국가대표팀의 선발 선수가 되고 싶은 마음에 하루에도 100번이 넘도록 크로스를 올리는 연습을 했다. 이렇게 연습을 거듭하다 보니 자연스럽게 몸과 머리에 성공 경험과 실패 경험에 대한 데이터가 축적되었다. 그리고 실전에서 크로스 볼을 올려야 할 상황을 맞이했을 때, 연습에서의 성공과 실패가 머릿속에 떠오르고 이에 따라 미세하게 몸을 조정하면서 정확한 크로스 볼을 올릴 수 있게 되었다.
　꾸준함은 바로 힘이 된다. 한 우물을 파면서 익힌 기술은 자기 개성이 되고 결국에는 그 선수의 자산이 되는 것이다. 그런데 이보다 더 중요한 것이 있다. 팀 동료들과 원활하게 연계하지 못하면 이러한 기술이나 개성은 전혀 힘을 발휘하지 못한다는 사실을 깨닫는 것이다. 아무리 정교한 크로스 볼을 문전에 올린다 하더라도 FW가 뛰어 들어가지 않는다면 무용지물이다. 아무리 개인 능력이 뛰어나더라도 팀 동료와 협조하면서 플레이하지 않으면 활약할 수도, 결과를 낼 수도 없다.

  훌륭한 선수가 되는 지름길은 바로 '늘 동료를 존중하고 겸허한 자세로 하루하루 연습하는 것'임을 가슴에 꼭 새겨두길 바란다. 내 능력을 살려주는 이가 바로 팀 동료들이고, 나 또한 팀 동료들의 능력을 살릴 수 있을 때 개인의 능력이 바로 팀 전체의 전력으로 승화된다. 팀과 관련된 모든 사람들과 힘을 합해 단결하고 끝까지 싸워나간다면 승리 또한 가까워질 것이다. 축구란 바로 이런 스포츠라고, 필자는 정의내리고 싶다.

축구 전술 노트 108

1판 16쇄 | 2025년 12월 8일
지 은 이 | 츠나미 사토시
감　　수 | 한준희
옮 긴 이 | 오승민
발 행 인 | 김인태
발 행 처 | 삼호미디어
등　　록 | 1993년 10월 12일 제21-494호
주　　소 | 서울특별시 서초구 강남대로 545-21 거림빌딩 4층
　　　　　www.samhomedia.com
전　　화 | (02)544-9456(영업부) / (02)544-9457(편집기획부)
팩　　스 | (02)512-3593

ISBN 978-89-7849-559-2 (13690)

Copyright 2017 by SAMHO MEDIA PUBLISHING CO.

출판사의 허락 없이 무단 복제와 무단 전재를 금합니다.
잘못된 책은 구입처에서 교환해 드립니다.